NOMOSSTUDIUM

Bauer | Bleck-Neuhaus | Dombois | Wehrtmann

Forschungsprojekte entwickeln

Von der Idee bis zur Publikation

2. Auflage

Prof. Dr. Waldemar Bauer, Berufspädagoge, Universität Erfurt, Erziehungswissenschaftliche Fakultät, Fachgebiet Technische Wissenschaften und betriebliche Entwicklung | **Prof. Dr. Jörn Bleck-Neuhaus**, Physiker, Fachbereich Physik/Elektrotechnik der Universität Bremen | **Prof. Dr. Rainer Dombois**, Soziologe, Institut Arbeit und Wirtschaft der Universität Bremen | **Prof. Dr. Ingo S. Wehrtmann**, Zoologe, Fachbereich für Biologie und Zentrum für Meeresforschung und Limnologie, Universidad de Costa Rica

Die Autoren haben für den DAAD im Ausland jahrelang gemeinsam Fortbildungsseminare zur Entwicklung von Forschungsprojekten durchgeführt.

Grafische Gestaltung: Moritz Janis Richartz

Die Deutsche Nationalbibliothek verzeichnet diese Publikation in
der Deutschen Nationalbibliografie; detaillierte bibliografische
Daten sind im Internet über http://dnb.d-nb.de abrufbar.

ISBN 978-3-8487-3993-6 (Print)
ISBN 978-3-8452-8332-6 (ePDF)

2. Auflage 2018
© Nomos Verlagsgesellschaft, Baden-Baden 2018. Gedruckt in Deutschland. Alle Rechte, auch die des Nachdrucks von Auszügen, der fotomechanischen Wiedergabe und der Übersetzung, vorbehalten.

Inhalt

Einleitung   9

1. Wissenschaft – Forschung – Projektidee – Antrag   11
      Lernziele   11
    1.1   Von der Wissenschaft im Allgemeinen zum Projekt im Besonderen   11
        1.1.1   Was für alle Wissenschaften gilt   11
        1.1.2   Differenzierungen   12
        1.1.3   Stand der Wissenschaft   13
    1.2   Projekt und Antrag   14
        1.2.1   Projekt   14
        1.2.2   Antrag   16
        1.2.3   Vor Beginn der Projektentwicklung: Von der Motivation über die Forschungsidee zur Projektidee   17
        1.2.4   Das Arbeitsquadrat der Projektentwicklung: die vier Grundfragen   21

2. Von der Problemstellung zu den Zielen und Hypothesen   23
      Lernziele   23
    2.1   Forschungsproblem und Forschungsfrage   24
        2.1.1   Das Forschungsvorhaben soll eine Frage nach neuem Wissen beantworten   25
        2.1.2   Die Forschungsfrage muss konkret und beantwortbar sein   25
        2.1.3   Die Forschungsfrage muss erschöpfend sein   26
        2.1.4   Die Forschungsfrage muss dem Stand der Wissenschaft entsprechend formuliert sein   26
        2.1.5   Prinzipiell ungeeignete Forschungsfragen   27
        2.1.6   Ein Beispiel   27
    2.2   Stand der Wissenschaft   28
        2.2.1   Auswahl und Formulierung der Forschungsfrage   28
        2.2.2   Kenntnis über mögliche Teilergebnisse und erprobte Untersuchungsmethoden   30
        2.2.3   Die notwendigen Arbeitsschritte   30
    2.3   Forschungsparadigmen und -strategien   31
        2.3.1   Wissenschaftliche Paradigmen – qualitative und quantitative Forschung   31
        2.3.2   Forschungskonzepte und -designs   34
    2.4   Forschungsziele   37
    2.5   Hypothesen und forschungsleitende Annahmen   39
        2.5.1   Allgemeines zu Hypothesen und Annahmen   39
            2.5.1.1   Forschungsleitende Annahmen   40
            2.5.1.2   Hypothesen in der quantitativen Forschung   40
            2.5.1.3   Hypothese und Forschungsfrage   41
        2.5.2   Arten von Hypothesen   42
            2.5.2.1   Arten probabilistischer Hypothesen   43
            2.5.2.2   Tipps zur Formulierung von Hypothesen   45

	2.6	Häufige Fehler bei der Formulierung von Forschungsfragen, Zielen und Hypothesen	45
	2.7	Literatur	46
	2.8	Anhang: Forschungsfragen in Beispielen	47
3.	**Forschungsdesign und Forschungsmethoden**		**49**
	Lernziele		50
	3.1	Strukturierung des Forschungsprozesses	50
		3.1.1 Auswahl von Strategien zur Präzisierung von Begriffen (Operationalisierung)	50
		3.1.2 Auswahl von Instrumenten der Datenerhebung	56
		3.1.3 Bestimmung der Auswahlverfahren von Untersuchungseinheiten	59
		3.1.4 Auswahl von Verfahren zur Auswertung der Daten	62
	3.2	Häufige Fehler bei der Entwicklung des Forschungsdesigns	66
	3.3	Literatur	67
4.	**Arbeits- und Kostenplanung**		**68**
	Lernziele		68
	4.1	Arbeits- und Zeitplanung	69
	4.2	Organisationsplanung	74
	4.3	Kostenplanung	76
	4.4	Anpassung des Forschungsvorhabens an vorgegebene Mittel- und Zeitrahmen	77
	4.5	Häufige Fehler der Arbeits-, Organisations- und Kostenplanung	78
	4.6	Literatur	78
	4.7	Materialien	78
5.	**Einwerbung von Drittmitteln**		**83**
	Lernziele		83
	5.1	Informationswege	83
	5.2	Auswahl von Mittelgebern	84
		5.2.1 Fachlicher und thematischer Zuschnitt	85
		5.2.2 Art der geförderten Forschung	86
		5.2.3 Projektart	86
		5.2.4 Persönliche und institutionelle Zugangsbedingungen	86
		5.2.5 Antragsverfahren	86
		5.2.6 Kommunikation mit den Referenten der Förderorganisationen	87
		5.2.7 Selektivität der Bewilligung	88
	5.3	Formelle und informelle Anforderungen an Anträge	88
	5.4	Strategien zur Verbesserung der Chancen der Drittmittelakquise	89
	5.5	Häufige Fehler der Antragstellung	90
	5.6	Tipps	91
	5.7	Materialien	92
		5.7.1 Nützliche Adressen	92
		5.7.2 Goldene Regeln	93

	5.7.3	Beispiele für Anforderungen an die Antragstellung: Deutsche Forschungsgemeinschaft und Bundesministerien	95
		5.7.3.1 Deutsche Forschungsgemeinschaft	95
		5.7.3.2 Informationen zur Antragstellung für Mittel des Bundeshaushalts	97

6. Evaluierung und Begutachtungsverfahren 101

Lernziele 101

6.1	Eigene Prüfung des Antrags vor dem Einreichen	101
6.2	Begutachtungsprozess	105
	6.2.1 Anonymes Begutachtungsverfahren	105
	6.2.2 Evaluationskriterien	106
6.3	Entscheidungsprozess	107
6.4	Wie es nach einer Ablehnung weitergeht	107
6.5	Literatur und Materialien	108

7. Projektmanagement 109

Lernziele 110

7.1	Erste Schritte: Feinplanung der Organisation des Projekts	110
7.2	Auswahl und Einarbeitung der Mitarbeiterinnen und Mitarbeiter	110
7.3	Vereinbarung der Grundregeln der Arbeitsweise	111
	7.3.1 Verantwortlichkeiten und Arbeitsteilung	111
	7.3.2 Dokumentation	111
	7.3.3 Arbeitszeiten und Arbeitsorte	112
	7.3.4 Kommunikation und Teambesprechungen	112
	7.3.5 Vereinbarungen zu Veröffentlichungen und zur Teilnahme an wissenschaftlichen Veranstaltungen	112
7.4	Feinplanung des Projektablaufs	113
7.5	Steuerung des laufenden Forschungsprozesses: Zeit-, Mittel-, Arbeits- und Ergebniskontrolle	114
7.6	Konfliktregelung	115
7.7	Risikomanagement	116
7.8	Häufige Fehler des Projektmanagement	117
7.9	Literatur	117
7.10	Materialien	117
	7.10.1 Formblatt 'Projektablaufplan'	117
	7.10.2 Formblatt 'Aufgabensteuerung und Zielerreichung'	118

8. Darstellung und Publikation der Projektergebnisse 120

Lernziele 120

8.1	Übersicht der Darstellungsformen	120
	8.1.1 Bericht	121
	8.1.2 Vortrag innerhalb der eigenen Forschungseinrichtung	121
	8.1.3 Poster auf einer (nationalen oder internationalen) Fachtagung	121
	8.1.4 Vortrag auf einer (nationalen oder internationalen) Fachtagung	121
	8.1.5 Mitteilung über Radio, Fernsehen oder Zeitung	122
	8.1.6 Artikel in Fachzeitschrift	122

		8.1.7	Buchveröffentlichung	122
	8.2	Berichte		123
	8.3	Präsentation auf Kongressen oder Konferenzen		124
		8.3.1	Vorträge	125
		8.3.2	Poster	126
	8.4	Publikation in einer wissenschaftlichen Zeitschrift		127
		8.4.1	Auswahl der Zeitschrift	127
			8.4.1.1 Akademisches Prestige und Selektivität	127
			8.4.1.2 Sprache	128
			8.4.1.3 Thematischer Zuschnitt	128
			8.4.1.4 Dauer des Selektionsprozesses	128
			8.4.1.5 Manuskriptlänge	128
			8.4.1.6 Kosten	128
			8.4.1.7 „Open access"-Zeitschriften	128
		8.4.2	Struktur eines Artikels	129
			8.4.2.1 Titel	130
			8.4.2.2 Autoren	130
			8.4.2.3 Zusammenfassung und Schlagwörter	131
			8.4.2.4 Einleitung	131
			8.4.2.5 Untersuchungsdesign	132
			8.4.2.6 Ergebnisse	132
			8.4.2.7 Diskussion – Schlussfolgerungen	133
			8.4.2.8 Danksagung	133
			8.4.2.9 Literaturliste	134
		8.4.3	Der Weg des Manuskripts	134
			8.4.3.1 Einreichen des Manuskripts	134
			8.4.3.2 Begutachtungen	135
			8.4.3.3 Druckfahnen	135
			8.4.3.4 Finanzielle Aspekte	136
	8.5	Literatur		136
9.	**Ethik**			**138**
		Lernziele		138
	9.1	Ethik im Wissenschaftsbereich		138
	9.2	Die Regeln guter wissenschaftlicher Praxis		139
		9.2.1	Der Kodex	139
			9.2.1.1 Wissenschaftliche Redlichkeit	140
			9.2.1.2 Sanktionen	140
			9.2.1.3 Zusammenarbeit in einer Forschungsgruppe	141
			9.2.1.4 Verantwortungskonflikt	141
		9.2.2	Autorschaft	142
		9.2.3	Plagiat	143
	9.3	Ethik und Forschungsinhalte		144
		9.3.1	Ethik und Auswahl des Forschungsthemas	144
		9.3.2	Abwägungs- und Vorrangregeln	146
	9.4	Literatur		147
	9.5	Institutionen für Ethik in der Wissenschaft		148
Stichwortverzeichnis				**149**

Einleitung

Forschung hat in den letzten Jahrzehnten in den Hochschulen in allen Disziplinen zentrale Bedeutung gewonnen. Das Ansehen der Wissenschaftlerinnen und Wissenschaftler[1] wird zunehmend an den Publikationen ihrer Forschungsergebnisse und auch an der Einwerbung von Drittmitteln gemessen. Forschung erfordert Ressourcen: Qualifikationen der Wissenschaftler und förderliche institutionelle Kontexte, aber auch Mittel – Geld für spezialisiertes Personal, für Literatur und Geräte, für Reisen. Hochschulen haben meist eigene Organisationen der Forschungsförderung und stellen Fonds zur Verfügung – allerdings nur in sehr begrenztem Umfang. Umso größer wird der institutionelle Druck, bei externen Institutionen Drittmittel einzuwerben, um Forschung mit aufwändigerem Zuschnitt überhaupt erst möglich zu machen.

Wie kommen junge Wissenschaftler zur Forschung? Sie machen mit ihren Examensarbeiten oder Dissertationen erste Schritte eines eigenständigen wissenschaftlichen Projekts; sie erwerben damit aber meist noch keine Kenntnisse und Erfahrungen, um Forschungsprojekte zu entwickeln, in Anträge umzusetzen und Mittel einzuwerben. Diese Lücke soll dieser Leitfaden zu schließen helfen.

Es gibt verschiedene Wege, die Entwicklung von Forschungsvorhaben zu lernen. Ein mühsamer und riskanter Weg ist das selbstständige Experimentieren oder das Lernen durch Versuch und Irrtum. Sicherlich aussichtsreicher ist die traditionelle ‚handwerkliche' Lernweise: Erfahrene Kollegen geben in gemeinsamer praktischer Forschungsarbeit ein Beispiel, leiten an und kritisieren. Solche Lernprozesse sind allerdings durch implizite Wissensstrukturen und zufällige Interaktionen gekennzeichnet. Ein weiterer, zusätzlicher Weg, der mehr Nachhaltigkeit verspricht, wird in diesem Leitfaden versucht: Regeln der Konstruktion und Durchführung von Forschungsprojekten explizit zu machen, Handlungsempfehlungen zu geben und Entscheidungen zu erleichtern. Auf langjährigen Forschungserfahrungen der Autoren aufbauend, führt der Leitfaden in die konzeptionellen, methodischen und organisatorischen Prinzipien der Konstruktion und Durchführung von empirischen Forschungsprojekten ein und gibt Orientierungshilfen für die Suche nach Drittmitteln.

Die Erstellung, Formulierung und praktische Umsetzung von Forschungsanträgen kann man freilich nicht ausschließlich in theoretischen Kursen oder durch Lesen von Handbüchern erlernen. Die Ausarbeitung von Anträgen – vor allem zu Beginn einer wissenschaftlichen Karriere – bedarf vielmehr auch fachkundiger Diskussion oder Anleitung. Anträge müssen nämlich in der Konkurrenz um knappe Mittel der Forschungsförderung hohen Anforderungen an wissenschaftliche Qualität, Praktikabilität und Konsistenz genügen, um in den Evaluations- und Auswahlprozessen Erfolg zu haben. Daher ist dieser Leitfaden als Ergänzung zu sehen und zu nutzen – er ersetzt nicht die Kommunikation mit erfahrenen Kollegen, Tutoren und Betreuern und den Referenten der Forschungsbüros der Hochschulen; er ersetzt auch nicht spezielle Fachbücher zum wissenschaftlichen Arbeiten und zu Forschungsmethoden.

Der Leitfaden ist für jüngere Wissenschaftler bestimmt, die Forschungsprojekte entwickeln und dafür Mittel beantragen wollen. Diese Zielgruppe bestimmt auch den Zuschnitt der Projekte, zu deren Entwicklung der Leitfaden nützliche Hinweise geben

---

[1] Unser Buch wendet sich gleichermaßen an Wissenschaftlerinnen und Wissenschaftler. Wenn im Folgenden die übliche männliche Form gewählt wird, so dient dies nur der stilistischen Vereinfachung und besseren Lesbarkeit des Texts.

will: Die Empfehlungen beziehen sich nicht auf Großforschung, komplexe Forschungsprogramme und koordinierte Projekte in Großorganisationen, sondern auf individuelle Vorhaben mit wenigen Mitarbeitern und mit einer einfachen Organisationsstruktur.

Der Leitfaden fasst, in Kapiteln gegliedert, Prinzipien der Entwicklung und Durchführung von Forschungsvorhaben zusammen – von der Forschungsidee über die Antragstellung bis hin zu Veröffentlichungen. Er ist handlungsorientiert: Der Leitfaden behandelt den Prozess der Entwicklung eines Forschungsprojekts als eine Abfolge von Entscheidungen. Er gibt Tipps, wie die Entscheidungen zu treffen sind, und weist auf Tücken und Fehler hin.

Im ersten Teil des Leitfadens geht es um die Struktur, die innere Logik und die Konsistenz von Forschungsprojekten, also um die Prinzipien, die bei der Planung eines Projekts zu beachten sind. Das erste Kapitel setzt mit grundlegenden Bestimmungen von Wissenschaft, Forschung und Projektarbeit den Rahmen und führt in die elementaren Anforderungen der Projektentwicklung ein. Das zweite Kapitel befasst sich dann, ausgehend von der Projektidee, mit der Konstruktion der theoretisch-konzeptionellen Basis eines Forschungsprojekts: der Entwicklung des Forschungsproblems und der Forschungsfrage, der Bestimmung von Zielen und der Formulierung von Hypothesen oder forschungsleitenden Annahmen. Um das Design, die methodischen Grundlagen des Vorhabens, geht es im dritten Kapitel: Hier wird das begriffliche und methodische Instrumentarium vorgestellt, das entwickelt oder ausgewählt werden muss, um das Forschungsproblem zu lösen und die Ziele zu erreichen: die Operationalisierung der Begriffe, die Auswahl der Instrumente der Datenerhebung und die Bestimmung der Untersuchungseinheiten, schließlich auch die Wahl der Auswertungsinstrumente. Wenn der Leitfaden auch nicht einem bestimmten wissenschaftlichen Paradigma verhaftet ist, so orientiert er sich in seinem methodischen Konzept an den Prinzipien empirisch-analytischer Forschung. Im vierten Kapitel wird dann ein weiteres Element der Projektentwicklung behandelt: die Arbeits-, Zeit- und Kostenplanung.

Im zweiten Teil, beginnend mit dem 5. Kapitel, geht es dann um die folgenden Schritte der Realisierung eines Forschungsvorhabens. Wenn Drittmittel gesucht werden, müssen mögliche Mittelgeber ausfindig gemacht und die Vorhaben auf deren formelle und inhaltliche Vorgaben abgestimmt werden. Das fünfte Kapitel gibt Hinweise zur Auswahl von Mittelgebern und Empfehlungen zum Prozess der Antragstellung. Das sechste Kapitel stellt ein Schema der Selbstevaluation vor, mit dem ein Vorhaben auf seine Konsistenz geprüft werden kann, und führt dann in die Evaluationsprozesse und -kriterien ein, mit welchen Mittelgeber Vorhaben auswählen und Mittel bewilligen. Zwei weitere Kapitel sind den Aufgaben gewidmet, die anfallen, wenn ein Forschungsvorhaben umgesetzt wird: Im siebten Kapitel geht es um das Projektmanagement – die Entscheidungen, die zur Organisation und laufenden Steuerung der Projektarbeit getroffen werden müssen. Das achte Kapitel gibt dann Empfehlungen zur Veröffentlichung über das Forschungsprojekt und seine Ergebnisse.

Das neunte Kapitel schließlich geht auf ethische Anforderungen ein, denen Forschungsprojekte genügen sollen: gesellschaftlicher Nutzen oder Schaden, Fairness in den kollegialen Beziehungen.

1. Wissenschaft – Forschung – Projektidee – Antrag

Zu Beginn dieses Leitfadens kurz und knapp der große Bogen von der Wissenschaft als ganzer zu einem einzelnen Antrag für ein ganz bestimmtes Forschungsprojekt. Nach einer Definition, die alle Wissenschaften einschließen soll, bildet das wissenschaftlich gesicherte Wissen den weltweit verfügbaren Bestand an fundierten Erkenntnissen in der heute bestmöglichen systematischen Ordnung (vgl Hoyningen-Huene 2009). Wissenschaftliche Forschung ist der Prozess, in dem solche Kenntnisse gewonnen werden oder ihre systematische Ordnung verbessert wird. In diesem Bemühen kooperieren, gestützt auf die Summe bereits vorliegender Erkenntnisse, zahllose Wissenschaftler der verschiedensten Fachrichtungen auf der ganzen Welt. Der Prozess der Forschung ist ungefähr wie das Vorangehen auf einem nie endenden und weitgehend noch unbekannten Weg, auf dem immer nur die nächsten Schritte absehbar sind. Ein solcher absehbarer Schritt ist ein einzelnes Forschungsprojekt. Es bedeutet, dass man an dem gegenwärtig erreichten Stand der Wissenschaft anknüpft, um neues Wissen zu generieren und dergestalt bekannt zu machen, dass es in den Stand des Wissens neu aufgenommen wird. Ein solches Projekt bedarf im Allgemeinen einer eingehenden Planung und Vorbereitung. Auf dieser Grundlage schließlich soll der Forschungsantrag einen möglichen Geldgeber davon überzeugen, dass es richtig ist, das Vorhaben finanziell zu fördern.

LERNZIELE

Dieses Kapitel soll Ihnen helfen,

- die grundsätzlichen Zusammenhänge zwischen Wissenschaft, Forschung, Projekt und Projektantrag zu verstehen;
- die ersten Schritte von der Projektidee zur Präzisierung des Forschungsvorhabens kennenzulernen;
- vier Grundfragen zu stellen, die den Weg von der Idee zum Forschungsvorhaben begleiten.

1.1 Von der Wissenschaft im Allgemeinen zum Projekt im Besonderen

1.1.1 Was für alle Wissenschaften gilt

Damit neu gewonnene Erkenntnisse als wissenschaftlich gesichert anerkannt werden, müssen sie vor allem ein weltweit respektiertes Kriterium erfüllen: Sie müssen der Forderung der Objektivität genügen, dh soweit es geht frei von subjektiver Bewertung, Bevorzugung oder gar willkürlicher Auswahl durch den Forscher sein. Darüber hinaus müssen die Erkenntnisse richtig sein, dh soweit wie derzeit möglich frei von Fehlern der Beobachtung, Messung oder Schlussfolgerung (Forderung der Reliabilität), sowie belastbar sein, dh wirklich für den Gegenstand gelten, der untersucht werden sollte (Forderung der Validität). Die drei Kriterien – Objektivität, Reliabilität, Validität – sollen sicherstellen, dass das neue Wissen es verdient, in den systematischen Aufbau der Wissenschaft eingefügt zu werden.

Wissenschaftliche Forschung muss sich daher auf Tatsachen beziehen, diese möglichst genau beobachten, dann Konzepte, Beschreibungen, Modelle und Theorien hierzu entwickeln, darauf gestützt weitere, zumeist weiter geschärfte Beobachtungen anstellen und diese zu dem bereits bestehenden Wissen in Beziehung setzen. Dieses bereits bestehende Wissen wird dadurch aktualisiert oder präzisiert, stets erweitert, aber gleichzeitig auch einer Überprüfung unterzogen, in der es bestätigt werden kann oder auch nicht. In jedem Fall (denn auch das Erkennen von Fehlern ist ein Fortschritt) wird der Stand des Wissens dabei erweitert. Hier muss betont werden, dass auch die Forschung darüber, mit welchen Methoden man wissenschaftliche Ergebnisse erhalten kann, zur wissenschaftlichen Forschung zählt und den Stand des Wissens erweitert.

5 Wie wird das für den Fortschritt der Wissenschaft existenzielle Kriterium der Objektivität gesichert? Man könnte daran denken, es operationell zu überprüfen, indem alle Untersuchungen durch andere Wissenschafter wiederholt werden, die unter gleichen Bedingungen dann zu den gleichen Ergebnissen kommen müssten (Forderung der Reproduzierbarkeit). Das findet in vielen Bereichen auch häufig statt (zB in der Physik), ist aber gar nicht immer zu verwirklichen (zB bei der Erforschung seltener Ereignisse oder bei ethnografischen Studien an erst neu entdeckter Urbevölkerung, aber auch schon in der qualitativen sozialwissenschaftlichen Forschung). Als strikte Forderung wäre dies daher unrealistisch. Ersatzweise gilt daher ein Kriterium, das sich auf die Methoden richtet: Die Methoden, mit denen neue Ergebnisse gewonnen werden, müssen wissenschaftlich anerkannt sein.

6 Welche Methoden sind wissenschaftlich anerkannt? Das sind vor allem solche Methoden, die sich in Untersuchungen, die tatsächlich auf Reproduzierbarkeit überprüft werden konnten, schon als zuverlässig bewährt haben. Daraus entnimmt man, dass man sich darauf verlassen darf, dass sie zu reproduzierbaren Ergebnissen führen. Für jedes Forschungsprojekt spielt es daher eine zentrale Rolle, ob die angewandte Methode als wissenschaftlich zuverlässig eingestuft wird oder nicht. Wenn eine Methode neu vorgeschlagen wird, ist schon die Frage, ob sie wissenschaftlich anerkannt werden kann, selber ein Gegenstand der Forschung. Für Forschungsprojekte aller Art entsteht so die unabdingbare Verpflichtung, nicht nur die Ergebnisse, sondern auch die benutzten Methoden in geeigneter Genauigkeit zu dokumentieren.

7 Grundsätzlich soll jedes wissenschaftliche Forschungsergebnis in angemessener Weise publiziert werden. Nur so wird es allgemein verfügbar, und nur so kann (und muss!) es bei künftigen Forschungen mit zur Grundlage genommen werden. Gerade dadurch entsteht jene starke Rückkopplung zwischen allen Ebenen des Wissens – Beobachtungen, Konzepte, Beschreibungen, Methoden, Modelle, Theorien –, auf der der wissenschaftliche Fortschritt beruht.

1.1.2 Differenzierungen

8 So einfach diese für alle wissenschaftlichen Disziplinen weitgehend gleichen Ausgangspunkte der modernen Wissenschaft zu benennen sind, so vielgestaltig zeigen sich Wissenschaft und Forschung, wenn man sie näher betrachtet: Unterschiedlich je nach spezieller Fachrichtung und Tradition, unterschiedlich auch je nachdem, ob die Forschung sich mehr auf die Grundlagen, die Anwendungsmöglichkeiten oder die Methodenentwicklung hin orientiert. Die Unterschiede können sich weiter im Selbstverständnis und im Erkenntnisinteresse der Forscher ausdrücken; so existieren verschiedene Paradigmen und erkenntnistheoretisch begründete Wissenschaftskonzepte, und diese können sich innerhalb einer Disziplin auch auf die Auswahl der anerkannten Methoden auswirken.

1.1 Von der Wissenschaft im Allgemeinen zum Projekt im Besonderen

Bei einem Forschungsprojekt ist auch zu unterscheiden, ob die Forschung aus einem allgemeinem Interesse am wissenschaftlichen Fortschritt heraus betrieben wird oder im Auftrag einer Stelle, die bestimmte Ergebnisse erhofft und damit besondere Zwecke verfolgen möchte (zB Regierung, Unternehmen). Dies kann und darf wegen des Kriteriums der Objektivität zwar keinen Einfluss auf die einzelnen Ergebnisse haben, kann aber entscheidend dafür sein, welche Fragen überhaupt erforscht werden und ob und wie die Ergebnisse umgesetzt werden. So ist im Fall der reinen Grundlagenforschung eine baldige Umsetzung oft gar nicht abzusehen, eine umgehende Veröffentlichung der Ergebnisse aber gewöhnlich selbstverständlich. Bei handlungsorientierten Forschungsprojekten kann es sogar sein, dass der Transfer der Ergebnisse in Form von Bildungsveranstaltungen zu einem Bestandteil des Projekts gemacht wird, insbesondere wenn es von der Förderungsorganisation so verlangt wird. Auch von der angewandten Forschung, zB in der gezielten Auftragsforschung, wird eine baldige Umsetzung erwartet, während aber bei weitem nicht jedes Forschungsergebnis durch Veröffentlichung der Allgemeinheit zur Verfügung gestellt wird.

An ein Forschungsprojekt können sich über den reinen Wissenszuwachs und über die konkrete Umsetzung der Ergebnisse hinaus zusätzliche Erwartungen knüpfen, etwa dass sich in zukunftsträchtigen Wissenschaftszweigen regionale Forschungskapazitäten entwickeln sollen (zB als Zielsetzung einer langfristigen Forschungspolitik vonseiten der Regierung). Die zusätzlichen Erwartungen können bei einem Forschungsprojekt zu einem akuten Problem so weit reichen, dass sich für die davon Betroffenen allein daraus, dass sie als Studienobjekte am Projekt teilnehmen, ein Beitrag zur Lösung ihres Problems ergibt (zB Heilung von einer Krankheit durch Teilnahme an der Erprobung eines neuen Medikaments).

Doch besteht der immer gleiche immanente Hauptzweck der Forschung, wie er sich am klarsten in der so genannten reinen Grundlagenforschung zeigt, im Fortschritt der Wissenschaft. Auf diesen Aspekt ist auch das vorliegende Buch fokussiert.

1.1.3 Stand der Wissenschaft

Der Vergleich mit anderen Arten menschlichen Wissens (zB persönliche Erfahrung, Glaube, Erleuchtung, Ideologie, fixe Idee) zeigt bei genauerem Hinsehen, dass das Kriterium der Objektivität, durch das das wissenschaftliche Wissen sich abgrenzen soll, nicht so absolut scharf definiert ist, wie es oben erschienen haben mag. Eine gewisse Unschärfe im Einzelfall ist nicht nur bei der Festlegung dieser Abgrenzung zu sehen, sondern sogar bis weit in den eigentlichen Bereich des wissenschaftlichen Wissens hinein. Dort existiert zwar ein Kernbestand von allgemein akzeptiertem Wissen, doch ist er umgeben von einer breiten Grauzone mehr oder weniger neuer oder umstrittener Erkenntnisse über Tatsachen und Methoden. Während der Kern sich (meist) nur relativ langsam entwickelt, wenn er nicht gerade eine „kopernikanische Wende" durchmacht, gibt es drum herum häufig Veränderungen. Immer wenn etwas Neues sich bewähren kann, wird es in den festen Kernbestand der Wissenschaft aufgenommen, anderes aber als unwissenschaftlich oder überholt erkannt und ausgegrenzt. Für den Streit verschiedener Schulen oder wissenschaftlicher Lehrmeinungen ist hier viel Spielraum, aber auch für entschuldbare Irrwege und sogar für Scharlatanerie.

Die genauere Einordnung neuer Forschungsergebnisse in den allgemeinen Stand des Wissens erfolgt nach der Publikation und oft erst im Verlauf längerer Diskussionen mit anderen Wissenschaftlern und weiterer Überprüfungen. Im günstigen Fall erfahren die neuen Ergebnisse die nachhaltige Aufnahme in die Wissenschaft durch das Urteil der Fachwelt (der *scientific community*). Sie ist die Hüterin des Standes der Wissenschaft und konstituiert sich international durch Fachzeitschriften, wissenschaftliche Gesellschaften und Kongresse. Natürlich sind auch hier Fehlurteile und Missgriffe möglich, und zahlreich sind auch die Fälle, wo solche erkannt wurden und korrigiert werden mussten.

14 Wenn in diesem Leitfaden zur Entwicklung von Forschungsprojekten vom Stand der Wissenschaft gesprochen wird, ist immer der eher gut gesicherte derzeitige Kernbestand an Erkenntnissen und Methodenwissen gemeint, wie er in der wissenschaftlichen Literatur (zB Fachzeitschriften) publiziert wurde. Jedes Forschungsvorhaben muss sich auf den aktuellen Stand der Wissenschaft stützen, und gerade junge Forscher sollten dabei besser nicht gleich zu wissenschaftlich (vielleicht noch) umstrittenen Werkzeugen greifen (obwohl gerade diese sich bei solchen Fragen, an denen bisher alle anderen Forscher gescheitert sind, oft als besonders vielversprechend herausgestellt haben).

1.2 Projekt und Antrag

15 Forschung kann man auf viele mögliche Arten betreiben. Man kennt etwa aus alten Geschichten die Figur des Privatgelehrten, der aus persönlicher Neugier die Welt erforschen will – wie Goethes Faust in seiner Studierstube, oder, weitaus realistischer, Albert Einstein, als er in seiner Freizeit die Relativitätstheorie fand. Typisch ist, dass bei dieser Art des Forschens dem Forscher nicht die Erfüllung eines detaillierten Arbeitsplans abverlangt wird (obwohl er gut daran tut, seine Arbeit sorgfältig zu planen). Darin ähnelt seine Situation auch der eines Stipendiaten. Jedoch wird die Forschung, die auf Zuweisung von externen Mitteln angewiesen ist, weit überwiegend in durchgeplanten Projekten durchgeführt.

1.2.1 Projekt

16 Was ist ein Projekt? Ganz allgemein ist das zB in der Norm „Projektmanagement, Projektmanagementsysteme" charakterisiert (DIN 69901): Ein Projekt ist ein Arbeitsvorhaben, das im Wesentlichen durch die „Einmaligkeit der Bedingungen in ihrer Gesamtheit gekennzeichnet" ist. Es ist ein einmaliger Arbeitszusammenhang, deutlich unterschieden von Routineprozessen und von anderen Vorhaben:

- Ein Projekt hat besondere Ziele, die bei seinem Abschluss erreicht sein sollen.
- Ein Projekt findet in einem zeitlich, finanziell und personell abgegrenzten Rahmen statt.
- Ein Projekt hat eine spezielle, der genauen Zielsetzung angemessene und zumeist komplexe Organisation der Tätigkeiten.

17 In diesem Leitfaden beziehen wir uns auf die Entwicklung von Forschungsprojekten, die als typisch für Forschung in einer Hochschule oder Forschungseinrichtung gelten können. Solche Projekte sind nicht schon durch einen einzigen Arbeitsschritt zu erledigen, sondern zeigen eine zT beträchtliche Komplexität, sind aber mit einer noch überschaubaren Anzahl von Beteiligten durchzuführen. Dabei konzentrieren wir uns auf die Aspekte, die sich direkt aus der Forderung der Wissenschaftlichkeit ergeben. Daneben stellen Förderorganisationen oft auch weitere Anforderungen, zB die Berücksichtigung von Gendergerechtigkeit und Nachhaltigkeit.

1.2 Projekt und Antrag

Diese Forschungsprojekte haben einen spezifischen Ablauf mit klar zu unterscheidenden Phasen: Ganz am Anfang steht eine Projektidee – eine Frage, der man nachgehen, oder ein Problem, das man lösen möchte. Zu dieser Idee wird nach einer ganzen Reihe von notwendigen Zwischenschritten ein detaillierter Arbeitsplan entwickelt; das ist die Phase der Projektplanung. Es folgt die Durchführung des Projekts mit der Organisation, Koordination und Überwachung der vorgesehenen Arbeitsprozesse. Schließlich wird das Projekt mit der Dokumentation und (zumeist) Publikation der Ergebnisse beendet.

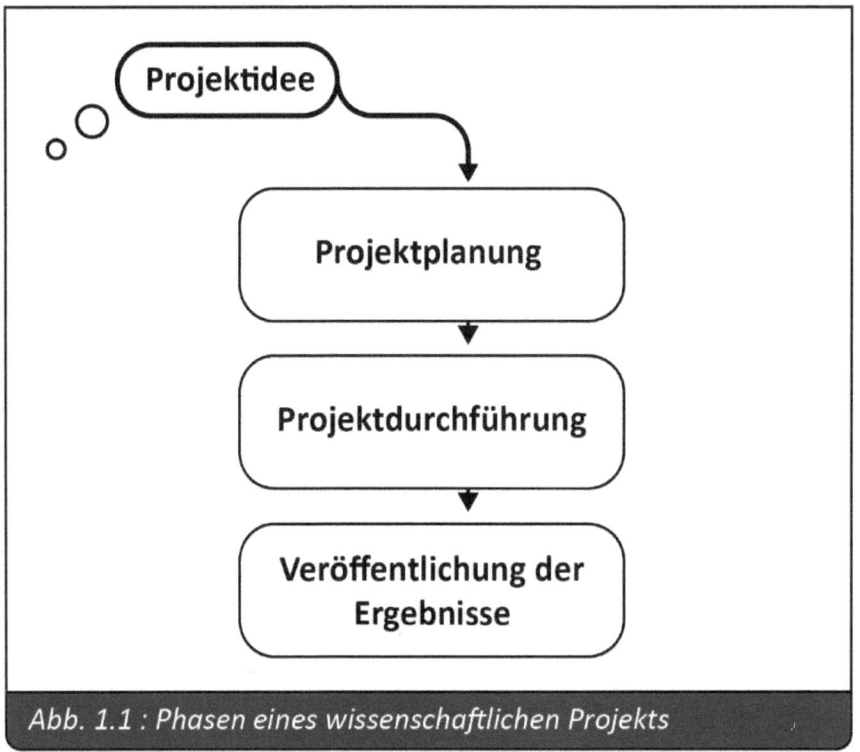

Abb. 1.1 : Phasen eines wissenschaftlichen Projekts

Für ein erfolgreiches Forschungsvorhaben ist jede dieser drei Phasen von essentieller Bedeutung. Die folgenden Kapitel geben ausführliche Anleitung, wie man die erforderlichen Arbeiten strukturieren und Fehler vermeiden kann.

Die erste Phase, eine sorgfältige Projektplanung, spielt gerade dann eine besonders wichtige Rolle, wenn zur Durchführung des Projekts Mittel bewilligt werden müssen. Dafür ist dann ein Forschungsantrag vonnöten, der – wie eingangs angemerkt – eine Institution der Forschungsförderung als Geldgeber davon überzeugen soll, dass hier der Plan für ein Forschungsprojekt vorgelegt wurde, das aller Voraussicht nach zum Fortschritt der Wissenschaft (und gegebenenfalls zur Förderung weiterer Ziele der Institution) beitragen wird. Dazu muss der Antragsteller nicht nur die Absicht bekunden, etwas wissenschaftlich Interessantes zu erforschen, sondern das Projekt muss auch konkret durchführbar erscheinen, und zwar genau so, wie im Antrag dargelegt. Ein Forschungsantrag ist vom Inhalt her also praktisch identisch mit dem Ergebnis der Pla-

1. Wissenschaft – Forschung – Projektidee – Antrag

nungsphase. Für die Planungsphase ist daher vieles von dem, was im Folgenden zum Forschungsantrag gesagt wird, unverändert gültig, auch wenn nirgendwo ein Antrag eingereicht werden soll.

1.2.2 Antrag

21 Es gibt viele Möglichkeiten, einen Forschungsantrag zu schreiben. Auf jeden Fall aber muss dieser sich an den oben dargestellten allgemeinen Charakteristika der wissenschaftlichen Forschung orientieren. Er muss daher die folgenden vier Elemente aufweisen:

- Die wissenschaftliche Problemstellung mit einer klar ausgedrückten Forschungsfrage.
  In Frageform: Welcher Schritt auf dem Weg zu neuer wissenschaftlicher Erkenntnis soll hier gegangen werden?
- Die eingehende Berücksichtigung des Standes der Wissenschaft.
  In Frageform: Ist nach dem aktuellen Stand die Frage sinnvoll gestellt und wirklich noch nicht beantwortet? In welchen Aspekten gibt es schon Teilantworten und Hilfsmittel, die man nutzen kann – und muss?
- Ein nachvollziehbares und realistisches Forschungskonzept, zu dem insbesondere die Aufgliederung in Zwischenziele und die Auswahl der jeweils anzuwendenden Methoden gehört.
  In Frageform: Sind die Methoden geeignet, das jeweils angestrebte Wissen zu gewinnen? Sichern sie dessen wissenschaftliche Objektivität?
- Ein zeitlich strukturierter Arbeits-, Ressourcen- und Zeitplan, der auch die erwarteten Produkte (*deliverables*, zB Berichte, (Teil-)Veröffentlichungen) benennt.
  In Frageform: Sind die geplanten Arbeiten mit den geplanten Ressourcen in der geplanten Zeit in der erforderlichen Qualität tatsächlich durchführbar?

22 Diese vier Elemente bilden die zentralen Achsen bei der Planung eines Forschungsprojekts. Wir haben sie hier auch in Form der Fragen wiedergegeben, die von außen an das Projekt gestellt werden, insbesondere wenn zur Durchführung Mittel eingeworben werden müssen. Wir werden ihnen – leicht umformuliert – im 'Arbeitsquadrat der Projektentwicklung' in Kapitel 1.2.4 wieder begegnen. Sie müssen in dem Antrag nicht nur vorkommen, sondern sie müssen auch konsistent miteinander verzahnt sein: Eine Fragestellung etwa kann ohne präzise benannte Zwischenziele und die Auswahl angemessener Methoden kaum verfolgt werden. Ihre Bearbeitung hängt ohne einen angemessenen Zeit- und Arbeitsplan in der Luft. Eine Zeit- und Ressourcenplanung andererseits erscheint willkürlich, wenn sie sich nicht auf eine präzise Bestimmung der Methoden stützt.

23 Wird der Antrag einer Institution für Forschungsförderung vorgelegt, bildet er dort die Entscheidungsgrundlage bei der Vergabe ihrer Fördermittel. Dazu wird er durch die Mittelgeber bzw durch die von ihnen beauftragten Experten evaluiert. Der Antrag wird danach beurteilt, ob das Vorhaben wissenschaftlich innovativ ist, ob es aussichtsreich ist, ob Problemstellung und Zielsetzung wissenschaftlichen Fortschritt und gesellschaftlichen Nutzen versprechen, ob die Methoden den Zielen angemessen und ob der Bedarf an Zeit und Ressourcen realistisch erscheint, um die geplanten Arbeiten in der nötigen Qualität durchführen zu können. Von großer Bedeutung ist dabei, ob der Antragsteller über angemessene Qualifikationen und institutionellen Rückhalt verfügt, so

1.2 Projekt und Antrag

dass man ihm zutrauen kann, die geplanten Arbeitsprozesse problem- und zielorientiert und im Rahmen der beantragten Mittel und Zeitmargen organisieren und durchführen zu können. Alle diese Fragen müssen Sie bei Ihrem Antrag natürlich auch an sich selber gestellt, genau geprüft und im positiven Sinn beantwortet haben.

Zum anderen entfaltet der Antrag auch eine erhebliche Binnenwirkung: Er ist die „Blaupause" für die Organisation des künftigen Forschungsprozesses, dh der Arbeitsabläufe und der Zeit- und Ressourcenverwendung. Von der Präzision des Forschungsdesigns, wie es bereits für den Antrag entwickelt wurde, hängt es weitgehend ab, ob in der Durchführungsphase das Projekt seine Ziele erreichen kann. Auch deshalb tun Forscher, wenn sie glücklicherweise einmal nicht auf fremde Mittel angewiesen sind, doch gut daran, sich dieselbe Mühe zu machen, als ob sie einen Antrag schrieben.

Soweit ein erster knapper Überblick über den Bogen von der Wissenschaft im Allgemeinen bis zu einem konkreten Forschungsantrag im Besonderen.

1.2.3 Vor Beginn der Projektentwicklung: Von der Motivation über die Forschungsidee zur Projektidee

Forschung beginnt meist mit einer Idee – sei sie noch vage oder schon sehr konkret. Meist wird sie als eine Frage auftauchen, entstanden aus einer persönlichen Motivation oder Interessenslage. Für die am Anfang stehenden Motive geben wir vier absichtlich weit gestreute Beispiele:

- persönliches Interesse (wissenschaftliche Neugier, Bemerken eines ungelösten Problems, berufliche Entwicklung als Wissenschaftler etc.);
  Beispielfragen: Gibt es eine universelle Gebärdensprache, die interkulturelle Missverständnisse vermeiden hilft? – Warum ziehen Zugvögel jedes Jahr tausende Kilometer hin und her? – Wurde in der Vorgeschichte das Rad mehrfach neu erfunden? – Wo könnten meine speziellen wissenschaftlichen Erfahrungen nützlich sein?
- öffentliches Interesse (öffentlich diskutiertes Problem, Missstand bzgl. sozialer Angelegenheiten wie Recht, Sicherheit, Gesundheit, Bildung, Versorgung etc.);
  Beispielfrage: Kann man nicht die Staus auf den Autobahnen verhindern?
- wirtschaftliches Interesse (Investieren, Gewinn oder Produktionsprozess verbessern etc.);
  Beispielfragen: Wie lässt sich beim Dieselauto die Abluft reinigen? – Wie lässt sich bei Kühen die Milchleistung steigern?
- politisches Interesse (Entwicklung des Landes, Gewinnung von Wahlen etc.).
  Beispielfragen: Warum denken Menschen, härtere Strafen schützen sie besser vor Verbrechern? – Was sind die politischen Folgen des internationalen Drogenhandels?

Eine aus solchen Motiven entstandene tragfähige Motivation ist sicher wichtig, aber nicht das wichtigste Kriterium für die Auswahl einer Forschungsfrage. Das oberste und eigentlich selbstverständliche Kriterium für ein wissenschaftliches Forschungsprojekt muss sein, dass es einen Beitrag zum Fortschritt der Wissenschaft liefern soll, also auf die Gewinnung von gesichertem Wissen abzielen muss, das neu ist. Daher wird sich ohne eine genaue Kenntnis des aktuellen Standes der Wissenschaft – insbesondere ohne die Kenntnis seiner Lücken – eine geeignete Forschungsfrage kaum finden lassen. Sie muss geradezu aus der Beschäftigung mit dem aktuellen Stand des Wissens hervorgehen, sich von ihm ableiten.

1. Wissenschaft – Forschung – Projektidee – Antrag

27 Daher muss in jedem Antrag als Hauptziel des Projekts nicht die am Anfang stehende Motivation, sondern die Absicht, neue Erkenntnisse zu gewinnen, klar herausgestellt sein. Dass mit dieser neuen Erkenntnis bestimmte Absichten verfolgt werden sollen, kann am Anfang des ganzen Vorhabens gestanden haben. Solche – nicht im engeren Sinne wissenschaftlichen Absichten – könnten etwa sein:
- die Behebung eines drängenden (zB sozialen) Missstands (Beispiel: Gewalttätigkeit bei Jugendlichen);
- die Verbesserung einer Dienstleistung durch Einführung einer anderwärts bereits erprobten Methode (Beispiel: Messung der Lufttemperaturen im Wetterdienst mit elektronischen Fühlern statt mit dem altbekannten Quecksilberthermometer),
- die Einübung in eine bessere Methode (Beispiel: Einübung in die Nutzung der magnetischen Resonanz-Tomographie (MRT) in der medizinischen Diagnostik);
- die Fortsetzung einer früheren Forschung (Beispiel: Fortführung eines Monitoring-Programms, um den Einfluss einer neuen Kläranlage auf die städtische Wasserqualität dokumentieren zu können).

28 Solche Ziele tragen durchaus zur Relevanz eines Projekts bei und sollten auch in einem Antrag angeführt werden. Bei Auftragsforschung (zB für Wirtschaft und Politik) können sie einen gewichtigen Teil der Begründung eines Förderungsantrags bilden. Sie haben aber im rein wissenschaftlichen Teil der Begründung, auf den sich dieser Leitfaden konzentrieren soll, nichts zu suchen. Bei Anträgen zur Grundlagenforschung würden sie in die Rubrik der sonstigen erwarteten Resultate gehören. Sind sie nicht klar von dem Hauptziel, der Gewinnung neuer Erkenntnisse, abgesetzt, bleiben sie in der wissenschaftlichen Bewertung des Antrags nicht nur ohne Belang, sondern könnten sogar ein schlechtes Licht auf ihn werfen. Es mag dann so scheinen, als versuche der Antragsteller, die Schwächen seiner dünnen wissenschaftlichen Begründung durch Hinweise auf außerwissenschaftlichen Nutzen des Vorhabens aufzuwiegen. Dies zumal dann, wenn solche Hinweise im Antrag wiederholt auftauchen.

29 Um nun von einer solchen Motivation zu einem Forschungsprojekt zu kommen, sind mehrere Zwischenschritte zu bewältigen. Wir beschreiben sie mit den Begriffen 'Forschungsidee' und 'Projektidee'. Zuerst ist zu der Motivation eine Forschungsidee zu finden, und diese anschließend weiter zu einer Projektidee zu entwickeln.

30 Zu den oben in diesem Abschnitt auf S. 16 genannten vier Beispielen möglicher Motivationen oder Interessenslagen gaben wir auch Beispiele typischer Fragen nach neuem Wissen. Sind diese Fragen schon Projektideen? Nein, noch nicht. Sie drücken zwar aus, was man gerne wissen würde, sind in diesem Sinne als Forschungsideen zu bezeichnen. Um aber als Projektidee zu taugen, müssen sie noch eingeschränkt und präzisiert werden, damit sie die Richtung auf ein bestimmtes Projekt vorgeben, im Sinne der oben angegebenen Definition eines Projektes also die Richtung auf ein konkretes Forschungsvorhaben mit einem bestimmten Ziel.

31 Beispiele für Projektideen zu den eingangs dieses Kapitels 1.2.3 angeführten typischen Motivationen und Forschungsideen:
- Zeigen die Gebärdensprachen unterschiedlicher Ethnien Übereinstimmungen? – Bringen die Elternvögel den Jungen den Vogelzug bei? – Können zwischen den Menschen verschiedener früher Fundstätten des Rades Beziehungen bestanden haben? – Können meine speziellen Kenntnisse in mathematischer Statistik die Vorhersage von Börsenkursen verbessern helfen?

1.2 Projekt und Antrag

- Wie lassen sich die Ursachen von Staus auf den Autobahnen klassifizieren?
- Welche Bedingungen (Gewicht, Motorleistung, Fahrweise ...) bestimmen maßgeblich die Abluftzusammensetzung von Dieselautos? – Lassen sich ausländische Rinderrassen mit hoher Milchleistung bei uns ansiedeln?
- Welche Gemeinsamkeiten zeigen diejenigen Menschen, die sich durch härtere Strafen besser vor Straftätern geschützt sehen, gegenüber denen, die das nicht denken? – Welche wirtschaftlichen und bewaffneten Machtstrukturen und Konflikte schafft sich der internationale Drogenhandel?

Solche Konkretisierung einer allgemeinen Forschungsidee zu einer präzisierten Projektidee ist erst die Vorstufe der eigentlichen Projektentwicklung. Doch schon für diesen frühen Schritt zeigen unsere Beispiele deutlich, dass man nicht voran kommt ohne Annahmen zu machen. Diese Annahmen bilden eine Vorform der 'forschungsleitenden Annahmen', die im Folgenden im Zusammenhang mit Hypothesen noch genauer beleuchtet werden sollen.

Viele weitere solcher Annahmen werden noch getroffen werden müssen, damit ein fertig ausgearbeitetes Projekt entsteht. Stets geht es dabei darum, unter verschiedenen Möglichkeiten eine gut passende auszuwählen. Man hat dabei jedes Mal eine Entscheidung zu treffen. Das bedeutet einerseits eine Beschränkung, ist aber andererseits der einzige Weg zur unbedingt nötigen Konkretisierung. So hätte sich zB jede der eingangs formulierten Forschungsideen auch zu mehreren anderen Projektideen konkretisieren lassen. Daraus würden dann auch andere Projekte zu entwickeln sein, man muss sich aber in der Planung und im Antrag auf eines festlegen.

▶ Ein Beispiel: Andere Projektideen zum Thema „Stau": Wie ist es zu den ersten Staus gekommen? – Wie hängt die Wahrscheinlichkeit des Entstehens eines Staus von der erlaubten Höchstgeschwindigkeit ab? – Wie von der Tageszeit, von der Sichtweite, vom Wochentag, von der Zusammensetzung des Verkehrsaufkommens nach Art der Fahrzeuge? etc.

Es versteht sich, dass Sie Ihr konkretes Forschungsprojekt aus einer Frage heraus finden sollten,

- deren Antwort nicht schon allgemein bekannt ist (es sei denn, Sie wollen die allgemein bekannte Antwort widerlegen),
- deren mögliche Antwort wissenschaftlich hochinteressant erscheint (und/ oder politisch, wirtschaftlich oder im Hinblick auf eine andere der oben genannten Motivationen), so dass sie es anschließend verdient, angewandt und/ oder veröffentlicht zu werden,
- für die aber die Methoden, um die Antwort zu finden, schon existieren oder mit Sicherheit von Ihnen selbst erarbeitet werden können,
- wobei diese Methoden sich auch von Ihnen ganz konkret werden umsetzen lassen.

So selbstverständlich diese vier Kriterien aussehen mögen, mit denen man unter zahllosen möglichen Alternativen eine Projektidee auswählen sollten, sie sind das A und O der Entwicklung eines Forschungsprojekts. Am Beginn des Abschnitts 1.2.2 haben wir sie bereits angesprochen. In der folgenden Abbildung 1.2 sind sie zu vier Fragen umformuliert und in einem Quadrat zusammengestellt. Wir nennen es das Arbeitsquadrat der Projektentwicklung.

1. Wissenschaft – Forschung – Projektidee – Antrag

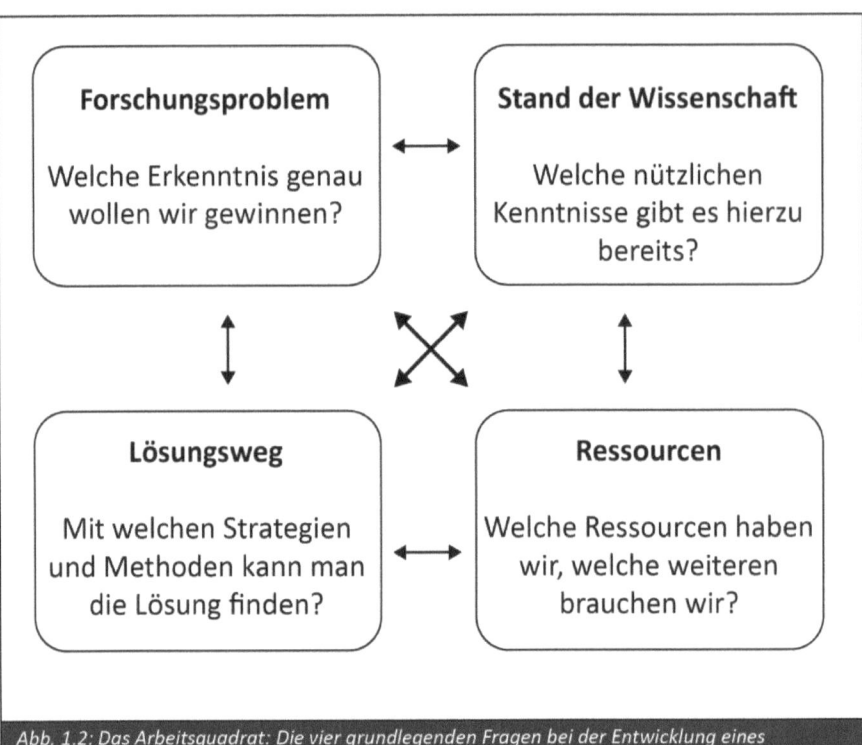

Abb. 1.2: Das Arbeitsquadrat: Die vier grundlegenden Fragen bei der Entwicklung eines Forschungsvorhabens

36 Zum Aufspüren und Auswählen einer Forschungsidee wie auch einer zugehörigen konkreteren Projektidee können Kreativitätstechniken eine große Hilfe sein. Damit dann ein erfolgreiches und womöglich gefördertes Forschungsprojekt daraus werden kann, muss die ausgewählte Idee sich, bevor es an die eigentliche Projektentwicklung geht, aber an Kriterien messen lassen, die sich – wieder – auf einige Aspekte der vier Grundfragen richten:

- die persönliche Eignung des Forschers;
  Leitfragen: Habe ich die wissenschaftliche und organisatorische Kompetenz für das Vorhaben? Verfüge ich über die notwendige institutionelle Anbindung und Unterstützung?
- das persönliche Interesse des Forschers;
  Leitfrage: Ist mir das Thema/ der Erfolg so wichtig, dass ich die besondere Arbeitsbelastung durchhalten werde, die zu jeder erfolgreichen wissenschaftlichen Forschung gehört?
- die Relevanz des Themas;
  Leitfrage: Besteht – über mein persönliches Interesse hinaus – Aussicht auf wissenschaftlich interessante oder gesellschaftlich, wirtschaftlich, politisch nützliche Ergebnisse?

1.2 Projekt und Antrag

- das Interesse des Adressaten des Forschungsantrags.
Leitfrage: Passt mein Vorhaben zu den Zielen des Mittelgebers, womöglich zu einem seiner Förderschwerpunkte?

Es versteht sich, dass auch diese Fragen nicht nur am Anfang sondern während der ganzen Planungsphase des Projekts immer wieder zu stellen sind und, jedenfalls am Ende, eine positive Antwort gefunden haben müssen.

1.2.4 Das Arbeitsquadrat der Projektentwicklung: die vier Grundfragen

Eine interessante Projektidee sei ausgewählt – wie macht man nun daraus ein Forschungsprojekt? Das erfordert einen längeren Arbeitsprozess, in dem man sich von Anfang bis Ende an den vier grundlegenden Fragen im Arbeitsquadrat (Abbildung 1.2) orientieren muss. Dabei stehen diese Fragen in keiner bestimmten Reihenfolge, in der sie nacheinander abzuarbeiten wären. Die Abbildung soll klar machen, dass die Planung des Vorhabens nicht in einer Abfolge von vier einzelnen großen Arbeitsschritten nacheinander vor sich gehen kann. Vielmehr muss man jede der Fragen von Anfang bis Ende der Projektentwicklung gleichzeitig präsent haben, denn die nach und nach zu erarbeitenden Antworten beeinflussen sich ohne Ausnahme gegenseitig. Die sechs Pfeile unterstreichen, dass beim Durcharbeiten der Fragestellungen jede mit jeder anderen verknüpft werden muss. Bei der erforderlichen Dichte der nahtlosen Abstimmung strahlen die zu einem der vier Bereiche erarbeiteten Ergebnisse in jeden anderen aus. Die Pfeile haben immer zwei Spitzen, denn diese Abstimmung muss überall eine gegenseitige sein.

Das erscheint bei den meisten Pfeilen wohl selbstverständlich, nur beim Stand der Wissenschaft vielleicht nicht: Wie sollte denn der aktuelle Stand der Wissenschaft als solcher von den anderen drei Bereichen oder überhaupt von irgendwelchen geplanten Aktivitäten abhängen können? Das ist hier aber gar nicht gemeint. Wir nennen die Abbildung das Arbeits-Quadrat, weil sie helfen soll, die Arbeit an der Entwicklung des Projekts zu strukturieren. Es geht in dem Feld oben rechts also nicht um den Stand der Wissenschaft selbst, sondern darum, was unter diesem Stichwort zu erarbeiten ist. Ganz konkret: Die Fragen, nach denen Sie den Stand der Wissenschaft genau abzusuchen haben, sind die, die sich aus den anderen drei Bereichen ergeben. Daher weisen die Pfeile von den anderen Bereichen auch auf den Stand der Wissenschaft zurück.

Aber warum hat auch der Pfeil vom Forschungsproblem links oben zur der Umsetzung rechts unten, der einer ersten naiven Vorstellung vom Planungsprozess wohl am nächsten kommt, auch eine Spitze in die Gegenrichtung? Es kann sich bei der Ausarbeitung des Projekts zu einem Forschungsproblem zeigen, dass die Arbeit, die zu einer wissenschaftlichen Antwort führen würde, mehr Ressourcen benötigen würde als sich tatsächlich mobilisieren lassen werden. Wenn die Planungsarbeit zur Umsetzung des Vorhabens also zeigt, dass das ganze Programm so nicht durchgeführt werden kann, dann muss in der Tat der Ausgangspunkt, also das Forschungsproblem (links oben), so revidiert werden, dass es zu den begrenzten Ressourcen passt. Anschließend an die Umformulierung müssen dann wieder alle Bereiche entsprechend nachjustiert werden.

Die vier Fragen des Arbeitsquadrats betreffen im Einzelnen:

- die Konkretisierung der Projektidee zur eigentlichen Forschungsfrage: „Was wollen wir denn genau wissen?" Dies wird in Kapitel 2.1 ausführlich behandelt.

21

- die Einarbeitung all dessen, was der Stand der Wissenschaft schon dazu zu sagen hat. „Was ist denn dazu in der Wissenschaft schon bekannt? Worin besteht die Lücke im gegenwärtigen Wissen?" Hierzu gibt Kapitel 2.2 eine detaillierte Anleitung.
- die Auswahl von Strategien und Methoden, mit denen sich das Problem beantworten lassen wird: „Was muss man tun, um die wissenschaftliche Antwort auf die Forschungsfrage zu finden?" Diesem Problem sind Kapitel 2.4-2.5 und das ganze Kapitel 3 gewidmet.
- die Ausarbeitung eines genauen Plans, wie Sie das Forschungsvorhaben mit Erfolg durchführen wollen, welche Ressourcen Sie dafür bereitstellen müssen und wie Sie diese Ressourcen, wenn sie Ihnen nicht schon zur Verfügung stehen, beschaffen wollen: „Wie kann ich das leisten?" Dies wird in Kapitel 4 behandelt.

Wenn einer der folgenden Abschnitte jeweils auf eine dieser Fragen besonders eingeht, wird in einem Bild des Arbeitsquadrats das betreffende Feld noch einmal extra hervorgehoben.

42 Ganz wichtig ist, sich selbst diese Fragen schon von Anfang an zu stellen, wenn es noch gar nicht darum geht, ein bestimmtes Projekt richtig auszuarbeiten, sondern zunächst einmal darum, ein geeignetes Projekt zu finden. Die Anordnung in einem Quadrat in der Abbildung 1.2 soll der Übersicht dienen: Beginnt man mit dem Forschungsproblem, muss am Ende der Planung die Frage nach der Umsetzung detailliert und nachvollziehbar beantwortet sein.

43 Die folgenden Kapitel dieses Leitfadens widmen sich den einzelnen Schritten, mit denen aus einer Idee ein erfolgreiches Forschungsprojekt werden kann, durch alle drei Projektphasen (s. folgende Abbildung 2.1) hindurch, dh von der Planung über die Durchführung bis zur Publikation der Resultate. Dabei konzentrieren wir uns in diesem Leitfaden vollständig auf den rein wissenschaftlichen Kern der Arbeit, wobei 'wissenschaftlich' in einem allgemeinen methodischen Sinn gemeint ist, denn die zusätzlichen speziellen Bedingungen der einzelnen wissenschaftlichen Disziplinen müssen wir schon aus Platzgründen weitgehend außer Betracht lassen. Vielleicht klingt die Beschreibung daher bisweilen etwas „theoretisch" und kann auf manch einen sogar einen weltfremden Eindruck machen. Diese Konzentration auf den wissenschaftlichen Kern ist aber eine absolut notwendige Übung, will man ein wissenschaftlich wasserdichtes Forschungsvorhaben entwickeln. Wir möchten gerade den jungen Wissenschaftlern dringend anraten, uns darin zu folgen und ihr Projekt unter strikt und ausschließlich wissenschaftlichen Kriterien zu prüfen. Jedes Kapitel schließt mit einem Abschnitt zur Literatur, wo neben den Quellen für die Verweise im Text auch weiterführende Literatur angegeben ist.

2. Von der Problemstellung zu den Zielen und Hypothesen

Das Arbeitsquadrat zur Entwicklung eines wissenschaftlichen Forschungsvorhabens (s. Abbildung 1.2 auf S. 20) besteht aus vier Fragen und sechs beidseitigen Verknüpfungen zwischen ihnen. So unmittelbar einleuchtend sie auch erscheinen mögen, so notwendig ist es, dass man sich bei der weiteren Ausarbeitung jeder der Fragen und Verknüpfungen im Einzelnen ausführlich zuwendet. Dabei stellt man sich am besten ein Netz von gegenseitigen Abhängigkeiten vor, die im Laufe der Projekt- und Antragsvorbereitung in wiederholten Durchgängen durch das Arbeitsquadrat in immer feinerer Detaillierung und wechselseitiger Abstimmung ausgearbeitet werden, vorwärts und rückwärts, kreuz und quer.

Um diese Arbeit strukturiert durchzuführen, orientiert man sie am besten an der logischen Abfolge, in der am Ende der Planung das Projekt dargestellt werden muss, wenn zB eine Präsentation verlangt wird oder ein Antrag auf Förderung gestellt werden soll. Diese Abfolge ist in Abbildung 2.1 wiedergegeben, und ihr folgt auch die Darstellung in den nun folgenden Kapiteln: Dieses Kapitel behandelt die Konzeptualisierung und Gewinnung der theoretischen Basis, also im Wesentlichen die beiden oberen Felder des Arbeitsquadrats. Kapitel 3 beschreibt die Vorgehensweise zur Bestimmung von Forschungsdesign und -methoden, also vorrangig das linke untere Feld des Arbeitsquadrats. Kapitel 4 ist der konkreten Planung der Details der Durchführung des Projekts gewidmet, und damit vorrangig dem rechten unteren Feld.

LERNZIELE

Nach dem Lesen dieses Kapitels sollen Sie

- die vier Anforderungen an eine geeignete Forschungsfrage kennen,
- prinzipiell ungeeignete Forschungsfragen vermeiden können;
- wissen, wozu und wie man den Stand der Wissenschaft erarbeiten muss,
- sich über die Entscheidung für eine Forschungsstrategie klar werden,
- die Forschungsfrage in einzelne Ziele aufgliedern können;
- Hypothesen und forschungsleitende Annahmen als Werkzeuge der Planung kennen.

2. Von der Problemstellung zu den Zielen und Hypothesen

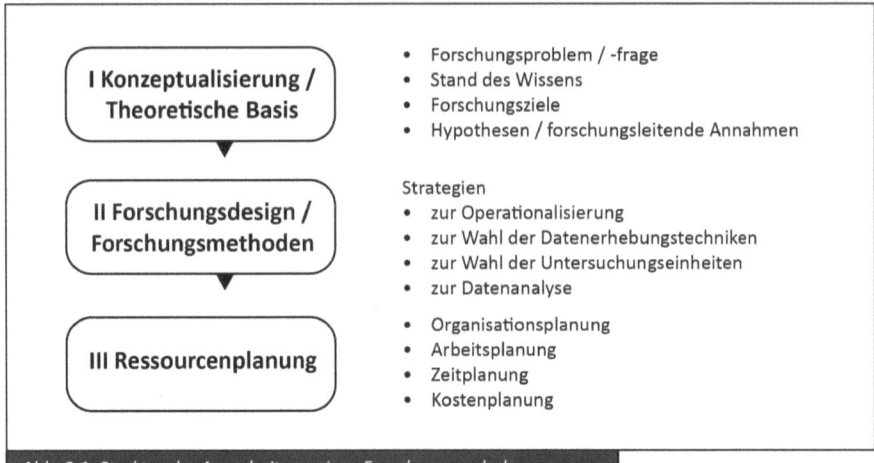

Abb. 2.1: Struktur der Ausarbeitung eines Forschungsvorhabens

2.1 Forschungsproblem und Forschungsfrage

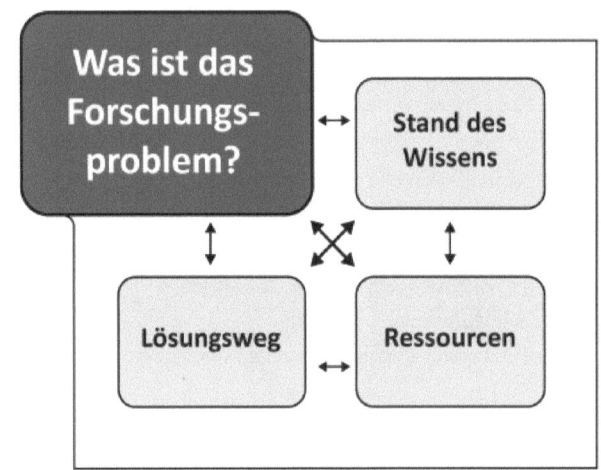

Um ein solides Forschungsprojekt zu entwickeln, braucht es ein ebenso solides Fundament. Wir beschreiben den ersten Teil des Weges durch eine Hierarchie der Begriffe: Forschungsidee → Projektidee → Forschungsproblem → Forschungsfrage. Der Schritt von der Forschungsidee zur Projektidee wurde in Kapitel 1.2.3 schon erläutert.

Nicht nur die Forschungsidee, sondern auch die Projektidee darf in dieser Phase noch etwas vage sein. Der nächste Schritt zu einem konkreten Projekt ist nämlich, innerhalb der Projektidee ein genau bestimmtes Forschungsproblem abzugrenzen. Dieses soll die tragfähige Grundlage der weiteren Arbeit sein. Dafür sind fünf Kriterien strikt zu beachten, die in den folgenden Abschnitten formuliert werden.

2.1 Forschungsproblem und Forschungsfrage

2.1.1 Das Forschungsvorhaben soll eine Frage nach neuem Wissen beantworten

Ein wissenschaftliches Forschungsprojekt soll einen Beitrag zum Fortschritt der Wissenschaft liefern. Daher beginnt das Arbeitsquadrat oben links mit der die Leitfrage, die darauf abzielt, was es denn genau ist, was wir wissen wollen. Immer muss ein Forschungsprojekt auf eine neue Erkenntnis fokussiert sein, auf eine Lücke im Wissen, die es zu schließen gilt. Sie muss den Ausgangspunkt bilden für die nächsten Schritte der Projektentwicklung. Um das in geeigneter Form herauszuarbeiten und überzeugend zu formulieren, ist es eine gute Empfehlung (insbesondere für Wissenschaftler, die keine oder kaum Erfahrungen in der Entwicklung von Forschungsvorhaben haben), das konkrete, gewählte Forschungsproblem sprachlich zu verdichten zu einem einzigen Satz in Form einer Frage, die wir die Forschungsfrage nennen. Mit einer solchen Formulierung in Frageform kann man ua leicht überprüfen, ob die Gewinnung neuen Wissens wirklich das vorrangige Ziel des Vorhabens ist und nicht etwa im Schatten von eventuell auch angestrebten Nebenzielen steht oder sogar nur als deren Anhängsel erscheint. Außer diesem Kriterium muss die Forschungsfrage in ihrer endgültigen Fassung aber vier weitere Prüfungen überstehen, die im Folgenden vorgestellt werden. Anschließend behandeln wir ein einfaches Beispiel.

2.1.2 Die Forschungsfrage muss konkret und beantwortbar sein

An der richtig präzisierten Forschungsfrage zeigt sich schnell, ob das Ziel des Forschungsvorhabens auch hinreichend klar und zugespitzt ist. Sie darf nach Inhalt und Formulierung weder zu komplex noch zu dispers sein. Denn unter einer Forschungsfrage verstehen wir eine so präzise gestellte Frage, dass sich daraus das Vorgehen, mit dem die wissenschaftlich haltbare Antwort zu finden sein müsste, mehr oder weniger eindeutig ableiten lässt. Das inhaltliche Hauptgewicht des ganzen Plans oder Antrags ist gerade, dieses Vorgehen im Einzelnen zu entwickeln und dabei zwei Dinge sicherzustellen:

- dass es ganz konkret umsetzbar ist,
- und dass es wirklich zum Ziel führen wird.

So darf zB die Forschungsfrage keine Forschungsobjekte benennen, für die noch keine Methoden der Bearbeitung oder Beobachtung entwickelt wurden. Wenn man für die hier formulierte Forschungsfrage aber Verfahren, mit denen sie sich bearbeiten lässt (Methoden, Apparate, usw), schon angeben kann, ist die Frage zunächst zulässig. Selbst wenn geeignete Verfahren zwar noch nicht existieren, man aber schon angeben kann, wie sich diese methodischen Lücken erfolgreich schließen lassen werden, ist die Frage zulässig, jedenfalls im Prinzip. In diesem Fall muss die Entwicklung solcher Verfahren selber zu einem Teil des Forschungsvorhabens werden; sie könnte sogar als eigenständiges Forschungsvorhaben geplant und durchgeführt werden, aber dazu muss die Forschungsfrage natürlich entsprechend umformuliert werden und nun auf die Entwicklung des neuen Verfahrens zielen.

Schließlich aber wird der auf der Forschungsfrage gegründete Antrag auch daraufhin bewertet werden, ob er die geeigneten Mittel vorsieht, das geplante Vorgehen richtig durchzuführen.

2.1.3 Die Forschungsfrage muss erschöpfend sein

10 Von der Forschungsfrage geht eine erhebliche Bindungswirkung aus, die ebenfalls zu einer sehr gut überlegten Formulierung zwingt. Verwenden Sie alle nötige Mühe, um zu einer wirklich genau formulierten Frage zu kommen!

11 Einerseits müssen sich allein aus der Forschungsfrage heraus alle beabsichtigten Arbeitsschritte im fertig geplanten Projekt als zwingend nötig darstellen lassen. Diese Forderung entspricht nicht nur dem in diesem Leitfaden gewählten Vorgehen, sich völlig auf den wissenschaftlichen Kern des Projekts zu konzentrieren. Es ist auch der einzige Weg, die nachfolgende Ausarbeitung der einzelnen Teile des Projekts als eine logisch schlüssige Kette von Entscheidungen zu gestalten. Nebenbei gesagt: Durch eine solche Gestaltung gewinnt Ihr Antrag auf Förderung ungemein an Qualität. In diesem Sinne sind also nun alle nebenbei intendierten Arbeiten und angestrebten Nebenergebnisse, die nicht ganz strikt zur Beantwortung der Forschungsfrage in ihrer genauen Formulierung erforderlich sind, zunächst wegzulassen.

12 Andererseits binden Sie sich durch die Formulierung der Forschungsfrage: Mit Ihrem Antrag machen Sie nämlich auch das Versprechen, nach Abschluss des Projekts eine konkrete und erschöpfende wissenschaftliche Antwort auf die Forschungsfrage, so wie sie von Ihnen selbst formuliert wurde, geben zu können. Daher muss die Formulierung der Frage nicht nur präzise sein, sondern auch soweit eingeschränkt oder spezifiziert werden, dass sie nicht nur beispiels- oder auszugsweise, sondern im vollen Umfang ihres Wortlauts und in wissenschaftlicher Strenge durch das Forschungsprojekt beantwortet werden kann. Dafür ist unter Umständen auch in Kauf zu nehmen, dass die Forschungsfrage nur mit einem langen und komplizierten Satz ausgedrückt werden kann. Für einen griffigen und attraktiven Projekttitel wählt man dann besser eine gekürzte Formulierung.

2.1.4 Die Forschungsfrage muss dem Stand der Wissenschaft entsprechend formuliert sein

13 Die Forschungsfrage muss auf eine Lücke im aktuellen Wissensstand zielen. Streng genommen ist es kein wissenschaftliches Verdienst, ein Wissen noch einmal neu zu gewinnen, das es schon gibt, das also mit genau demselben Umfang und Gültigkeitsbereich schon einmal wissenschaftlich gewonnen wurde und nun in abrufbarer Form vorliegt. Um in diesem Punkt sicher zu gehen, ist eine erschöpfende Aufarbeitung des Standes der Wissenschaft erforderlich: Lektüre der wichtigen wissenschaftlichen Publikationen zum Thema, Besuch von einschlägigen wissenschaftlichen Kongressen, Gespräche mit ausgewiesenen Experten.

14 Des Weiteren muss die Weise, wie Sie die Forschungsfrage formulieren, auf der Höhe der Zeit sein. Wenn Sie die Lücke im aktuellen Wissensstand, die Sie schließen wollen, mit wissenschaftlich unangemessenen (zB ungenauen oder überholten) Begriffen beschreiben, wird die schließlich gefundene Antwort keinen wirklichen Beitrag zur Weiterentwicklung der Wissenschaft leisten können.

15 Damit sind die ersten vier Kriterien für die brauchbare Forschungsfrage benannt. Schon für ihre präzise Identifizierung und Formulierung ist eine genaue Kenntnis des Standes der Wissenschaft unabdingbar. Der Stand der Wissenschaft ist natürlich auch für die weitere Ausarbeitung des geplanten Vorgehens maßgeblich, weshalb im Kapitel 2.2 noch einmal genauer darauf eingegangen wird.

2.1 Forschungsproblem und Forschungsfrage

2.1.5 Prinzipiell ungeeignete Forschungsfragen

Doch auch wenn sie alle vier bereits genannten Kriterien erfüllt, kann eine Forschungsfrage an einem fünften Kriterium scheitern: Sie kann aus Gründen der Ethik unzulässig sein. Das ist zB der Fall, wenn die anzuwendenden Methoden ein verwerfliches Vorgehen verlangen. Ein Beispiel wären Versuche, bei denen die Schädigung von Menschen geplant ist. Ein anderes Beispiel wäre ein Vorhaben, bei dem befürchtet wird, künftige Anwendungen des neuen Wissens würden ethische Normen verletzen, zB Forschung zur Weiterentwicklung geächteter Kriegswaffen. Näheres hierzu siehe im Kapitel 9 zu Fragen der Ethik.

Von solchen Grenzüberschreitungen abgesehen, ist aber schlechthin jede genau und mit adäquaten Begriffen gestellte Frage geeignet, mit der Ausarbeitung eines entsprechenden Forschungsvorhabens zu beginnen. Um diese weitreichende Aussage zu unterstreichen, stellen wir hier im Anhang (Kapitel 2.6) einige Fragen zusammen, die skurril anmuten können, aber dennoch zu Publikationen in angesehenen wissenschaftlichen Zeitschriften geführt haben.

2.1.6 Ein Beispiel

Zur Illustration des Wegs zu einer geeigneten Forschungsfrage wählen wir eins der oben in Kapitel 1.2.3 genannten (fiktiven) Beispiele für Projektideen (wobei wir hier für den Moment die Frage ignorieren wollen, ob dieses Thema schon ausgiebig erforscht wurde, also gar nicht mehr in Frage kommt):

▶ Beispiel für Schritte zu einem (fiktiven) Forschungsvorhaben
- Motivation: Besorgnis über zunehmende Gewalttätigkeit
- Auswahl einer Forschungsidee: Spielen Gewaltvideos dabei eine Rolle?
- Entwicklung einer Projektidee: Entspricht es den Tatsachen, dass Gewaltvideos die Gewalttätigkeit fördern?
- Entwicklung eines Forschungsproblems: Bestimmung des (eventuell vorliegenden) Zusammenhangs zwischen der häufigen Nutzung von Gewaltvideos und der Gewaltkriminalität von Jugendlichen.
- Ableitung einer Forschungsfrage – in vorläufiger Formulierung:

„Welcher Zusammenhang zwischen einer übermäßigen Nutzung von Gewaltvideos und der Gewaltsamkeit von Jugendlichen ist zu beobachten?" ◀

In dieser Abfolge von Formulierungen ist auch die in Kapitel 1.2.3 erwähnte zunehmende Präzisierung zu erkennen, die auch mit einer schrittweisen Einschränkung des Themas einhergeht. ZB bedeutet der Schritt von der Forschungsidee zur Projektidee hier, dass man eine empirische Studie machen möchte, keine theoretische. Beim folgenden Schritt von der Projektidee zum Forschungsproblem wird das Problem dahingehend vereinfacht, dass nur noch nach einem statistischen Zusammenhang zweier Merkmale gefragt werden soll, nicht mehr danach, ob eins von beiden ursächlich oder zumindest förderlich dafür ist, dass das andere auftritt.

Auf dieses Beispiel-Projekt kommen wir auch im Folgenden immer wieder zurück. Zunächst mit einer Liste typischer Fehler:

▶ Beispiele für ungeeignete Formulierungen der Forschungsfrage
- Wie kann man die Nutzung von Gewaltvideos durch jugendliche Gewalttäter einschränken?
  (Die Frage unterstellt schon einen direkten Zusammenhang zwischen Videonutzung und Gewaltsamkeit und zielt gleich auf Handlungskonsequenzen.)
- Soll man gewaltsame Videos verbieten, um die Gewalttätigkeit von Jugendlichen zu mindern?
  (Normative Frage, geeignet für Handlungsentscheidungen, nachdem das Forschungsergebnis vorliegt.)
- Nimmt die Gewaltkriminalität von Jugendlichen ab, wenn man Gewaltvideos verbietet?
  (Die Frage geht weit über die oben angegebene Projektidee hinaus.)
- Nutzen gewaltkriminelle Jugendliche häufiger als andere Jugendliche Gewaltvideos?
  Eine mögliche Forschungsfrage, die aber zu einem stärker eingeschränkten Projekt gehört, weil sie streng genommen nur mit „ja" oder „nein" zu beantworten ist.) ◄

2.2 Stand der Wissenschaft

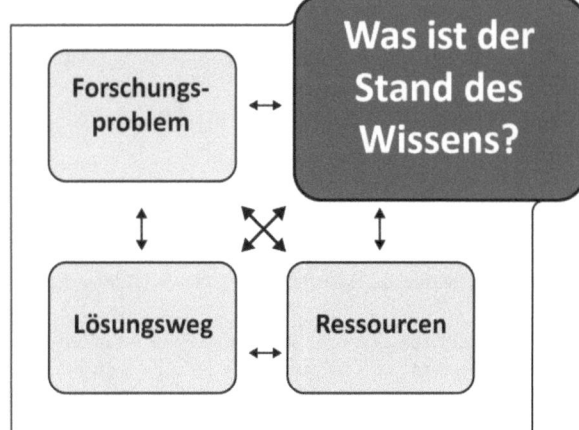

Ein neues wissenschaftliches Forschungsvorhaben muss, auf dem vorhandenen Wissen aufbauend, wirklich neues Wissen hervorbringen, und zwar neu im weltweiten Maßstab. Um diesem Kriterium zu genügen, muss geprüft (und im Antrag nachgewiesen) werden, dass die bisherige Forschung einerseits auf das konkrete Forschungsproblem hinführt, andererseits aber noch keine definitive Antwort darauf gegeben hat. Hierin liegt der erste (aber bei weitem nicht der einzige) Grund für den gewichtigen Arbeitsschritt, der im Arbeitsquadrat rechts oben benannt ist: Eine erschöpfende Recherche bezüglich des Stands der Wissenschaft.

2.2.1 Auswahl und Formulierung der Forschungsfrage

Wie mächtig dies Kriterium der wissenschaftlichen Originalität ist, zeigt sich daran, dass die Recherche den Antragsteller zwingen kann, die genaue Formulierung der Forschungsfrage zu präzisieren und dabei gegebenenfalls auch abzuändern. Denn eine Frage, die schon einschlägig und wissenschaftlich erschöpfend beantwortet worden ist,

2.2 Stand der Wissenschaft

darf man nur dann noch einmal genauso aufwerfen, wenn man explizit gute Gründe für erhebliche Zweifel an der bisherigen Antwort benennen kann. Nur auf Lücken im derzeitigen Stand des Wissens (natürlich einschließlich der Lücken im Wissen über wissenschaftliche Untersuchungsmethoden) kann wissenschaftliche Forschung zielen. Gegebenenfalls muss die Forschungsfrage eingeschränkt werden, um genauer auf die Wissenslücke zu zielen.

▶ Im Beispiel-Projekt wäre ua zu klären, ob es Untersuchungen über den Zusammenhang von Gewaltkriminalität von Jugendlichen und der Nutzung von Gewaltvideos in Deutschland bereits gibt und wie sie methodisch angelegt sind. Wenn sie bereits vorliegen, könnte man trotzdem eine 'Nische' suchen, dh eine bisher (möglicherweise) nicht beantwortete Frage aufgreifen, etwa die nach den Folgen unterschiedlicher methodischer Untersuchungszugänge oder die nach Unterschieden zwischen Regionen oder Ländern. So könnte die vorläufige Forschungsfrage folgendermaßen revidiert werden:

Welchen Einfluss hat die übermäßige Nutzung von Gewaltvideos auf die Gewaltkriminalität von Jugendlichen in Bayern und Bremen?

Möchte man selbst in einer eigenen vergleichenden Untersuchung solche Unterschiede erfassen, so hätte dies beträchtliche Folgen für die konkrete Planung der Untersuchung: So müssen etwa in ihren übrigen Charakteristika gleichartige Untersuchungsgruppen einbezogen werden, so dass mögliche Unterschiede aus unterschiedlichen regionalen Charakteristika – etwa Flächenstaat vs. Stadtstaat – erklärt werden können. Vergleichsuntersuchungen, vor allem internationale, erfordern aber sehr komplexe Designs.

Wurde eine Untersuchung unter praktisch gleichen Bedingungen bereits von anderen Forschern in einer anderen Region oder einem anderen Land durchgeführt, so müsste die Forschungsfrage umformuliert werden, zB dass es nun um die Prüfung der Übertragbarkeit dieser Ergebnisse geht. Auch das würde in der konkreten Planung wichtige neue Aspekte der Untersuchung erfordern, darunter auch den genauen Vergleich der Kontextbedingungen beider Regionen – und dies setzt eine beträchtliche Erweiterung von Literaturrecherchen und Konzeption der Untersuchung voraus ◀

Eine weitere wichtige Funktion der Aufarbeitung des Stands des Wissens liegt darin, dass sie den Forscher in die Lage versetzen soll, die Frage, die er erforschen will, in den wissenschaftlich adäquaten Begriffen zu formulieren. Hat man mit einer ersten, versuchsweisen Formulierung der Forschungsfrage begonnen, muss sie je nach Ergebnis der Recherche dann möglicherweise erheblich umformuliert werden.

▶ Im Beispiel-Projekt mit der oben gestellten Forschungsfrage

"Welcher Zusammenhang besteht zwischen der übermäßigen Nutzung von Gewaltvideos und Gewaltsamkeit von Jugendlichen?"

sind bei allen Begriffen Unschärfen enthalten, die eine Präzision erfordern

Es muss geklärt werden, was unter Gewaltvideos zu verstehen ist und wie sie zu erfassen sind. Weiter: Wie ist Gewaltsamkeit zu erfassen? Es ist zB naheliegend, dass man sich, wie in der Literatur gebräuchlich, auf Abweichungen von Normstandards bezieht, wie sie mit den Gewaltdelikten erfasst und als Gewaltkriminalität zusammengefasst werden. Und drittens: Was ist der Maßstab für 'übermäßige' Nutzung? Es muss genauer bestimmt werden, welche Intensität der Nutzung man erfassen will, um sie mit Gewalttätigkeit in Beziehung zu setzen: etwa 'tägliche' Nutzung. Und auch 'Jugendliche' muss präzisiert werden, zB durch das Lebensalter (etwa: zwischen 12 und 21 Jahren). Schließlich könnte die Sichtung der Literatur dazu führen, dass die Gruppe 'Jugendliche' zu weit gefasst ist, wenn die Gewaltkriminalität der Geschlechter unterschiedlich ausgeprägt ist, und wir die forschungsleitende Annahme machen können, dass männliche und weibliche Jugendliche auch unterschiedliche Gewohnheiten der Nutzung von Gewaltvideos haben. Dann empfiehlt es sich für eine einfache Untersuchung, nur eine Gruppe einzubeziehen, so zB die der männlichen Jugendlichen, weil ihr eine höhere Gewaltkriminalität zugeschrieben wird (Heinz 2016).

Die revidierte, allerdings wenig attraktiv formulierte Forschungsfrage lautet daher:

Welcher Zusammenhang besteht zwischen der täglichen Nutzung von Gewaltvideos auf die Gewaltkriminalität unter männlichen Jugendlichen zwischen 12 und 21 Jahren? ◂

2.2.2 Kenntnis über mögliche Teilergebnisse und erprobte Untersuchungsmethoden

24 Die Recherche zum Stand der Wissenschaft muss den Forscher in die Lage versetzen, die existierenden wissenschaftlich anerkannten Teilantworten, Forschungsstrategien und Methoden aufzufinden, die in dem Vorhaben hilfreich sein können. Die Auswahl und Nutzung von Vorkenntnissen und Untersuchungswerkzeugen für die Durchführung des Projekts muss sich auf der Höhe der aktuellen wissenschaftlichen Diskussion befinden. Das ist eine unabdingbare Voraussetzung dafür, dass die Ergebnisse später publikationsfähig sind und in der Wissenschaft anerkannt werden. Im Kapitel 3 wird (mit besonderer Berücksichtigung der empirischen Sozialforschung) genauer dargelegt, wie man Forschungsstrategien und Untersuchungsmethoden auswählt und einsetzt.

2.2.3 Die notwendigen Arbeitsschritte

25 Die Recherche zum Stand der Wissenschaft beginnt damit, einschlägige Publikationen zu finden, sich auf den entsprechenden Fachtagungen umzuhören, mit Wissenschaftlern zu sprechen, die als Experten auf dem Gebiet gelten. Denn es müssen folgende Aufgaben, in einer für das gewählte Forschungsproblem spezifischen Form, bewältigt werden:

- Die relevanten Theorien identifizieren.
  Welche Theorie ist für die Formulierung der Frage und die Suche nach einer Antwort geeignet? Wenn es keine geeignete gibt, muss das Projekt vorsehen, eine neue (möglicherweise provisorische) theoretische Basis zu erarbeiten.
- Einschlägige Ergebnisse früherer Forschungen identifizieren.
  Wo liegt genau die aktuelle Wissenslücke? Wird sie sich mit diesem Projekt schließen lassen?
- Adäquate begriffliche Werkzeuge finden.
  Gibt es solche, muss ausgewählt und die Auswahl begründet werden. Gibt es keine, müssen sie im Projekt selbst geschaffen werden.
- Adäquate Methoden und Instrumente finden.
  Wie muss das Untersuchungsobjekt ausgewählt, wie präpariert werden? Wie die Beobachtungsdaten erheben? Wie die Daten behandeln und auswerten?
  Wieder gilt: Wenn es geeignete Methoden und Instrumente gibt, ist eine begründete Auswahl zu treffen. Andernfalls ist einzuplanen, dass sie im Projekt entwickelt werden müssen.
- Ebenfalls von beträchtlichem Gewicht im Antrag: Die früheren eigenen Arbeiten auf dem betreffenden Gebiet zusammenstellen.
  Eigene Erfahrungen im Forschungsfeld, eigene Beiträge zur konzeptionellen oder methodischen Entwicklung, frühere Veröffentlichungen oder (betreute) Examensarbeiten.

26 Auch hier gilt, dass man nicht erst alles relevant erscheinende Material aufhäuft und dann damit beginnt, diesen Fragenkatalog abzuarbeiten. Denn schon während des ers-

ten Durcharbeitens von anfänglich gesammeltem Material erkennt man, was man vom Stand des Wissens zusätzlich noch kennen sollte. Solche Erkenntnisse sind auch von den anderen drei Grundfragen im Arbeitsquadrat aus gesehen relevant, weshalb die entsprechenden Pfeile in Abbildung 1.2 auch zur Frage nach dem Stand des Wissens zurück weisen.

Aus der genauen Durchleuchtung des Standes der Wissenschaft können für die Forschungsfrage jedoch nicht nur Einschränkungen erwachsen. Oft lassen sich Teilantworten für bestimmte Aspekte des Projekts finden, die die Arbeit erleichtern. Manchmal entdeckt man aber auch unerwartete Lücken im Stand der Wissenschaft, aus denen sich interessante Ansätze für neue Projekte ergeben.

2.3 Forschungsparadigmen und -strategien

Hat man die Forschungsfrage formuliert, jedenfalls in einer ersten probeweisen Version, und den Stand der Wissenschaft aufgearbeitet, kann man beginnen, die detaillierte Planung des ganzen Vorhabens darauf aufzubauen. Dies ist eine zentrale Aufgabe bei der Entwicklung eines jeden Forschungsprojekts – unabhängig davon, ob ein Antrag auf Förderung gestellt wird oder nicht. Es handelt sich um die Ausarbeitung und Begründung des genauen Vorgehens, mit dem man vom derzeit gegebenen Wissensstand aus das Ziel erreichen will: Die genaue Antwort auf die Forschungsfrage.

Es sind nun Vorentscheidungen zu treffen, die für die Qualität des Vorhabens ausschlaggebend sein werden: Welche Forschungsstrategie auswählen? Welche Methoden anwenden? Mit welchen Personen oder Gegenständen die Frage untersuchen? Hier beginnt die Arbeit daran, die Forschungsfrage 'operational' zu machen. Es ist zu planen, wie durch konkret auszuführende Handlungen die Antwort gefunden werden soll. Wie schon betont, muss dabei im Detail abgesichert werden, dass das Endergebnis wirklich eine Antwort auf die Forschungsfrage ist und als wissenschaftlich gesichert anerkannt werden kann.

2.3.1 Wissenschaftliche Paradigmen – qualitative und quantitative Forschung

Empirische Forschung kann sich an ganz unterschiedlichen erkenntnistheoretischen Prinzipien und wissenschaftlichen Paradigmen orientieren. Für die empirische Forschung in den Sozialwissenschaften ist insbesondere die – kontroverse – Diskussion über die Paradigmen der qualitativen und quantitativen Forschung von Bedeutung und folgenreich. Sowohl qualitative als auch quantitative Forschung zielen auf die Generierung von Erkenntnis zur Erklärung und Verstehen von Phänomenen in der Welt. Unterschiede ergeben sich im Wesentlichen in zwei Aspekten, nämlich erstens in der Annahme, wie diese Realität beschaffen ist, und zweitens, wie diese Realität am besten erfasst werden kann.

Die quantitative Forschung ist meist bestimmt durch die Grundannahme, dass natürliche und soziale Phänomene festen Regeln folgen, die als Ursache-Wirkungszusammenhänge dargestellt werden können. Demnach wird jedes Ereignis durch Ursachen ausgelöst (Kausalitätsprinzip) und die daraus folgenden Wirkungen stehen in einem gleich bleibenden Zusammenhang zueinander (Gesetz). In dieser Forschungsrichtung geht es dann um die Entdeckung dieser allgemein gültigen Gesetze. In der Regel erfolgt dies durch die Prüfung von Theorien und/ oder Hypothesen.

32 Die qualitative Forschung, wie sie vor allem in den Sozial- und Geisteswissenschaften verbreitet ist, folgt meist der Grundannahme, dass die Phänomene nicht durch kausale Gesetze bestimmt werden, sondern dass die soziale Realität von Menschen konstruiert und permanent rekonstruiert wird. So handeln Personen aufgrund von Bedeutungen, die sie anderen Menschen oder Dingen zuschreiben und in der Interaktion konstruieren. Daher betont qualitative Forschung die Prozesshaftigkeit und Veränderbarkeit von sozialen Phänomenen. In empirischen Untersuchungen geht es schließlich um die Rekonstruktion der Bedeutung sozialer Phänomene, um letztlich den Sinn und die Strukturen solcher Handlungen oder Situationen zu verstehen und Theorien zu generieren.

33 Ohne Anspruch auf Vollständigkeit und Berücksichtigung unterschiedlicher Positionen innerhalb dieser beiden Stränge lassen sich qualitative und quantitative Forschung folgendermaßen gegenüberstellen (vgl zB Flick 2009):

Kriterium	Quantitative Forschung	Qualitative Forschung
1. Grundannahme	Naturwissenschaftliches Forschungsverständnis - orientiert sich meist am positivistischen Paradigma	Geistes- oder kulturwissenschaftliches Forschungsverständnis - orientiert sich am interpretativen (oder sozial-kritischen) Paradigma
2. Ziel	Bestimmung und Erklären (natürlicher und sozialer) Phänomene durch Gesetzmäßigkeiten (z. B. Zusammenhang, Verteilungs- und Häufigkeitsanalysen, Korrelationen)	Aufhellung und Verstehen der (natürlichen oder sozialen) Phänomene in Bezug auf ihre Struktur und Funktionszusammenhänge (Innensicht und Tiefenverständnis)
3. Forschungsablauf	Hoher Grad der Standardisierung	Geringe bis gar keine Standardisierung; stärkere Offenheit und Flexibilität des methodischen Vorgehens
4. Forschungslogik	Überwiegend Hypothesen-/Theorieprüfende Verfahren	Überwiegend Theorie- / Hypothesen-generierende Verfahren; forschungsleitende Annahmen oder Arbeiten ohne Hypothesen
5. Feldbezug	Forscher begibt sich meist nicht selbst in das Untersuchungsfeld	Forscher ist selbst im Feld tätig, Kennenlernen des Feldes gehört zum Forschungsprozess
6. Umfang der Daten	Überwiegend Forschung der großen Zahlen	Überwiegend Forschung der kleinen Zahlen
7. Reichweite der Aussagen	Aussagen sind generalisierend und von großer Reichweite (der Einzelfall wird in der Regel vernachlässigt)	Aussagen zielen auf exemplarische Einzelfälle, Gruppen, Objekte oder Situationen und sind von kleiner oder mittlerer Reichweite
8. Kontextbezug der Daten	Dekontextuierte Abstrahierung und Makrobetrachtung der Daten	Kontextbezogene und prozessuale Betrachtung von Phänomenen, Gegenständen, Objekten, Handlungen
9. Erhebungs-instrumente	Experimente, Messungen, schriftliche Befragungen oder Tests	Interviewverfahren, Experten- und Gruppendiskussionen, teilnehmende Beobachtung

Tab. 2.1: Vergleich quantitativer und qualitativer Forschung

34 Forschungsvorhaben beider Richtungen erfordern als zentrale Schritte die Planung, Durchführung und Auswertung. In der Datensammlung und -auswertung gibt es – ne-

2.3 Forschungsparadigmen und -strategien

ben Unterschieden im Wissenschaftsverständnis, in Realitätsmodellen und in der Bedeutungszuschreibung von Hypothesen – ebenfalls verschiedene Strategien. Flick (2009) beschreibt in seinem Buch 'Sozialforschung' 16 Schritte des Forschungsprozesses bei quantitativer Forschung, die er aufgrund bestehender Übereinkommen und Abfolge als standardisierte Forschung bezeichnet. Die folgende Grafik (nach Flick 2009, S. 75) demonstriert diesen Unterschied zwischen beiden Forschungstraditionen. Die quantitative Forschung folgt in der Regel einem strengen linearen Prozess, während die qualitative Forschung eine geringe Standardisierung hat und zumindest im Bereich der Datenerhebung zirkulär sein kann.

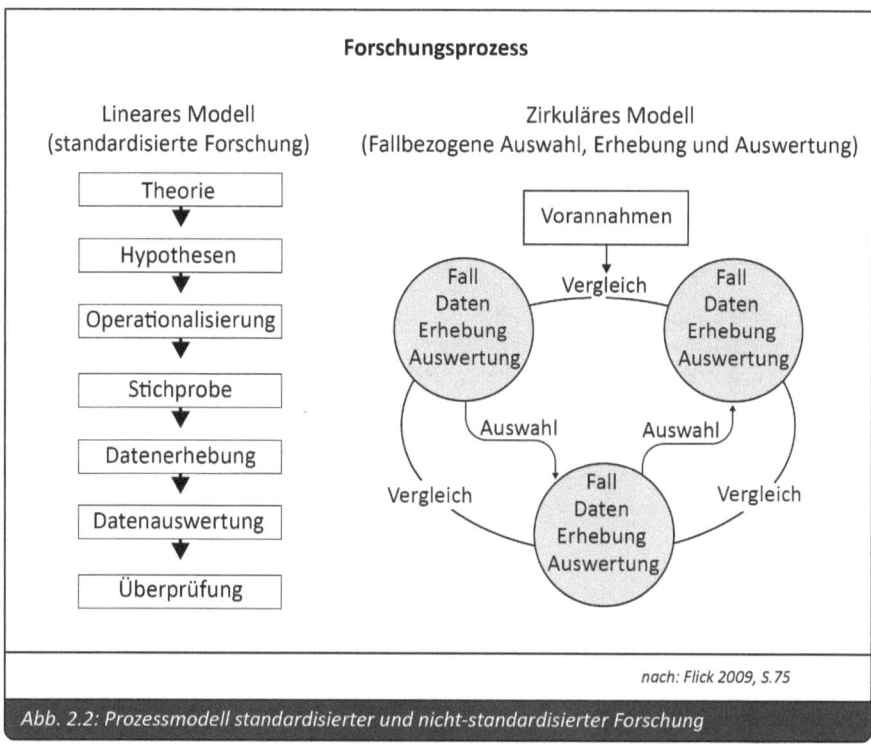

Abb. 2.2: Prozessmodell standardisierter und nicht-standardisierter Forschung

Ein wesentlicher Unterschied zwischen einem linearen und zirkulären Forschungsprozess zeigt sich – neben der Rolle von Hypothesen – innerhalb der Erhebungs- und Auswertungsphase von Daten. Während bei einem linearen Vorgehen zunächst alle Daten erhoben und am Ende ausgewertet werden, sind Datenerhebung und -auswertung beim zirkulären Vorgehen fallweise verknüpft. Deshalb sind auch Änderungen (zB Auswahl neuer Fälle oder Veränderungen von Forschungsfragen) während der Untersuchung möglich und sogar erwünscht.

Manche Forschungsrichtungen gehen sogar so weit, dass dieser Prozess der Erhebung und Auswertung von Daten völlig offen gestaltet wird. An dieser Stelle ist darauf hinzuweisen, dass solche offenen Designs in Anträgen und Beschreibungen zu Forschungsvorhaben schwer nachvollziehbar sind, da meist unklar ist, wie die Forschungsfragen genau beantwortet und die Forschungsziele erreicht werden können. In der Regel verlangen Gutachter und Evaluatoren präzise Beschreibungen des Forschungsdesigns.

2.3.2 Forschungskonzepte und -designs

37 Wissenschaftliche Paradigmen und erkenntnistheoretische Positionen beeinflussen jedes Forschungsprojekt und damit Konzepte und Designs von Forschungsarbeiten, also die Art und Weise wie ein Vorhaben angelegt sein muss, um die Forschungsfrage beantworten zu können. Beim Erstellen eines Forschungsdesigns sind eine Fülle von Fragen zu beantworten, ob beispielsweise die Untersuchung in einem realen Feld durchgeführt werden kann, ob eine Intervention in der Praxis möglich ist oder nicht, ob eine Versuchsgruppe mit einer Kontrollgruppe verglichen werden soll, ob nur eine Messung zu einem bestimmten Zeitpunkt oder eine Messung von Entwicklungen nötig sind, ob eine umfangreiche Stichprobe untersucht wird oder nur einzelne Fälle betrachtet werden.

38 In jedem Forschungsdesign müssen auf Basis einer Wissenschaftsposition Entscheidungen getroffen werden, die sich beispielsweise auf das Erkenntnisinteresse, Reichweite und Tiefgang der Ergebnisse, Untersuchungsgenstände, Prozesse und zeitliche Abläufe beziehen. Eine allgemein akzeptierte Klassifikation von Forschungskonzepten oder -designs gibt es jedoch nicht. Grundsätzliche Unterscheidungen sind beispielsweise Grundlagenforschung und angewandte Forschung, quantitative und qualitative Forschung, experimentelle Forschung und ex-post-Anordnungen, deskriptive und explorative Forschung oder hypothesenprüfende und -generierende Forschung. Die folgende Tabelle 2.2 zeigt eine (unvollständige) Liste grundlegender Unterscheidungen, die Gegenstand von Entscheidungen in Forschungsdesigns sind:

2.3 Forschungsparadigmen und -strategien

Merkmal	Forschungskonzepte und Forschungsstrategien
Bereich und Art	**Grundlagenforschung**: Gewinnung von Erkenntnissen zur Weiterentwicklung der Wissenschaften. Anwendungen stehen nicht prioritär im Fokus. *Grundlagenforschung findet in allen Disziplinen statt, z. B. bei der Erforschung von Lebensweisen von Mikroorganismen, der Struktur von Materie oder in der Hirnforschung.*
	Anwendungsforschung (Zweckforschung): Lösen von relevanten Problemen aus der gesellschaftlichen Praxis. Es können ebenfalls neue Erkenntnisse zur Weiterentwicklung von Fachgebieten gewonnen werden, doch bei Auftragsforschung werden Forschungsziele meist von außen bestimmt. *Typische Beispiele sind Ausschreibungen von Ministerien oder Stiftungen, wie BMBF Forschungsprogramme.*
	Handlungsforschung: Bearbeitung von konkreten Problemen in der Praxis und direktes Eingreifen in soziales Handeln, mit dem Ziel Zusammenhänge herzustellen und Praxis zu verändern. *Typische Beispiele sind Modellversuche in der Bildungsforschung, Organisationsentwicklungsprojekte, Veränderung sozialer Bedingungen oder therapeutische Interventionen.*
	Evaluationsforschung: Sammlung von Daten zur Analyse und Bewertung von Programmen, Projekten, Aktivitäten oder anderen Interventionen und Maßnahmen in einer gesellschaftlichen Praxis mittels Verwendung von wissenschaftlichen Forschungsmethoden, wobei der Schwerpunkt auf Nachweis des Nutzens oder dem Beweis eines Wertes liegt. *Typische Beispiele sind die Begleitforschung und Evaluation von Modellversuchen in der Bildungspraxis, Entwicklungsprogramme oder Interventionen/Maßnahmen in Politik und Verwaltung.*
Grundtypus	**Empirische Arbeiten**: Gewinnung von meist neuen Daten in der Realität, um Phänomene zu beschreiben, erklären und verstehen. *Empirische Forschung gibt es in allen Disziplinen, um Informationen zur Natur, Kultur, Sozialität oder Individualität zu gewinnen.*
	Diskursive Arbeiten: Diskussion und neuartige Verknüpfung bereits bekannter Fakten, die unter neuen Gesichtspunkten ausgewertet werden. *Typische Beispiele sind reine Literaturarbeiten, bei der neue Erkenntnisse aus bereits veröffentlichen Quellen generiert werden.*
	Gestaltende Arbeiten: Anwendung oder Umsetzung von (zumeist schon bekannten) Erkenntnissen zum Gegenstand. Der Erkenntnisgewinn besteht im Nachweis, dass dies unter gegebenen Rahmenbedingungen möglich ist (z. B. Entwicklung, Konstruktion, Implementierung und Evaluierung). *Gestaltende Arbeiten kommen in vielen anwendungsorientierten Wissenschaften wie den Ingenieurwissenschaften vor, wenn z. B. neue Produkte oder Technologien entwickelt werden.*
Wissenschaftstheoretische Position	**Quantitative Forschung**: Erfassung von Häufigkeiten und Verteilung von Phänomenen und der Regelmäßigkeit von Zusammenhängen. Die Darstellung erfolgt durch quantitative Größen.
	Qualitative Forschung: Beschreiben von Phänomenen und Verstehen der Bedeutung und Sinnhaftigkeit. Die Rekonstruktion von Wirklichkeit erfolgt durch die Interpretation von qualitativen Daten.
	Triangulation: Strategie zur Optimierung von Forschungsprozessen mittels Nutzen der jeweiligen Stärken verschiedener Konzepte wie Einsatz von verschiedener Methoden, Daten oder Sichtweisen auf das gleiche Phänomen. *Ein prominentes Beispiel ist die Studie über Arbeitslose in Marienthal von 1933.*

Tab 2.2: Forschungskonzepte und Forschungsdesigns — Teil 1/2

Merkmal	Forschungskonzepte und Forschungsstrategien
Strategie der Forschungs-durchführung	**Lineare Vorgehensweise** (deduktiv, standardisiert quantitativ): keine Modifikation während der Untersuchungsdurchführung, da Schritte standardisiert sind und sonst Vergleichbarkeit gefährdet wird.
	Zirkuläre bzw. iterative Vorgehensweise: Abfolge der Forschungsschritte wird mehrmals durchlaufen, jede Phase kann Modifikationen für das weitere Vorgehen oder eine Modifikation der vorherigen Schritte (z. B. Fragestellung) nach sich ziehen.
Erkenntnisziel	**Deskriptives Design**: Genaue, meist erstmalige Beschreibung eines Sachverhaltes, der noch nicht vollständig erschlossen ist (z. B. demografische Entwicklung, Informatisierung in Unternehmen).
	Exploratives Design: Erfassen von Basisdaten bei einem relativ neuen Problem bzw. bei einem unbekannten, unstrukturierten Sachverhalt. In der quantitativen Forschung wird dies meist als Voruntersuchung betrachtet, um beispielsweise Hypothesen zu generieren. In der qualitativen Forschung ist Exploration eher eine umfassende, tiefgründige Erforschung eines Phänomens.
	Hypothesenprüfendes (oder analytisches) Design: Prüfung theoretisch postulierter Zusammenhänge. Fragestellung und Hypothesen werden stets aus Theorie abgeleitet. Kausales oder Korrelatives Design: Aufdecken von Zusammenhängen zwischen Variablen. Oft wird hierzu ein Experiment durchgeführt Ein vor allem in der Sozialwissenschaft verbreiteter Ansatz zur Gewinnung korrelativer Aussagen sind Ex-post-facto-Designs. Dabei werden Merkmale ohne Intervention gemessen. Störvariablen können nicht kontrolliert werden.
	Querschnitt: Einmalige Erfassung eines Phänomens bzw. Erhebung von Daten als Momentaufnahme zu einem bestimmten Zeitpunkt t (statisch). Typische Beispiele sind Schuluntersuchungen oder Patientenstudien, die einmalig mit einer Stichprobe durchgeführt werden.
	Längsschnitt: Erfassung von Daten zu einem Verlauf bzw. Entwicklung durch mehrere Messungen zu mehren Messzeitpunkten (dynamisch). Dies kann mit unterschiedlichen Stichproben (Trend) oder identischen Stichproben (Panel) erfolgen. Typische Beispiele sind die Shell-Jugendstudie Studie, die PISA Studie, die Paneluntersuchungen in der Marktforschung, Haushalts- und Verbraucherpanel oder Studien zu bilateralen Handelsströmen.
Zugang zum Untersuchungs-objekt und Ort der Untersuchung	• **Experimentelle Designs**: Prüfen einer Hypothese durch gezielte, kontrollierbare Manipulation von Parametern (unabhängige Variable) mit dem Ziel Kausalbeziehungen zu erstellen. • **Feld-Experimente** finden in der natürlichen Umgebung statt. Da das Phänomen in seiner vom Beobachter weitestgehend unbeeinflussten Form untersucht wird, können Störeinflüsse nicht vollständig kontrolliert werden. • In **Labor-Experimenten** wird ein Phänomen durch gezielte Intervention (Variation und Kontrollen von Variablen) beobachtet. • Beim **Quasi-Experiment** findet keine randomisierte Zuordnung von Versuchspersonen zu den Experimental- und Kontrollgruppen statt. Versuchsobjekte werden nach vorhandenen Eigenschaften ausgewählt (z. B. Persönlichkeits- oder soziodemografischen Merkmale). • *Typisches Beispiel sind Prä-Post-Designs, also Vorher-Nachher Messung nach einer Intervention auf Person oder Gegenstand (z. B. Therapie, Medikation, Lernmaßnahme, Übung).* • **Aktionsforschung**: Aktive Beteiligung der Forscher an der Veränderung eines sozialen Prozesses, der Gegenstand der wissenschaftlichen Analyse ist.

Tab 2.2: Forschungskonzepte und Forschungsdesigns — Teil 2/2

Ein wissenschaftliches Paradigma präjudiziert meist die Anwendung eines spezifischen Forschungsdesigns: So versucht die quantitative Forschung in den Natur- wie auch in den Sozial- und Humanwissenschaften allgemeine Zusammenhänge zu erfassen und wendet, sei es im Labor oder im Feld, Methoden der quantitativen Datenerhebung und -auswertung an. Demgegenüber ist sozial- oder humanwissenschaftliche Forschung, soweit sie sich am qualitativen Paradigma orientiert, in ihren Fallstudien auf Methoden der qualitativen Datenerhebung und -auswertung angewiesen. Die Elemente können aber auch auf verschiedene Weise kombiniert werden. So können Feldforschung oder Materialanalysen Methoden der qualitativen oder quantitativen Datenerhebung und -auswertung anwenden oder auch kombinieren; ein Laborexperiment arbeitet mit quantitativen Methoden, kann aber deskriptiv oder analytisch ausgerichtet sein usw. Der Ansatz der Triangulation hat hier in den letzten Jahren vor allem im methodischen Bereich eine hohe Beachtung erzeugt.

Hierzu noch eine Bemerkung grundsätzlicher Art: Keins der genannten Forschungskonzepte macht für sich schon ein Forschungsvorhaben wertvoller oder weniger wertvoll. So ist etwa quantitative Forschung nicht von höherem Wert als qualitative. Es kommt einzig darauf an, dass die getroffene Wahl auf der Höhe des Standes der Wissenschaft zur Forschungsfrage passt. Letztlich hängt es von dem Erkenntnisziel und der Fragestellung des Vorhabens ab, wie eine Strategie formuliert und ein Design entwickelt wird. Wichtig ist, sich klar zu entscheiden, wie die Forschungsfrage beantwortet werden soll. Die obige Liste grundlegender Merkmale von Forschungskonzepten und -designs kann dabei helfen, die Wahl gut zu begründen. Jede dieser Formen kann zum wissenschaftlichen Fortschritt beitragen. Oft kommt ein Fortschritt überhaupt nur durch ein Wechselspiel verschiedener Strategien und/ oder Methoden zustande:

- Neue Fragen und Hypothesen können aus einem qualitativen Forschungsvorhaben heraus entwickelt werden und in einem nächsten Vorhaben dann quantitativ überprüft werden.
- Phänomene, die quantitativ beschrieben werden, können mit qualitativen Instrumenten vertiefend betrachtet werden.
- Ein Ergebnis aus der Feldforschung kann den Anlass zu einem nachfolgenden Laborexperiment liefern,
- und dessen Ergebnis kann die Grundlage zu einer weiteren Feldforschung werden.

Ebenso wenig sollte nach unserer Meinung eine Rangfolge zwischen reiner und angewandter Forschung aufgestellt werden. Auch hier gilt, dass die Wissenschaft auf längere Sicht nur durch das Zusammenspiel aller Forschungstypen vorankommt. Für das konkrete Vorhaben ist einzig der Gesichtspunkt wichtig, ob die gewählte Forschungsstrategie und der weiter ausgearbeitete Forschungsplan der gestellten Forschungsfrage angemessen sind.

2.4 Forschungsziele

Als nächster Schritt der Ausarbeitung müssen, der gewählten Strategie entsprechend, die Forschungsziele festgelegt werden. Unter Forschungszielen werden dabei die Erkenntnisse verstanden, die innerhalb des Projekts gewonnen werden müssen, um die begründete Antwort auf die Forschungsfrage zu finden. Das als Endergebnis angestrebte neue Wissen, also die wissenschaftliche Antwort auf die Forschungsfrage, ergibt sich gewöhnlich aus einer Schlussfolgerung, die sich auf eine ganze Reihe solcher

Teilerkenntnisse stützt, die erst neu erarbeitet werden mussten. Diese Teilerkenntnisse, nicht die Wege zu ihrer Gewinnung, sind die Forschungsziele des Vorhabens. Sie müssen in der Planung so identifiziert werden, dass sie jeweils einzeln in einer kleineren, leichter zu beschreibenden und durchzuführenden Teilaufgabe gewonnen werden können. Die richtige Aufgliederung des ganzen Vorhabens in diese kleineren Erkenntnisfortschritte ist ein anspruchsvoller Teil der Planungsarbeit. Zusammengenommen und logisch aufeinander aufbauend sollen die Forschungsziele die abschließende Antwort auf die Forschungsfrage ermöglichen.

44 Hier liegt das Bild nahe, die Forschungsziele als Zwischenziele auf einem Weg zu sehen, der von einem Ausgangspunkt zum Endpunkt führt. Daher darf bei der Planung kein Zwischenziel übersehen werden. Trotzdem ist dies Bild nur teilweise zutreffend, denn es deutet nur einen linearen Ablauf an, was einen wichtigen Aspekt außer Acht lässt: In einem Forschungsvorhaben ist es oft möglich, verschiedene Forschungsziele parallel zu bearbeiten, während es andererseits auch möglich ist, dass erst mehrere Forschungsziele zusammen den Ausgangspunkt für das Bewältigen der nächsten Etappe abgeben können. Wenn man beim Bild von Schritten auf einem Weg bleiben will, dann möge man sich besser ein ganzes Geflecht von Wegen (mit Kreuzungen und Gabelungen und gegebenenfalls auch mehreren verschiedenen konkreten Anfangspunkten) vorstellen. Kurz vorm Schluss müssen sie zusammenlaufen, um den letzten einzelnen Schritt zur endgültigen Antwort auf die Forschungsfrage zu ermöglichen.

▶ Für das Beispiel-Projekt müssen verschiedene Teilziele bestimmt und verfolgt werden, wenn man das Endziel erreichen möchte, den Zusammenhang der 'Nutzung von Gewaltvideos' und 'Gewaltkriminalität' von männlichen Jugendlichen zu bestimmen:
1. Forschungsziel: Die Häufigkeit der Nutzung von Gewaltvideos von jugendlichen Männern erfassen;
2. Forschungsziel: Ausmaß und Art der Gewaltkriminalität von jugendlichen Männern identifizieren;
3. Forschungsziel: die Nutzung von Gewaltvideos durch männliche Jugendliche, die durch Gewaltdelikte aufgefallen sind, kennen;
4. Forschungsziel: Die Nutzung von Gewaltvideos durch männliche Jugendliche, denen keine Gewaltdelikte zugeschrieben werden, bestimmen. ◀

45 Dagegen dürfen die Arbeitsschritte, mit denen diese Teilerkenntnisse gewonnen werden sollen, (wie zB Fragebogen entwerfen/Interviewpartner auswählen/Befragung durchführen etc) nicht schon selbst als Forschungsziele aufgeführt werden. Die Auswahl der Methoden, um die Forschungsziele zu erreichen, wird in Kapitel 3 besprochen, die genaue Planung der dafür nötigen Arbeiten in Kapitel 4.

46 Für die Identifizierung der Forschungsziele eines Projekts ist natürlich von größter Bedeutung, ob und welche Mittel und Methoden zur Verfügung stehen werden, um jedes einzelne von ihnen zu erreichen, gegebenenfalls aufbauend auf den in anderen Forschungszielen formulierten Teilerkenntnissen. Untereinheiten sinnvoller Größe beschränken sich auf den Einsatz einer oder weniger Methoden, mit denen von einem bereits erreichten Punkt aus eine weitere Teilerkenntnis, die für den Fortgang des Vorhabens benötigt wird, gewonnen werden kann. Bei der Suche nach angemessenen Mitteln und Methoden darf man bekannte Erkenntnisse nicht übergehen. Wo immer der Stand der Wissenschaft brauchbare Teilantworten und Methoden schon hergibt, muss man sich nicht nur darin auskennen, sondern sie auch nutzen.

2.5 Hypothesen und forschungsleitende Annahmen

Bis hier wurde betont, dass die Forschungsziele in ihrer Gesamtheit so ausgestaltet werden müssen, dass sie aufeinander aufbauen, und dass sie so zusammengesetzt werden können, dass sie schließlich in eine schlüssige Antwort auf die Forschungsfrage des ganzen Projekts einmünden. Die abschließende Antwort muss sich zwingend ergeben, ohne jede logische Lücke.

Andererseits muss jeder der Schritte, also jedes einzelne Forschungsziel, von der Forschungsfrage her als erforderlich begründet sein. Eine Planung, die überflüssige Forschungsziele enthält, bläht nicht nur das Projekt unnötig auf, sondern gefährdet auch ein positives Urteil bei der Begutachtung, weil sie ein nicht gut durchdachtes Vorhaben erkennen lässt. Erfahrungsgemäß verfolgt jeder Antragsteller nebenher weitere Ziele, die erwünschte Nebenergebnisse bringen können, zB Vorarbeiten für spätere Forschungsprojekte. Obwohl es gewisse Überwindung kostet, raten wir dringend dazu, einmal alles nicht zwingend nötige Beiwerk wegzulassen, um einen methodisch untadelig strukturierten Plan und Antrag hinzubekommen.

In ihrer Gesamtheit müssen die Forschungsziele also im streng logischen Sinne notwendig und hinreichend sein. Hinreichend, um zur überzeugenden und nachvollziehbaren Antwort auf die Forschungsfrage zu führen; notwendig, weil jedes überflüssige Forschungsziel aus dem Antrag entfernt wurde, also jedes darin verbliebene gebraucht wird. Was für die logische Schlüssigkeit oder für das Gelingen des Vorhabens nicht unbedingt notwendig ist, hat in der Konstruktion des Plans nichts zu suchen. Die strenge Forderung, die man bei der Ausarbeitung des Plans an sich selber stellen soll, lautet: Aus der Auflistung allein der Forschungsziele muss man das ganze Projekt wieder zusammensetzen können, selbst wenn man die zugrunde liegende Forschungsfrage gar nicht kennt. Dieser Gesichtspunkt ist nicht nur in Förderungsanträgen wichtig, um nicht unnötig viele Mittel beantragen zu müssen, sondern hilft auch bei der Prüfung des eigenen Plans auf innere Konsistenz und logische Schlüssigkeit. Kurz: Das Forschungsvorhaben muss mit der Struktur der darin formulierten Forschungsziele übereinstimmen. Es wird geradezu durch sie definiert, und auch die Gutachter eines eventuellen Antrags schenken diesem Punkt besondere Beachtung.

▶ Im Beispielprojekt wäre ein Forschungsziel, das sich auf Nutzung und Wirkung von Computerspielen bezieht, von der oben genannten Formulierung der Forschungsfrage nicht abgedeckt. ◀

2.5 Hypothesen und forschungsleitende Annahmen

2.5.1 Allgemeines zu Hypothesen und Annahmen

Wir haben bereits in diesem Kapitel die beiden grundlegenden Paradigmen der quantitativen und qualitativen Forschung vorgestellt. Deren Unterschiedlichkeit zeigt sich auch in der Art und in der Funktion von Annahmen, die man der Arbeit zugrunde legt. Für die quantitative Forschung ist unverzichtbar, bereits vor Beginn des empirischen Forschungsprozesses Hypothesen auszuarbeiten. Eine Hypothese ist eine präzise Annahme zum Zusammenhang von für die Forschungsfrage als relevant erachteten Variablen. Die Forschung hat hier überhaupt das Ziel, Hypothesen zu überprüfen. Demgegenüber sind die in der qualitativen Forschung üblichen 'forschungsleitende Annahmen' sehr viel weniger präzise gefasst; sie dienen eher heuristischen Zwecken der Ordnung eines Untersuchungsfelds und der Orientierung eines Forschungsprozesses, der erst im Ergebnis zu präzisen Hypothesen führen kann. Manche Exponenten qualitativer Forschung halten Annahmen überhaupt für verzichtbar. Wir empfehlen aber, Annahmen zu formulieren, die eine erste (versuchsweise angenommene) Antwort auf die Forschungsfrage bilden und dem Forschungsprozess eine konkrete inhaltliche Richtung geben – selbst dort, wo sie nicht zwingend erfordert werden.

51 Hypothesen und forschungsleitenden Annahmen ist übrigens gemeinsam, dass sie aus der theoretisch-konzeptionellen Diskussion entwickelt und begründet werden und sich in Begriffen und Annahmen auf den Forschungsstand stützen müssen.

2.5.1.1 Forschungsleitende Annahmen

52 In der qualitativen Forschung spielen formalisierte Annahmen nach Art von Hypothesen kaum eine Rolle. Jedoch kann man kein Forschungsvorhaben entwickeln, ohne sich auf Annahmen zu vermuteten Sachverhalten zu stützen. Sie werden als 'forschungsleitende Annahmen' bezeichnet; manchmal auch als 'Arbeitshypothesen' oder noch vorsichtiger als 'Vorannahmen'. Sie können zwar ähnlich formuliert werden wie Hypothesen, haben aber eine andere Funktion im Forschungsprozess.

53 Forschungsleitende Annahmen haben den vergleichsweise reduzierten Anspruch, die Phänomene und ihre Zusammenhänge nur vorläufig zu erfassen. Sie bieten eher Orientierungshilfen, haben den Charakter von heuristischen Werkzeugen, und der Forschungsprozess dient der laufenden Präzisierung der Annahmen, nicht der Überprüfung von vorab definierten Annahmen wie in der quantitativen Forschung. Um Missverständnisse zu vermeiden, sollte man daher in der qualitativen Forschung besser nicht den Begriff der Hypothesen verwenden.

54 Forschungsleitende Annahmen helfen, die zu untersuchenden Phänomene und ihre Zusammenhänge einzuengen. Sie sind nützlich, oft gar notwendig für die Konstruktion des Forschungsdesigns: In geistes- und sozialwissenschaftlichen Forschungsprojekten, die auf den Vergleich zwischen Ländern, Institutionen, Gruppen oder auch zeitlichen Epochen zielen, kann die Auswahl der Untersuchungseinheiten überhaupt nur durch Annahmen – sei es über die zu erwartenden Unterschiede oder die zu erwartenden Gemeinsamkeiten – gerechtfertigt werden.

55 Forschungsleitende Annahmen strukturieren nicht nur die eigene Arbeit, sondern verdeutlichen auch den Gutachtern, was genau untersucht werden soll. Oft entwickeln sich die in späteren Forschungsvorhaben formulierten Hypothesen aus Erkenntnissen, die in Vorgängerprojekten noch Gegenstand forschungsleitender Annahmen waren.

2.5.1.2 Hypothesen in der quantitativen Forschung

56 In der quantitativen Forschung ist die Formulierung von Hypothesen unverzichtbar. Eine Hypothese kann sogar als Grundlage eines ganzen Forschungsvorhabens dienen. Auf jeden Fall muss sie nach derzeitigem Stand des Wissens sinnvoll scheinen und so formuliert sein, dass sie sich zu einer empirischen Überprüfung anbietet. Um die für so ein Vorhaben geeignete Forschungsfrage zu finden, braucht man nur die einfache ja/nein-Frage „Stimmt diese Hypothese?" zu stellen.

57 Doch nicht nur für ein Forschungsvorhaben als Ganzes, sondern auch bei allen seinen einzelnen Forschungszielen, in die wir es aufgegliedert haben (s. Abschnitt 2.4), können Hypothesen eine nützliche Rolle spielen. Für manche Fragestellungen sind Hypothesen sogar ein unerlässliches Werkzeug, dessen Benutzung zwingend vorgeschrieben ist. Bildung und Prüfung von Hypothesen sind somit wesentliche Elemente im Forschungsprozess. Daher muss hier beleuchtet werden, was Hypothesen in der quantita-

2.5 Hypothesen und forschungsleitende Annahmen

tiven Forschung genauer sind und in welchem Verhältnis sie zu Fragestellungen wie der Forschungsfrage oder den Forschungszielen stehen.

Offensichtlich müssen in der Wissenschaft von vornherein Hypothesen ausgeschlossen bleiben, die sich überhaupt nicht überprüfen lassen (zB: „Auf dieser Nadelspitze können höchstens drei Engel tanzen"). Solche Hypothesen haben die Eigenschaft, aus prinzipiellen Gründen nicht widerlegbar, d. h. nicht falsifizierbar zu sein. Damit gehören sie in den Bereich von Glauben, Überzeugungen, fixen Ideen etc., aber nicht zur Wissenschaft.

2.5.1.3 Hypothese und Forschungsfrage

Als Hypothese kommt von vornherein alles in Betracht, was als eine Antwort auf die gestellte Forschungsfrage möglich erscheint, sei diese Antwort vermutet oder auch nur erwünscht oder gar befürchtet. Doch schon hier gilt es, eine zusätzliche Bedingung zu erfüllen: Eine Hypothese, für deren Überprüfung Forschungsmittel bewilligt werden sollen, darf nicht aus der Luft gegriffen sein oder der Laune des Antragstellers entspringen. Vielmehr muss sie zu dem betrachteten Sachverhalt gerade diejenige Annahme ausdrücken, die derzeit als die am besten begründete erscheint (aber natürlich nicht selbst schon wissenschaftlich erhärtet worden ist). In einem Förderungsantrag muss jede Hypothese aus dem aktuellen Stand der Wissenschaft hergeleitet werden.

Jedoch wird eine Hypothese, die auf diese Weise gebildet wurde und nun die Grundlage eines Forschungsvorhabens werden soll, hierbei kaum jemals deckungsgleich die gleiche Bedeutung entfalten können wie die Forschungsfrage selbst. Betrachten wir kurz unser Beispielprojekt mit der

▶ **Forschungsfrage**: Welcher Zusammenhang besteht bei männlichen Jugendlichen zwischen 12 und 21 Jahren zwischen der täglichen Nutzung von Gewaltvideos und der Gewaltkriminalität?

Man vergleiche dies mit drei naheliegenden Formulierungen einer möglichst äquivalenten Leit- oder Forschungshypothese:

- **Forschungshypothese Nr. 1**: Männliche Jugendliche zwischen 12 und 21 Jahren neigen zu höherer Gewaltkriminalität, je häufiger sie Gewaltvideos nutzen.
- **Forschungshypothese Nr. 2**: Männliche Jugendliche zwischen 12 und 21 Jahren neigen zu geringerer Gewaltkriminalität, je weniger häufig sie Gewaltvideos nutzen.
- **Forschungshypothese Nr. 3**: Es gibt keinen Zusammenhang zwischen der Häufigkeit der Nutzung von Gewaltvideos und Gewaltkriminalität von männlichen Jugendlichen zwischen 12 und 21 Jahren. ◀

(Anmerkung: Wir übergehen hier wieder, dass diese Forschungsfrage möglicherweise schon beantwortet ist.)

Keine einzelne dieser drei versuchsweise formulierten Forschungshypothesen kann die Forschungsfrage ganz ersetzen, auch nicht alle drei zusammen genommen, denn logisch gesehen endet jede Hypothesenprüfung streng genommen entweder mit der Antwort „stimmt" oder „stimmt nicht", während die Forschungsfrage das Wörtchen „welcher..." enthält und daher weitaus differenziertere Antworten erwarten lässt. Nur in einem speziellen Fall, von dem man vorher aber nicht weiß, ob er vorliegt, würde sich mit der Variante Nr. 3 auch die Forschungsfrage beantworten lassen: wenn sich die Neigung zu Gewalt nämlich gar nicht ändert. Dies Beispiel mag verdeutlichen, dass man bei der Ausarbeitung eines Forschungsvorhabens abwägen muss, wo man mit Hypothesen und wo mit Fragen arbeitet. Angemerkt sei noch, dass die Formulierungen

Nr. 1 und Nr. 2 logisch äquivalent sind, man aber wie oben erläutert diejenige Formulierung vorziehen soll, die nach dem aktuellen Stand des Wissens die Erwartungen besser widerspiegelt. Das betrifft auch die Wahl, welche Variable man als abhängige bzw. als unabhängige Variable behandelt.

2.5.2 Arten von Hypothesen

63 Eine Hypothese drückt zunächst einen Zustand oder einen Zusammenhang aus, wie er nach derzeitigem Wissensstand erwartet werden kann, aber noch nicht durch Beobachtung nachgewiesen wurde. Prinzipiell unterscheidet man zwei Hypothesenarten.

- Eine deterministische Hypothese formuliert die Annahme, dass ein genau umschriebener Sachverhalt, gegebenenfalls unter genau umschriebenen Voraussetzungen, mit Sicherheit gilt.

64 Diese Charakterisierung trifft für viele naturwissenschaftliche Gesetze zu. Der Apfel fällt immer vom Baum. (Hinreichende Voraussetzung: Vorher hing er an einem Baum, und dieser steht auf der Erde.) Es gibt auch Hypothesen, deren Gültigkeit ohne jede spezielle Voraussetzung gegeben sein soll: Es gibt das Elementarteilchen namens 'Higgs-Boson'.

65 Für eine deterministische Hypothese kann schon ein einziges Gegenbeispiel das Aus bedeuten. Ein Beispiel aus der jüngeren Vergangenheit im Bereich der exakten Naturwissenschaften: Die Hypothese „Kein Signal kann schneller als das Licht übertragen werden" – ein Eckpfeiler der Einsteinschen Relativitätstheorie – müsste in dieser strikten Formulierung schon nach einem einzigen Nachweis eines gegenteiligen Vorgangs über Bord geworfen werden, und die Relativitätstheorie gleich mit. Das erklärt die Unruhe innerhalb und außerhalb der Physik, als sich Ende 2011 zeitweilig so etwas abzuzeichnen schien, bis es als Messfehler erkannt werden konnte.

66 Im Bereich der Sozial- und Humanwissenschaften ist eine so strikte Gültigkeit einer Aussage jedoch kaum jemals gegeben. Typisch sind hier Aussagen oder Annahmen, die sich in einzelnen Fällen bestätigen und in anderen nicht, die generell gesehen also nur mit einer gewissen Wahrscheinlichkeit zutreffen.

- Eine mit Eintrittswahrscheinlichkeiten verknüpfte Hypothese wird als probabilistisch bezeichnet. Zu ihrer Prüfung sind statistische Verfahren nötig.

Beispielsweise kann die Hypothese „Wer regelmäßig raucht, stirbt früher" sich im Einzelfall bestätigen oder auch nicht.

67 Um eine probabilistische Hypothese in eine Form zu bringen, in der sie wissenschaftlich überprüft werden kann, muss sie geeignet umformuliert werden. Im Raucher-Beispiel etwa so: „Menschen, die regelmäßig rauchen, sterben im Schnitt früher". In dieser Formulierung ist klar angelegt, mit Hilfe welcher Beobachtungen und Auswertungen die Aussage überprüft werden kann. Doch ist damit gleichzeitig die Grenze zwischen den beiden Typen von Hypothesen überschritten, denn nach dieser Umformulierung, wenn man sie genau liest, haben wir statt einer probabilistischen eine deterministische Hypothese vor uns: Der behauptete Sachverhalt, wenn er denn wissenschaftlich nachgewiesen werden konnte, gilt mit Sicherheit, aber eben nur für die Durchschnittswerte, während er nichts bestimmtes aussagt, wenn er auf den einzelnen Raucher oder Nichtraucher bezogen werden soll.

Andererseits lassen sich auch deterministische Hypothesen, obwohl sie rein logisch nur entweder immer wahr oder immer falsch sein können, sehr häufig nur mit gewisser Wahrscheinlichkeit bestätigen oder widerlegen. Ein häufiger Grund dafür ist, dass die Gesamtheit der Einzelfälle, für die die Hypothese gültig sein soll (die Grundgesamtheit), unüberschaubar groß ist, so dass tatsächlich nur eine Auswahl (die Stichprobe) beobachtet werden kann. Ist die Stichprobe unglücklicherweise untypisch für die Grundgesamtheit ausgewählt worden, kann die Überprüfung der Hypothese zu einer falschen Antwort führen. Ein anderer möglicher Grund für Unsicherheit liegt vor, wenn die Beobachtungen selber nicht völlig zuverlässig sind, sondern mit gewisser Wahrscheinlichkeit auch einmal das falsche Signal anzeigen. Damit erhält die ganze Hypothesenprüfung unweigerlich ein Element von Wahrscheinlichkeit, nämlich die, dass sie aufgrund statistischer Zufälligkeiten mit dem falschen Ergebnis endet. Diese Einschränkung gilt beispielsweise sogar für eine Hypothese aus der Physik wie „Es gibt das 'Higgs'-Teilchen", die lupenrein deterministisch klingt, aber nur mit Experimenten überprüft werden kann, deren Ergebnisse mit starken statistischen Schwankungen behaftet sind. Solche Schwankungen könnten im Prinzip in einem Experiment die Existenz des Higgs-Teilchens vortäuschen, auch wenn es gar nicht existiert.

2.5.2.1 Arten probabilistischer Hypothesen

Wir beschreiben noch etwas genauer das Arbeiten mit solchen Hypothesen, die über einen Zusammenhang zweier Variablen eine allgemeine Aussage enthalten, aber anhand von Stichproben überprüft werden sollen. Das kommt in vielen Disziplinen vor, von der quantitativen sozialwissenschaftlichen Forschung über Biologie, Medizin und bis zur Astronomie. Solche Hypothesen sind oft selber auch aus vorangegangenen Beobachtungen an Stichproben abgeleitet worden.

In dieser Art von Hypothesen sind die Variablen miteinander verknüpft, zB als statistische Korrelation (in Wenn-Dann- oder Je-Desto-Beziehungen), oder als kausale Beziehungen (Phänomen X verursacht Effekt Y). Beispiele hierzu sind:

- „Wenn eine Person regelmäßig (mehr als x Zigaretten pro Tag) raucht, dann ist die Wahrscheinlichkeit eines Herzinfarkts höher (um y Prozent)."
- „Je höher das Bildungsniveau einer Person, desto höher das erzielte Erwerbseinkommen."
- „Exzessives ego-shooter-Spielen verursacht Erhöhung der Gewaltbereitschaft."
- Oder in unserem Beispiel: „Je häufiger die Nutzung von Gewaltvideos, desto höher – oder geringer – die Gewaltkriminalität unter männlichen Jugendlichen."

Immer müssen auch die Bedingungen angegeben werden, unter denen der in der Hypothese formulierte Zusammenhang gültig sein soll. Zumeist ist der in der Hypothese behauptete Gültigkeitsbereich viel größer als jede Stichprobe, an der sie tatsächlich überprüft werden kann. Dadurch eröffnet sich die oben beschriebene Gefahr von Fehlschlüssen. Mit den Mitteln der statistischen Testtheorie muss dies Risiko quantifiziert und nach Möglichkeit minimiert werden. So muss, wenn die Hypothese sich durch die Beobachtungen an der Stichprobe zu bestätigen scheint, die Gefahr eingegrenzt werden, dies könne auf einem zufälligen Zusammentreffen verschiedener Umstände beruhen und wäre damit nicht wissenschaftlich haltbar. Eine der Grundfragen der statistischen Testtheorie lautet daher: Kann eine Beobachtung, die die Hypothese stützt, durch einen Zufall zustande gekommen sein, obwohl die Hypothese falsch ist?

2. Von der Problemstellung zu den Zielen und Hypothesen

72 Um dieses Risiko zu quantifizieren, wird innerhalb der statistischen Testtheorie der Begriff Hypothese nur in ganz präzisen Bedeutungen verwendet. Insbesondere müssen vor einem Test eine Alternativhypothese und eine Nullhypothese formuliert werden. Die Nullhypothese (H0) vertritt dabei immer die herkömmliche, bis dato gültige Ansicht, die durch das aktuelle Forschungsvorhaben in Zweifel gezogen werden soll. Die Alternativhypothese (H1) formuliert die dazu konkurrierende Ansicht, deren Gültigkeit man untermauern möchte. Wenn beispielsweise ein Lehrer behauptet, dass eine neue Unterrichtsmethode besser sei als die herkömmliche, dann ist dies die Alternativhypothese. Die Nullhypothese dazu lautet: „Die herkömmliche Methode ist nicht schlechter als die neue".

73 In der Forschungspraxis sind in den überwiegenden Fällen drei Hypothesenarten von Bedeutung: Zusammenhangs-, Unterschieds-, Veränderungshypothesen. Letztere können weiter in gerichtete und ungerichtete Hypothesen unterschieden werden je nachdem, ob sie darüber etwas aussagen, in welche Richtung sich die Merkmale ändern. Schließlich werden solche Hypothesen als spezifisch oder unspezifisch klassifiziert je nachdem, ob sie für die Stärke des Zusammenhangs der Merkmalsvariationen ein Maß angeben oder nicht.

▶ In dem Beispielprojekt zur Wirkung von Gewaltvideos könnte man alternativ eine der drei folgenden Hypothesen zugrunde legen und überprüfen:

- Unterschiede in der Gewaltkriminalität der Jugendlichen gehen auf die Häufigkeit der Nutzung von Gewaltvideos zurück (Kausalhypothese).
- Unterschiede in der Nutzung von Gewaltvideos gehen auf unterschiedliche Neigung zu Gewaltkriminalität zurück (entgegengesetzte Kausalhypothese).
- Es gibt einen (oder: Es gibt keinen) Zusammenhang zwischen Nutzung von Gewaltvideos und Gewaltkriminalität von Jugendlichen (Zusammenhangshypothese).

Es ist klar, dass ein Projekt nicht alle drei Hypothesen verfolgen kann, weil sich mit jeder Hypothese auch der Zuschnitt des Projekts ändert. ◀

74 In einer Zusammenhangshypothese ist die Annahme formuliert, dass zwischen zwei oder mehr Variablen (Merkmalen) einer Population ein statistischer Zusammenhang (eine Korrelation) besteht: „Wenn X einen anderen Wert hat, dann auch Y". Beide Variablen müssen jeweils gleichzeitig an mehreren Individuen gemessen werden. Ein Beispiel für eine gerichtete Zusammenhangshypothese ist: „Wenn mehr Stress am Arbeitsplatz herrscht, dann haben die Mitarbeiter mehr Fehlzeiten."

75 Will man prüfen, ob bei zwei oder mehreren Populationen bezüglich einer oder mehrerer Variablen Unterschiede bestehen, ist eine Unterschiedshypothese nötig. Ein Beispiel wäre: „Studierende der Sozialwissenschaften unterscheiden sich bezüglich ihres politischen Engagements von Studierenden der Naturwissenschaften." Nur mit einer solchen – selbstverständlich aus dem Forschungsstand zu begründenden – Hypothese kann man übrigens auch rechtfertigen, dass man Studierende genau dieser beiden Fachrichtungen auswählt.

76 Drittens gibt es die Veränderungshypothese, bei der zeitliche Effekte berücksichtigt werden. In der einfachsten Form drückt sie aus, dass ein Merkmal sich im Laufe der Zeit ändert. Beispiel: „Das Durchschnittsalter bei Eheschließung nimmt in Deutschland zu".

77 Zu beachten ist, dass keine der bisher genannten Arten von Hypothesen schon einen sicheren Schluss auf einen kausalen Zusammenhang erlauben würde. Obwohl in allen

2.6 Häufige Fehler bei der Formulierung von Forschungsfragen, Zielen und Hypothesen

Fällen die Variablen in 'unabhängige' und 'abhängige' unterteilt werden, und obwohl in Sätzen mit 'Wenn – dann' oder 'Je – desto' die Vermutung einer Ursache-Wirkung-Beziehung anklingen mag, ist der Nachweis einer kausalen Abhängigkeit eine wesentlich schwerere Aufgabe als die Feststellung eines Zusammenhangs. So ist etwa im ersten Beispiel, wenn mehr Stress tatsächlich im Durchschnitt mit mehr Fehlzeiten einhergeht, noch nicht bewiesen, ob mehr Stress mehr Fehlzeiten verursacht, oder mehr Fehlzeiten höheren Stress bei den Kollegen, oder ob beide Merkmale gemeinsam variieren, weil beide von einer dritten Variable abhängen (in Frage käme hier eine unzureichende Personaldecke mit beiden beobachteten Folgen), oder schließlich, ob alle diese drei Varianten der Ursache-Wirkung-Beziehung in Kombination vorliegen. Wie schwierig es ist, eine kausale Zuschreibung wissenschaftlich abzusichern, wird auch gut anhand der jahrzehntelangen Auseinandersetzungen über die Gefahren durch das Rauchen oder die Anerkennung von schädlichen Umwelteinflüssen illustriert. Generell gilt: Eine Kausalhypothese, die eine bestimmte Ursache postuliert, kann in logischer Strenge nur dadurch bestätigt werden, dass alle anderen möglichen Faktoren als Ursache ausgeschlossen werden. Hierzu ist aber für jeden einzelnen dieser möglichen Faktoren eine eigene geeignete Hypothese zu formulieren und zu überprüfen.

2.5.2.2 Tipps zur Formulierung von Hypothesen

Wir stellen hier die wesentlichen und allgemeingültigen Anforderungen an eine gut gebildete Hypothese noch einmal zusammen: Eine Hypothese

- ... ist empirisch überprüfbar. *(Sie ist eine Aussage über einen beobachtbaren Sachverhalt.)*
- ... ist vom Stand des Wissens abgeleitet. *(Sie gibt die derzeit am besten begründete Aussage zum Sachverhalt wieder.)*
- ... ist falsifizierbar. *(Sie ist nicht so formuliert, dass sie schon aus logischen Gründen niemals widerlegt werden könnte. Beispiel: „Je größer die Summe 1+2 ausfällt, desto größer auch die Kartoffeln.")*
- ... enthält (wenn es sich nicht von selbst versteht) die Angabe eines Geltungsbereichs *(zB „immer und überall", „im Bundesland Bremen", „Ende des vorigen Jahrhunderts" etc.)*.
- ... enthält die Angabe eines Objektbereichs *(oder Individuenbereichs, in den Sozialwissenschaften zB Kinder, Studierende, Lehrende, Männer, Frauen)*.
- ... drückt mit einem 'Allquantor' aus, ob die Aussage für alle Objekte des Objektbereichs behauptet wird oder für eine Teilgruppe *(in den Sozialwissenschaften zB je nach sozialer Schicht, Herkunftsland etc.)*.
- ... setzt in aller Regel mindestens zwei Ausprägungen oder Eigenschaften der betrachteten Objekte in Beziehung *(in der Bildungsökonomie zB Bildung und Einkommen, etc.)*.

2.6 Häufige Fehler bei der Formulierung von Forschungsfragen, Zielen und Hypothesen

Bei der Ausarbeitung der Forschungsfrage sowie der Aufgliederung des Vorhabens in einzelne Forschungsziele und Hypothesen kommt es häufig zu Fehlern. Hier eine Liste:

- Das Forschungsproblem ist zu weitläufig formuliert.
- Die Forschungsfrage ist zu ungenau, um ein konkretes Projekt definieren zu können.
- Der Stand der Wissenschaft wird nicht genügend berücksichtigt (zB Kenntnisse, Methoden, bekannte Probleme, oder andere relevante Informationen, die außerhalb des eigenen Landes bereits verfügbar sind).
- Das Projekt scheint in seiner Zielsetzung oder seiner Feinplanung erheblich oder sogar vorrangig von anderen Absichten bestimmt als der, neues Wissen zu gewinnen.
- Die Forschungsziele sind lückenhaft und führen nicht zwingend auf die Antwort zur Forschungsfrage (zB nur gestützt auf nicht genannte weitere Annahmen).
- Es gibt überflüssige oder auch disparate Forschungsziele, die für die Erreichung des Hauptziels nicht erforderlich sind.
- Es gibt Forschungsziele, die realistisch nicht erreicht werden können.
- Das einzelne Forschungsziel wird nicht mit der zu gewinnenden Erkenntnis umschrieben, sondern mit dem Arbeitsschritt, mit dem diese erreicht werden soll.
- Hypothesen sind schlecht formuliert oder unzureichend aus dem Forschungsstand heraus begründet.

Mit der Ausarbeitung des Projekts bis zur Ebene der Hypothesen bzw forschungsleitenden Annahmen ist die Phase der Konzeptualisierung abgeschlossen. Im eingangs eingeführten Arbeitsquadrat (Abb. 2.1) der grundlegenden Fragestellungen betrifft das im Wesentlichen die Bearbeitung der Fragestellungen in den beiden oberen Feldern. Die weitere und noch detailliertere Ausarbeitung macht oft den größten Teil der Arbeit bei der Entwicklung des Vorhabens. Sie wird in den beiden folgenden Kapiteln weiter behandelt, wobei sich Kapitel 3 schwerpunktmäßig auf die empirische Sozialforschung bezieht. In der Evaluation durch eine Förderungseinrichtung, die im Kapitel 6 noch genauer besprochen wird, wird die Qualität des Antrags weitestgehend daran gemessen, ob all die genannten Aspekte in systematischer und dichter Weise dargestellt und aufeinander bezogen wurden, und ob ein klarer und realistischer Ablaufplan ausgearbeitet wurde.

Zusammenfassend lässt sich festhalten, dass ein Forschungsvorhaben in Bezug auf Problemstellung, Theorie, Empirie und die vorgesehenen Untersuchungsmethoden auf dem Stand der Wissenschaft sein muss, wie er sich (mit mehr oder weniger scharfer Grenze) aus den in der Fachwelt anerkannten Publikationen ergibt.

2.7 Literatur

Bartels, A. (Hrsg.) (2007): Wissenschaftstheorie: ein Studienbuch, Paderborn, mentis-Verlag.
Carrier, M (2006): Wissenschaftstheorie zur Einführung, Hamburg: Junius.
Flick, U. (2009): Sozialforschung. Methoden und Anwendungen. Ein Überblick für BA-Studiengänge. Reinbek bei Hamburg: Rowohlt.
Friedrichs, J. (1990): Methoden empirischer Sozialforschung. 14. Aufl. Opladen: Westdeutscher Verlag.
Heinz, W. (2016) Zur Gewaltkriminalität, s. Heinz, W.: Jugendkriminalität – Zahlen und Fakten, Bundeszentrale für politische Bildung http://www.bpb.de/politik/innenpolitik/gangsterlaeufer/203562/zahlen-und-fakten?p=all.
Kromrey, H. (2009): Empirische Sozialforschung. 9. Aufl. Opladen: Leske + Budrich.
Popper, K. (2005): Logik der Forschung. Tübingen: Mohr Siebeck.

2.8 Anhang: Forschungsfragen in Beispielen

- „Warum schwappt beim Gehen der Kaffee aus der Tasse?"
 (*"Walking With Coffee: Why Does It Spill?"* H. Mayer and R. Krechetnikov, *Physical Review E*, vol. 85, 2012, pp. 046117-1.)
- „Warum wippt eine Pferdeschwanzfrisur?"
 (*"Shape of a Ponytail and the Statistical Physics of Hair Fiber Bundles."* R. Goldstein, P. Warren, R. Ball, *Physical Review Letters*, vol. 198, no. 7, 2012, pp. 078101.)
- „Steckt unter Rotfüßigen Schildkröten das Gähnen an?"
 (*"No Evidence Of Contagious Yawning in the Red-Footed Tortoise Geochelone carbonaria,"* A. Wilkinson, N. Sebanz, I. Mandl, L. Huber, *Current Zoology*, vol. 57, no. 4, 2011. pp. 477-484.)
- „Helfen Socken außerhalb der Winterstiefel gegen das Ausrutschen auf Eis?"
 (*"Preventing Winter Falls: A Randomised Controlled Trial of a Novel Intervention,"* L. Parkin, S. Williams, P. Priest, *New Zealand Medical Journal.* vol. 122, no. 1298, July 3, 2009, pp. 31-38.)
- „Hilft Fluchen gegen Schmerz?"
 (*"Swearing as a Response to Pain,"* R. Stephens, J. Atkins, A. Kingston, *Neuroreport*, vol. 20, no. 12, 2009, pp. 1056-1060.)
- „Geben Kühe mehr Milch, wenn man ihnen einen Eigennamen gibt?"
 (*"Exploring Stock Managers' Perceptions of the Human-Animal Relationship on Dairy Farms and an Association with Milk Production,"* C. Bertenshaw, P. Rowlinson, *Anthrozoos*, vol. 22, no. 1, March 2009, pp. 59-69. DOI: 10.2752/175303708X390473.)
- „Steigt die Wirkung eines Arznei-Placebos mit dem Kaufpreis?"
 (*"Commercial Features of Placebo and Therapeutic Efficacy,"* R. Waber; B. Shiv; Z. Carmon; D. Ariely, *Journal of the American Medical Association*, March 5, 2008; 299: 1016-1017.)
- „Können Ratten unterscheiden, ob jemand rückwärts japanisch oder holländisch spricht?"
 (*"Effects of Backward Speech and Speaker Variability in Language Discrimination by Rats,"* J. Toro, J. Trobalon, N. Sebastián-Gallés, *Journal of Experimental Psychology: Animal Behavior Processes*, vol. 31, no. 1, January 2005, pp 95-100.)
- „Bekommen Spechte keine Kopfschmerzen?"
 (*"Woodpeckers and Head Injury,"* P. May, J. Fuster, P. Newman, A. Hirschman, *Lancet*, vol. 307, no. 7973, June 19,1976, pp. 1347-1348.)
- „Welche Folgen hat der unnötige Gebrauch langer Wörter?"
 (*"Consequences of Erudite Vernacular Utilized Irrespective of Necessity: Problems with Using Long Words Needlessly,"* D. Oppenheimer, *Applied Cognitive Psychology*, vol. 20, no. 2, March 2006, pp. 139-156.)
- „Warum zerbrechen trockene Spaghetti meist in drei Stücke?"
 (*"Fragmentation of Rods by Cascading Cracks: Why Spaghetti Does Not Break in Half,"* B. Audoly, S. Neukirch, *Physical Review Letters*, vol. 95, no. 9, August 26, 2005, pp. 95505-1 to 95505-1.)
- „Wie schnell ist Ultraschall in kaltem Cheddar-Käse?"

("Ultrasonic Velocity in Cheddar Cheese as Affected by Temperature," A. Mulet, J. Benedito, J. Bon, C. Rosselló, Journal of Food Science, vol. 64, no. 6, 1999, pp. 1038-1041.)

- „Was hat Country-Musik mit Selbstmord zu tun?"
("The Effect of Country Music on Suicide." S. Stack, J. Gundlach in: Social Forces, vol. 71, no. 1, September 1992, pp. 211-218.)
- „Folgt die Abnahme des Bierschaums dem exponentiellen Zerfallsgesetz?"
("Demonstration of the exponential decay law using beer froth." A. Leike, European Journal of Physics, Vol. 23 (2002) 21-26)

(Auswahl aus http://www.improbable.com/ig/winners/. Die Forschungsfragen sind hier frei übersetzt und verkürzt formuliert wiedergegeben.)

3. Forschungsdesign und Forschungsmethoden

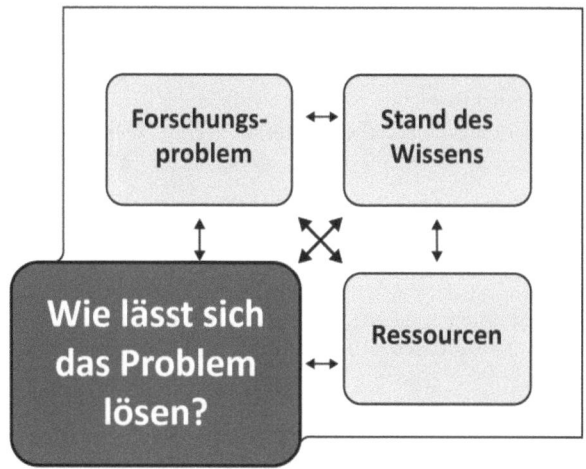

Für jedes Forschungsvorhaben stellt sich die Aufgabe, einen zum jeweiligen Forschungsproblem 'maßgeschneiderten' Forschungsplan zu entwickeln. Dabei müssen die zuvor entwickelten Problemstellungen und darauf basierenden Elemente wie Hypothesen oder Annahmen so entfaltet werden, dass sie praktisch bearbeitet werden können. In empirischen Arbeiten bedeutet dies, dass der Untersuchungsgegenstand, der an Personen, Objekte, Sachverhalten, Handlungen oder Situationen gebunden ist, beobachtbar gemacht wird. Der in der quantitativen Forschung verwendete Fachbegriff hierzu lautet Operationalisierung. Weiter müssen problemadäquate Erhebungsinstrumente ausgewählt oder (weiter)entwickelt und Techniken zur Analyse der zu erhebenden Daten bestimmt werden. Diese Schritte bilden im engeren Sinne das Design des Forschungsvorhabens. Sie müssen logisch aufeinander aufbauen und erfordern bei ihrer Entwicklung viele Entscheidungen. In einem Forschungsantrag müssen diese Forschungsschritte für Gutachter gut begründet und nachvollziehbar sein. Bei vielen Forschungsanträgen macht die detaillierte Darstellung des Forschungsplans (einschließlich Arbeits- und Zeitplanung) bis zu fünfzig Prozent des Inhalts aus.

Die Strukturierung und inhaltliche Darstellung in diesem Kapitel folgt einer Logik, wie sie oft in der empirischen Sozialforschung zu finden ist, aber prinzipiell auch für andere Wissenschafts- oder Gegenstandsbereiche brauchbar ist. Insbesondere für Novizen in der wissenschaftlichen Arbeit empfehlen wir dieser Struktur zu folgen, da ihre Schritte einheitlich festgelegt und damit in der wissenschaftlichen Gemeinschaft allgemein akzeptiert sind, weshalb von einer gewissen Standardisierung gesprochen werden kann (vgl Flick 2009). Zugleich ist es einfacher, ein Projekt nach diesen Schritten zu entwickeln als mit einem offenen Design.

3. Forschungsdesign und Forschungsmethoden

Lernziele

Nach Lesen dieses Kapitels sollen Sie

- verstehen, dass jede systematische wissenschaftliche Untersuchung mehrere Elemente und (standardisierte) Schritte enthält, die in einem nachvollziehbaren Forschungsdesign berücksichtigt werden müssen;
- wissen, welche Aspekte und Kriterien bei der Operationalisierung von Begriffen und Variablen zu beachten sind, um diese empirisch zugänglich und somit beobachtbar zu machen;
- Entscheidungsschritte und Hilfestellungen kennen, die für die Auswahl oder Weiterentwicklung adäquater Instrumente zur Sammlung von quantitativen und/oder qualitativen Daten zu beachten sind;
- Entscheidungsschritte und Hilfestellungen kennen, die für die Auswahl oder Weiterentwicklung geeigneter Instrumente zur Auswertung der Daten notwendig sind.

3.1 Strukturierung des Forschungsprozesses

Die Erstellung des Design eines Forschungsvorhabens erfolgt prinzipiell in vier Schritten:

- Die Auswahl von Strategien zur Präzisierung und Erfassung des Phänomens, bei dem es sich um Subjekte, Objekte, Handlungen oder Situationen handeln kann. In der quantitativen Forschung ist dies in der Regel der Schritt der Operationalisierung, der die in den Hypothesen verwendeten Begriffe, die zugleich Variablen bilden, empirisch zugänglich macht. Doch auch die qualitative Forschung sollte die Forschungsoperationen dezidiert benennen.
- Die Auswahl und Begründung der Instrumente der Datenerhebung mit denen das Phänomen erfasst und beobachtet wird. Im engeren Sinne sind dies die Forschungsmethoden.
- Die Bestimmung des Gegenstandsbereiches, der Objekte oder Subjekte der Datenerhebung. Dies ist in der Regel die Auswahl der Untersuchungseinheiten, der Fälle oder der Stichprobe, mit denen die Forschungsfragen oder Hypothesen untersucht werden.
- Die Auswahl und Begründung der Instrumente zur Datenauswertung. Dieser Schritt sollte bereits in der Untersuchungsplanung berücksichtigt werden. In schriftlichen Beschreibungen zu Forschungsvorhaben wird dieser Teil oft vernachlässigt, so dass nicht geklärt wird, wie Daten ausgewertet werden.

3.1.1 Auswahl von Strategien zur Präzisierung von Begriffen (Operationalisierung)

Nach der Formulierung der Forschungsfrage und der Aufstellung von forschungsleitenden Annahmen oder Hypothesen auf Grundlage des theoretischen und empirischen Erkenntnis- und Forschungsstandes stellt sich die Aufgabe, die einzelnen Schritte zur Beantwortung der Fragestellungen und der Überprüfung der Hypothesen im Detail zu planen. In vielen empirisch-orientierten Wissenschaften wie der Sozialforschung werden hierzu einige Standards im Sinne logisch aufeinander aufbauender Schritte definiert. Es ist klar, dass – bedingt durch unterschiedliche Paradigmen und Erkenntnisinteressen – unterschiedliche Vorgehensweisen beim Forschungsdesign existieren, die hier

3.1 Strukturierung des Forschungsprozesses

nicht alle behandelt werden können. Wir empfehlen, sich an den hier vorgestellten Schritten zu orientieren und mit Blick auf die relevante *scientific community* bedarfsorientiert zu entscheiden, ob und gegebenenfalls welche Elemente anders behandelt werden können.

Jedes Forschungsproblem und jede Fragestellung beinhaltet Begriffe, dh Konstrukte über Sachverhalte oder Phänomene in der Welt. Am Anfang jeglicher wissenschaftlicher Arbeit steht eine Bestimmung und Definition der zugrunde liegenden Begriffe. Begriffe haben grundsätzlich einen Inhalt und einen Umfang. Im Alltag wird die Bedeutung eines Begriffes durch einen direkten Verweis auf konkrete Sachverhalte nach tradierten Regeln hergestellt (Realdefinition). Wird unter Verwendung und Verknüpfung von bereits definierten Begriffen ein neuer Begriff eingeführt, handelt es sich um eine Nominaldefinition. Bei der wissenschaftlichen Verwendung eines Begriffs ist darüber hinaus eine analytische Definition oder Bedeutungsanalyse erforderlich, welche ihn durch die Analyse seiner Semantik und seiner Gebrauchsweise klärt (vgl Bortz/Döring 2006). Damit verdeutlicht der Forscher sein Begriffsverständnis und sorgt für Transparenz des Untersuchungsgegenstandes.

6

Im Prinzip könnte eine solche analytische Definition für den Forschungsprozess ausreichend sein. Allerdings sind damit die Begriffe aufgrund ihres Bedeutungsumfangs nicht immer eindeutig und zudem empirisch zugänglich, was eine direkte Erfassung oder Beobachtung noch nicht ermöglicht. Auch bei Begriffen mit einem direkten empirischen Bezug (zB Körpergröße, Temperatur) müssen die Bedingungen der Messung und damit die genauen Forschungsoperationen geklärt werden. Dies trifft noch stärker für die Erfassung vieler sozialer und personaler Phänomene und Konstrukte wie zB Demokratie, Bildung, Intelligenz, sozioökonomischer Status, Freundschaft, Schulangst, Umweltbewusstsein zu. Um Begriffe für eine wissenschaftliche Beobachtung zugänglich zu machen, müssen sie empirisch übersetzt', also operational definiert werden. Diese Operationalisierung (vgl Bridgeman 1927) beschreibt in der Forschung den für jeden Begriff (und zwar unabhängig von der Definitionsart und empirischen Zugänglichkeit) notwendigen Übersetzungsvorgang in Techniken und Forschungsoperationen (vgl Kromrey 2000). Durch diesen Prozess wird mittels Beobachtung entscheidbar, ob und in welchem Ausmaß der mit dem Begriff oder theoretischen Konstrukt bezeichnete Sachverhalt in der Realität vorliegt und erfasst werden kann.

7

Wenn Begriffe nicht direkt zugänglich sind, müssen sie indirekt zugänglich gemacht werden. Viele Einstellungen, Meinungen und andere soziale Sachverhalte können wir nicht direkt beobachten. Beispielsweise können wir die Ausländerfeindlichkeit einer Person nicht ‚sehen', aber wir können beobachten, ob Personen bestimmten Äußerungen (zB nationalistische oder pronazistische Einstellungen) zustimmen oder nicht. Diese indirekte Beobachtung erfolgt demnach mit Indikatoren, die reale, beobachtbare Sachverhalte anzeigen, die für nicht direkt beobachtbare Begriffe bzw Variablen stehen. In einer Untersuchung könnte das nicht direkt messbare Konstrukt ‚Ausländerfeindlichkeit' durch mehrere Indikatoren (zB zu ethnisch motivierter oder sozioökonomisch motivierter Fremdenfeindlichkeit) bestimmt werden. Es liegt auf der Hand, dass damit die Ausländerfeindlichkeit nicht vollständig erfasst wäre. Darüber hinaus stellt sich bei diesem Phänomen – wie bei anderen kritischen Untersuchungsgegenständen – die Frage wie solche kritischen oder negativen Einstellungen methodisch erfasst werden können, denn betroffene Menschen werden direkte Fragen hierzu kaum ehrlich beantworten.

8

9   In der quantitativen Forschung werden, in der Regel durch eine Operationalisierung, die theoretischen Konzepte des Projektes in ihren Dimensionen analysiert und dabei bestimmt, welche Dimensionen des Phänomens überhaupt untersucht werden können. Dies erfordert eine dimensionale Analyse. Schließlich muss im nächsten Schritt geklärt werden, durch welche beobachtbaren Merkmale (Indikatoren) und mit welchen möglichen Ausprägungen sich diese Einzeldimensionen messen lassen. Die Wahl von Indikatoren und deren Auswahlregeln sowie das Messniveau müssen angegeben werden. Bei einfachen Konstrukten oder eindimensionalen Beobachtungen können die Indikatoren für das Konstrukt direkt (ohne Dimensionen) angegeben werden. Liegen dagegen mehrere Indikatoren für eine Dimension vor, so wird aus den Beobachtungen ein Index gebildet. In der empirischen Forschung gibt es eine Vielzahl solcher Indizes wie zB einen Demokratieindex, einen Bildungsindex usw. Hierbei ist jedoch zu beachten, dass häufig konkurrierende Modelle existieren und viele solcher scheinbaren Messstandards umstritten sind.

10 Wir empfehlen, beim Entwickeln eines Forschungsprojekts übersichtliche Tabellen anzulegen, die nicht unbedingt in Forschungsanträgen aufgeführt werden müssen, aber in jedem Falle Klarheit im Prozess der Operationalisierung verschaffen. Diese Tabellen, die den Begriff und seine im Vorhaben relevanten Beobachtungsdimensionen sowie die dazugehörigen Indikatoren definieren, können um weitere Kategorien (zB Spalten für Messinstrument und Messniveau) erweitert werden.

3.1 Strukturierung des Forschungsprozesses

Begriff (nicht messbare Variable)	Dimensionen	Indikatoren (messbare Variablen)	Messinstrument	Messniveau
Sozio-öknomischer Status	Bildung	Schulbildung	Welchen höchsten allgemein bildenden Schulabschluss haben Sie? (Auswahlliste mit Schulabschlüssen)	Ordinal
		Berufsausbildung	Welche beruflichen Ausbildungsabschlüsse haben Sie? (Auswahlliste mit allen Abschlüssen im Berufsbildungs- und Hochschulsystem oder ISCED Klassifikation)	Ordinal (oder nominal)
	Berufstatus	Berufliche Tätigkeit	Welche berufliche Tätigkeit üben Sie derzeit aus? (z. B. Name und Beschreibung)	Nominal (oder ordinal)
		Berufsgruppe	Welcher Berufsgruppe gehören Sie an? (z. B. nach Klasifikation der Berufe, ISCO, Prestige- und Status-Skalen)	Ordinal (oder nominal)
	Einkommen	Einkommenshöhe	Wie hoch ist das monatliche Nettoeinkommen Ihres Haushaltes insgesamt? (Summe aus Lohn, Gehalt, selbständiger Tätigkeit, Rente und sonstige Einkünfte) z. B. Liste mit 25 Antwortkategorien	Verhältnis
Demokratie	Partizipation	Wahlbeteiligung	Wieviel Prozent der Stimm-berechtigten beteiligten sich an Wahlen?	Verhältnis
	Parteienwettbewerb	Stimmenverhältnis zwischen Parteien	Welchen Stimmenanteil bekam die stärkste Partei?	Verhältnis
Energie	Elektrische Energie	Spannung	Spannungsmessgerät	Verhältnis
		Strom	Strommessgerät	Verhältnis
		Zeit	Zeitmessgerät	Verhältnis
	Mechanische Energie	Drehmoment	Drehmoment	Verhältnis
		Drehzahl	Drehzahlmessgerät	Verhältnis
		Zeit	Zeitmessgerät	Verhältnis

Tab. 3.1: Beispiele zu Variablen, Dimensionen und Indikatoren

Die Tabelle 3.1 stellt zwei Beispiele aus der Sozial- und Politikwissenschaft vor, die freilich nicht den Anspruch haben, den aktuellen Theoriestand zu diesen Konstrukten zu repräsentieren und eine vollständige Operationalisierung zu leisten. Das erste Beispiel zeigt eine Operationalisierung des sozio-ökonomischen Status auf Basis von demographischen Standards wie sie beispielsweise von der Arbeitsgemeinschaft Sozialwissenschaftlicher Institute und vom Statistischen Bundesamt vorgeschlagen werden. Auch wenn es keine allgemein gültige Operationalisierung gibt, so besteht ein Minimalkonsens darin, dass dieses Konstrukt durch die drei Einzeldimensionen Bildung, Berufsstatus und Einkommen bestimmt werden kann. Darüber hinaus sind einige standardisierte Messinstrumente (Items in Fragebögen sowie spezifische Skalen) angegeben. Das zweite Beispiel stammt aus der Demokratieforschung und zeigt eine von verschiedenen Alternativen auf, Dimensionen von Demokratie zu definieren und durch Indikatoren messbar zu machen. Dieses Beispiel ist nur ein kleiner Ausschnitt einer Operationalisierung. Das dritte Beispiel handelt von einem physikalischen Konstrukt, um zu zeigen, dass dieses Prinzip auch in den Natur- und Ingenieurwissenschaften angewandt werden kann. Aus den beobachtbaren Größen kann die hier relevante Energie berechnet werden. Vermutlich wird die Messung eines einfachen Energiewandlungsprozesses (zB elektrische in mechanische bei einem elektrischen Motor) nicht in dieser Form operationalisiert, da den Experten in diesem Kontext die Operationalisierung zu selbstverständlich wäre. Dennoch empfehlen wir, die Schritte und Variablen der Beobachtung stets zu explizieren. Abschließend ist festzuhalten, dass eine Operationalisierung nicht einfach und niemals vollständig ist. Die Frage der angemessenen Operationalisierung kann nur in Bezug auf die spezifische Problemstellung und die aufgestellten Hypothesen beantwortet werden.

12   In der Sozialwissenschaft wird analog zu den Naturwissenschaften der in einer Hypothese enthaltene Begriff als Variable bezeichnet, wenn er in unterschiedlicher Ausprägung vorliegen kann, die empirisch untersucht werden soll. Eine Variable ist in diesem Sinne ein Merkmal oder eine Eigenschaft von Personen, Objekten oder anderen Merkmalsträgern. Solche Merkmalsträger zeigen unterschiedliche Ausprägungen bzw Werte (zB Nationalität, Beruf, Geschlecht). Es gibt abhängige und unabhängige Variablen, wobei diese Zuschreibung nicht von der Variable abhängt, sondern von der Hypothese. Beispielsweise kann die Variable 'Einkommen' von der Variable 'Bildung' abhängen wie auch umgekehrt. Das Verhältnis zwischen zwei Variablen ist durch die zu untersuchende Hypothese bestimmt.

13   In vielen empirischen Wissenschaften, insbesondere der quantitativen Forschung, ist das Messen eine dominante Form der Datenerhebung. Eine Messung ist eine quantitative Aussage über eine Messgröße durch Vergleich mit einer Einheit. Anders formuliert, Messen ist die Zuordnung von Zahlen zu Objekten oder Ereignissen. Beim Messen wird der Zustand eines Ereignisses mit einem Messinstrument gemessen. Mit einem Zollstock misst man die Länge und mit einer Uhr die Zeit. Wenn es eindeutige Regeln gibt, ist die Messung solcher Größen relativ einfach. Bei vielen sozialen oder intrapersonalen Sachverhalten gibt es jedoch keine so eindeutigen Regeln; sie müssen vor der Messung festgelegt werden.

14   In der Forschungspraxis ist beim Messen vor allem bei sozialen Phänomenen die Bestimmung von Messniveaus erforderlich, was durch Aufstellen von Skalen erfolgt, die in Mess- oder Erhebungsinstrumenten konstruiert werden. Zu unterscheiden sind drei bzw vier prinzipielle Messniveaus: Das nominale Messniveau hat lediglich verschiedene Werte, zwischen denen keine Rangfolge existiert (zB Geschlecht, Haarfarbe). Das ordinale Messniveau hat Werte in einer Rangfolge, aber die Abstände zwischen diesen Rängen sind nicht definiert (zB Plätze bei einem Sportwettbewerb, Schulnoten). Damit

3.1 Strukturierung des Forschungsprozesses

können zusätzlich Aussagen über Größer-Kleiner-Relationen gemacht werden. Das metrische Messniveau hat Werte in einer Rangfolge mit gleich großen Abständen. Zu unterscheiden sind die Intervallskala, welche keinen absoluten Nullpunkt hat und damit keine Verhältnisaussagen erlaubt (zB Temperatur in Celsius, Jahreszahlen, Zeitpunkte, Intelligenzskala), und die Ratio-/Verhältnisskala mit einem natürlichen Nullpunkt, welche Verhältnisaussagen ermöglicht (zB Temperatur in Kelvin, Zeitdauer, Masse, Preis, Einkommen).

Zusammenfassend meint Operationalisierung in der quantitativen Forschung die Umsetzung in Untersuchungsoperationen. Sie besteht aus den vier Schritten:

- analytische Definition der relevanten Begriffe und theoretischen Konzepte,
- dimensionale Analyse der relevanten Begriffe und theoretischen Konzepte sowie Entfalten der Dimensionen,
- Auswahl der Indikatoren (beobachtbare Sachverhalte) für die entfalteten Dimensionen der zu untersuchenden Begriffe und Konzepte,
- Bestimmung möglicher Messinstrumente (Fragebogen, Kategorien für Beobachtung oder Inhaltsanalyse).

Während in der quantitativen Forschung die operationale Definition bzw Operationalisierung eine zentrale Rolle spielt, weil sie die Grundlage der Variablen-Messung bildet, gibt es in der qualitativen Forschung diesen expliziten Schritt der Operationalisierung nicht in dieser Form. Gleichwohl besteht hier ebenfalls die Aufgabe, die zugrundeliegenden Begriffe und Konzepte eindeutig zu definieren und den Kontext auszudifferenzieren. Deshalb sind auch bei dieser Forschungsrichtung Bedeutungsanalysen notwendig, die ergründen, welchen Sinn Individuen und Gruppen bestimmten Begriffen geben, wie damit in der je spezifischen Realität oder Praxis umgegangen (operiert) wird und welche Konsequenzen dieser Umgang für die Akteure hat (vgl Bortz/Döring 2006).

Für die Operationalisierung als erstes Element des Forschungsdesigns lassen sich folgende Entscheidungshilfen nutzen:

- Im Forschungsdesign sind die Begriffe zu definieren und ihre Dimensionen zu bestimmen. Dies erfordert eine analytische und dimensionale Analyse.
- Es ist zu klären, ob die Begriffe einen direkten empirischen Bezug haben, also ob sie direkt beobachtbar oder messbar sind.
- Wenn eine Messung oder Beobachtung nur indirekt erfolgen kann, müssen Indikatoren bestimmt, deren Werte bestimmbar sind, sowie das Messniveau festgelegt werden.
- Wenn der mit dem Begriff bezeichnete Sachverhalt auch über Indikatoren nicht zugänglich ist, muss man andere beobachtbare Sachverhalte nutzen (zB Wirkungszusammenhänge), um Erkenntnisse in Bezug auf den Begriff zu gewinnen.
- Innerhalb der Operationalisierung muss geklärt werden, welche Ausprägungen bzw Werte die Variablen haben können und ob hierfür Skalen (und Erhebungsinstrumente) zur Verfügung stehen oder erst entwickelt werden müssen.
- Wenn keine Hypothesen explizit zum Einsatz kommen, müssen die in den Forschungsfragen vorhandenen Begriffe und Konzepte analytisch definiert und 'operationalisiert' werden. Dies erfordert Bedeutungsanalysen zur Klärung von Sinn und Verwendung der Begriffe.

3.1.2 Auswahl von Instrumenten der Datenerhebung

18 Sind die theoretischen Vorarbeiten geleistet und die Begriffe bzw Variablen eindeutig definiert und ausdifferenziert sowie durch Operationalisierung beobachtbar gemacht, stellen sich zwei Folgefragen:

19 Erstens muss geklärt werden, bei welchen Objekten (als Merkmalsträgern) die Variablenausprägung erfasst werden. Hier geht es um die Auswahl von Untersuchungseinheiten. In der quantitativen Forschung ist damit die Stichprobenkonstruktion gemeint, in der qualitativen Forschung das Sampling (zB Fallauswahl).

20 Zweitens muss geklärt werden, auf welche Art die Daten gesammelt werden können.

21 Zunächst behandeln wir den zweiten Aspekt, also die Frage nach den Forschungsmethoden. Vor allem in der quantitativen Forschung hat sich diese Abfolge etabliert, da direkt nach der Operationalisierung meist die Fragebogenkonstruktion oder Testentwicklung erfolgt und erst danach genau geklärt wird, wer damit befragt oder getestet werden soll. Im strengen Sinne müsste es eigentlich umgekehrt sein. Erst müsste geklärt werden, wer oder was die Träger der Information sind, anschließend stellt sich die Frage wie diese Daten erhoben werden sollen.

22 In den verschiedenen Wissenschaften liegt eine Vielzahl von Forschungsmethoden vor, die in diesem Leitfaden nicht alle dargestellt werden können. In der sozialwissenschaftlichen Diskussion ist es üblich, zwischen quantitativen und qualitativen Methoden zu unterscheiden, wobei anzumerken ist, dass nicht die Methoden, sondern die Daten qualitativ oder quantitativ sind. Wir vertreten die Position, dass es hierbei kein Methodendogma geben kann, sondern dass die Wahl der Methoden an die jeweiligen Fragestellungen, Forschungsziele und Untersuchungsgegenstände sowie an die näheren Bedingungen angepasst werden müssen. Dies bedeutet, dass die verwendeten Methoden immer auf ihre Angemessenheit geprüft werden müssen – auch noch während des eigentlichen Forschungsprozesses.

23 Unabhängig von einem je spezifischen Paradigma stellen Forschungsmethoden eine planmäßige und systematische Vorgehensweise dar, um wissenschaftliche Erkenntnisse zu gewinnen und nachzuprüfen. Methodisch bedeutet dies, bei der Gewinnung von Erkenntnis zielgerichtet, systematisch und überlegt vorzugehen, so dass die Erkenntnisgenerierung von einem spezifischen Forscher unabhängig ist und alle Forscher zum gleichen Ergebnis kommen sollten (Kriterium der Objektivität, vgl Kapitel 1.1.1). Dies gilt gleichermaßen für quantitative und qualitative Instrumente der Datenerhebung.

24 In der Literatur wird oft dargelegt, dass qualitative oder idiographische Forschung darauf abzielt, menschliche und soziale Sachverhalte zu verstehen und in ihrer Tiefenstruktur zu ergründen. Demgegenüber wird traditionell der quantitativen oder nomothetischen Forschung zugesprochen, natürliche Phänomene erklären zu können. Quantitative Verfahren zielen darauf ab, Zustände anhand beobachteter Daten mittels einer vorgegebenen Skala zu bewerten oder Zusammenhänge verschiedener solcher Beobachtungen festzustellen. Diese traditionelle Teilung zwischen Verstehen und Erklären hat auch heute – trotz aller Annäherung der beiden Grundpositionen – noch Bestand. Aber auch in der empirisch-analytischen Forschung kommen qualitative Verfahren zum Einsatz, beispielsweise dann, wenn der Forschungsgegenstand neu ist oder wenn ein Forschungsgebiet exploriert werden soll und als Forschungsergebnis Hypothesen entwickelt werden. Eine besondere Hervorhebung verdient das Konzept der Fallstudien, bei der im Rahmen qualitativer Forschung an einzelnen Fällen (Personen, Gruppen,

3.1 Strukturierung des Forschungsprozesses

Organisationen usw) der Untersuchungsgegenstand ergründet wird. Auch in Fallstudien werden fast alle bekannten methodischen Grundformen eingesetzt.

Die häufigsten Datenerhebungsverfahren, die in nahezu allen Wissenschaften zur Anwendung kommen, sind

- die Befragung,
- die Beobachtung, wozu auch das Experiment gezählt wird,
- die Materialanalyse (oder Inhaltsanalyse).

Die folgende Übersicht (Tab. 3.2) zeigt die Varianten und wesentlichen Merkmale dieser grundlegenden Methoden.

Grundform	Varianten	Anwendung und Merkmale
1. Befragung	Standardisierte Befragung, meist durch Fragebogen	• Hohe Standardisierung (Fragetypen/ formulierung, Anordnung, Antwortmöglichkeiten). • Einsatz bei großer Anzahl von Untersuchungsteilnehmern und ausreichend Wissen über Gegenstandsbereich, um genügend Fragen eindeutig zu formulieren.
	Wenig bis nicht standardisierte Befragung als Interview durchgeführt • Formen: mit und ohne Leitfaden und gemischt • Interviewverfahren: fokussiertes, problemzentriertes, ethnografisches, narratives, episodisches Interview, Gruppendiskussion (Focus Group)	• Standardisierung geringer (z. B. Strukturierung von Fragen durch Leitfaden) bis keine Standardisierung (z.B. narrative Interview, bei dem eine Lebensgeschichte frei erzählt wird). • Sammlung verbaler Daten, meist Wissen über Einstellungen, Handlungen und Prozesse, aber kein unmittelbarer Zugang zu diesen Handlungen. • Einsatz bei kleiner Anzahl von Untersuchungsteilnehmern.
2. Beobachtung	• Standardisierte – nicht standardisierte • Strukturierte – unstrukturierte • Teilnehmende (aktiv-passiv) – nicht-teilnehmende • Offene – verdeckte • Direkte – indirekte • Natürliche (Feld) – künstliche Situation (Labor) • Mischformen	• Untersuchungssituation: Menschen handeln in ihrem Feld, Forscher beobachten das Feld und protokollieren oder zeichnen auf. • Sammlung von Daten unmittelbar in Handlungssituation. • Rolle des Beobachter und Beobachtungssituation sind variabel (z. B. teilnehmend – nicht teilnehmend; verdeckt – offen; systematisch / mit Beobachtungsschemata – unsystematisch / offen; Selbst-/Fremdbeobachtung, natürliche – künstliche Situation).
	Ethnomethodologie	• Direkte Einbeziehung des Forschers im Feld und konsequente Sammlung von Daten im Feld: Forscher nimmt am Leben der Menschen teil, beobachtet, hört zu, stellt Fragen usw.
	Experiment • Echtes – Quasi Experiment • Labor – Feld – Simulation	• Sammlung von Daten durch wiederholbare Beobachtung unter kontrollierten Bedingungen, bei der eine (oder mehrere) Variable/n gezielt manipuliert wird/werden. • Einsatz bei Hypothesenprüfung bzw. Kausalanalyse in vielen Wissenschafts- und Untersuchungsbereichen (Naturwissenschaften, Psychologie usw.). • Es gilt als die exakteste wissenschaftliche Methode.
3. Materialanalysen	• Sekundäranalysen • Qualitative Dokumentenanalyse • Visuelle Daten (Foto und Film)	• Analyse bereits vorhandener Daten wie Texte, Bilder oder Filme. • Erstellung neuer Dokumente nach Aufforderung des Forschers. • Quantitative oder qualitative Auswertung der Daten.

Tab. 3.2: Übersicht der Verfahren zur Datenerhebung

27 Dieser Leitfaden zielt nicht darauf, jede einzelne Grundform und deren Varianten dezidiert vorzustellen. In den verschiedenen Fachwissenschaften stehen hierzu viele ausge-

3.1 Strukturierung des Forschungsprozesses

zeichnete Fachbücher zur Verfügung (vgl zB Bortz/ Döring 2006; Diekmann 2007; Flick 2000, 2009; Friedrichs 1990; Kromrey 2006). Stattdessen sollen einige Entscheidungshilfen zur Auswahl von Forschungsmethoden für die Entwicklung von Forschungsvorhaben gegeben werden:

- Bei der Sichtung des Forschungsstandes sollten stets die in der Disziplin für die Problemstellung verfügbaren Methoden kritisch aufgearbeitet werden. Bei einem Forschungsantrag ist es für Gutachter überzeugender, wenn sich Antragsteller an etablierten Methoden in einem Gegenstandsbereich orientieren, weil argumentiert werden kann, dass es in diesem Zusammenhang üblich ist, die Methode x anzuwenden. Der Bezug auf etablierte Methoden vermeidet die mit einer unerprobten Methode einhergehenden Risiken für das Projekt.
- Vor Beginn der Methodenauswahl und -entwicklung ist überhaupt zu klären, ob eine Primärerhebung (Erhebung von Daten am Ort bzw Gegenstand selbst) notwendig ist oder ob Sekundäranalysen (basierend auf bereits abgeschlossenen Primärerhebungen) ausreichen. Hierzu sollte geklärt werden, ob und in welchen Ausmaß und Detaillierungsgrad Daten vorliegen, die die gewünschten Informationen bereits enthalten.
- In diesem Zusammenhang ist auch zu klären, was mit diesen vorhandenen oder zu erhebenden Daten passieren soll (Kohärenzprüfung des gesamten Forschungsprojektes und Verwertungszusammenhangs).
- Die Auswahl der Forschungsmethode orientiert sich an den Kriterien Angemessenheit (Ist das die richtige und beste Methode für das Forschungsproblem?) und Akzeptanz in der *scientific community* sowie Aufwand und Nutzen. Ferner sollten Vor- und Nachteile der in Frage kommenden Methoden abgewogen werden.
- Die Auswahl der Forschungsmethode unterliegt Strömungen und sich ändernden Positionen in der *scientific community*, wodurch die Akzeptanz bei Gutachtern positiv oder negativ beeinflusst werden kann. Beispielsweise gab es vor 20 bis 30 Jahren einen Trend zur stärkeren Anwendung qualitativer Designs in manchen Bereichen der erziehungswissenschaftlichen Forschung; heute ist aufgrund von PISA ein Trend zur Nutzung von quantitativen Methoden (insbesondere psychometrische Modelle) zu beobachten. Solche Trends sollten berücksichtigt werden. Anträge, die dem Mainstream nicht folgen, haben es oft schwerer, gefördert zu werden.
- Bei der Auswahl der Methode ist auch die Frage des Feldzuganges zu diskutieren (direkt, indirekt, einfach oder kompliziert). Ferner ist zu klären, ob weitere Personen (zB technisches Personal, Personen zur Durchführung von Interviews oder Rater, die die Tests auswerten) notwendig sind, die ggf geschult werden müssen. Ein häufiger Fehler bei der Auswahl einer bestimmten Methode ist, dass die Folgen ungenügend reflektiert werden, was bei der Durchführung des Projekts zu einer Verzögerung führen kann.
- Die Handlungsschritte der ausgewählten Methode sind permanent zu reflektieren, und somit kontinuierlich auch die Angemessenheit der ausgewählten Methode zu überprüfen.

3.1.3 Bestimmung der Auswahlverfahren von Untersuchungseinheiten

Nachdem festgelegt worden ist, was untersucht werden soll und auf welche Weise, muss geklärt werden, an wem oder womit, also mit welchen Personen, Gegenständen,

Fällen oder in welchen Feldern die Untersuchung erfolgen soll. Damit stellt sich die Frage, wer Träger einer gewünschten Information ist und wie die Untersuchungseinheiten auszuwählen sind. Da es selten vorkommt, dass alle Elemente oder Fälle eines Bereichs, für den die Hypothesen Geltung beanspruchen, vollständig untersucht werden können, müssen Stichproben konstruiert werden. Deshalb sind Strategien notwendig, die sicherstellen, dass die 'richtigen' Personen, Gegenstände, Fälle usw für die Untersuchung ausgewählt werden. Das Merkmal 'richtig' kann dabei doppelt gedeutet werden. 'Richtig' bedeutet, dass von der ausgewählten Einheit auf eine größere Grundgesamtheit geschlossen werden kann. Dann ist 'richtig' synonym mit repräsentativ zu verstehen. 'Richtig' kann aber auch bedeuten, dass die ausgewählten Fälle inhaltlich aufschlussreich oder signifikant sind. Diese Strategien, die ein wesentliches Element der Forschungsplanung bilden, sind in einem quantitativen Design die Stichprobenziehung bzw in einem qualitativen Design das Sampling (vgl Flick 2009).

29 In der quantitativ orientierten Forschung geht es hier um die Frage nach der Stichprobe, mit der eine Hypothese untersucht werden soll. Eine Stichprobe ist eine Auswahl von Elementen (Anzahl n) aus einer Gesamtheit aller Elemente (Anzahl N), die durch ein oder mehrere gleiche Merkmale gekennzeichnet sind. In der Literatur (vgl Friedrichs 1980) stellt die Stichprobe ein verkleinertes Abbild der Grundgesamtheit in Bezug auf Heterogenität der Elemente und der Repräsentativität der für die Hypothesenprüfung relevanten Variablen dar. Die Grundgesamtheit muss empirisch definierbar und damit abgrenzbar sein – genauso wie die Einheiten und Elemente der Stichprobe.

30 Ziel der Stichprobenkonstruktion ist es, anhand der Ergebnisse generalisierte Aussagen von der ausgewählten Teilmenge über die Gesamtheit vorzunehmen (Repräsentationsschluss) oder Hypothesen an einer Stichprobe zu testen (Inklusionsschluss). Bei der Auswahl von Untersuchungseinheiten ist ferner zwischen Auswahleinheiten (Einheiten, die für die Untersuchung ausgewählt werden) und Erhebungseinheiten (Einheiten bzw Fälle, die konkret untersucht werden) zu unterscheiden. Daher ist die Konstruktion der Stichproben bei Forschungsanträgen auf jeden Fall im Detail anzugeben.

31 Prinzipiell lassen sich die unterschiedlichen Auswahlverfahren in zufallsgesteuerte Verfahren (einfache und komplexe Zufallsauswahl) und nicht-zufallsgesteuerte Verfahren (willkürliche, bewusste und Quoten-Auswahl) einteilen. Zufallsstichproben werden in der Regel dann eingesetzt, wenn nur wenige Kenntnisse über Zusammensetzung und Eigenschaften der Grundgesamtheit vorliegen, weil dann gar keine gezielte Auswahl getroffen werden kann und wenn Repräsentationsschlüsse gezogen werden.

32 Bei einfachen Zufallsstichproben haben alle Elemente einer Grundgesamtheit die gleiche Wahrscheinlichkeit ausgewählt zu werden. Dies hat jedoch den großen Nachteil, dass relevante, aber zahlenmäßig unterrepräsentierte Teilgruppen einer Grundgesamtheit nicht richtig berücksichtigt werden. Beispielsweise würde bei einer reinen Zufallsauswahl innerhalb einer großen, landesweiten Schülerbefragung Schüler mit Migrationshintergrund im ländlichen Raum unterrepräsentiert sein. Dabei geht zusätzlich auch der Kontext der Fälle verloren bzw bleibt unberücksichtigt (zB Unterschiede von Schulen in Großstädten und im ländlichen Raum). Aus diesem Grund werden oft komplexe Zufallsauswahlverfahren (zB geschichtete Stichprobe oder Klumpenauswahl) verwendet. Damit werden Stichproben getrennt für bestimmte Gruppen gebildet und können einzeln ausgewertet werden. Bei geschichteten Stichproben werden Teil-Grundgesamtheiten gebildet. Beispielsweise könnten bei der Schülerbefragung Teil-Grundgesamtheiten nach ethnischer Zugehörigkeit (deutsche und ausländische Schüler oder

3.1 Strukturierung des Forschungsprozesses

Schüler mit/ohne Migrationshintergrund) gebildet werden und daraus dann eine einfache Stichprobe gezogen. Bei einer Klumpenauswahl werden für die Untersuchung nicht einzelne Personen als Untersuchungseinheit ausgewählt, sondern Teilgruppen (Schulklasse statt Schüler als Auswahleinheit), bei denen die Mitglieder (Schüler als Erhebungseinheit) dieser Teilgruppe untersucht werden. Durch diese Strategie wird der Kontext der Untersuchungseinheit stärker berücksichtigt. Ferner gibt es mehrstufige Auswahlverfahren.

Der wesentliche Vorteil von zufallsgesteuerten Auswahlverfahren (und zugleich eine Einschränkung) ist, dass Aussagen zur Repräsentativität der Stichprobe in Bezug auf alle Merkmale der Erhebungseinheiten möglich sind (induktive Statistik). Bei nicht-zufallsgesteuerten Auswahlverfahren sind die Aussagen dagegen nur in Bezug auf die Merkmale der Erhebungseinheit selbst gültig. 33

Nicht immer ist es möglich, eine Zufallsauswahl (einfach oder komplex) durchzuführen. Deshalb spielen nicht-zufallsgesteuerte Auswahlverfahren (vor allem in der qualitativen Forschung) eine wichtige Rolle. Dennoch sollten solche Stichprobenziehungen möglichst systematisch erfolgen. Am wenigsten systematisch ist eine willkürliche Auswahl, bei der es keinen vorab festgelegten Auswahlplan gibt, der begründet, welche Elemente berücksichtigt werden (zB Passantenbefragung). Bei einer bewussten oder gezielten Auswahl hingegen werden solche Auswahlkriterien festgelegt (zB Expertenauswahl). Allerdings besteht hier die Herausforderung zu begründen, welcher ausgewählte Fall überhaupt typisch ist. Dafür kann beispielsweise das Konzentrationsprinzip eingesetzt werden, bei dem die Fälle aufgrund ihrer Bedeutsamkeit ausgewählt werden (zB häufige Fälle, seltene Fälle, Fälle mit größtem Einfluss). Bei der Quotenauswahl werden bestimmte Merkmale definiert, die in der Stichprobe mit einer jeweils festgelegten Quote für die Ausprägung jedes Merkmals enthalten sein sollen. Eine Untersuchung kann auch nach dem Schneeballprinzip erfolgen, bei dem ausgehend von einem Untersuchungsteilnehmer der Nachfolger bestimmt wird. 34

Die qualitativ orientierte Forschung hat im Gegensatz zu quantitativen nicht solche allgemein akzeptierten Kriterien und Verfahren zur Stichprobenauswahl, was vor allem an den unterschiedlichen Zielen liegt. Ein grundsätzlicher Unterschied besteht darin, dass im qualitativen Forschungsprozess weniger die Frage interessiert, wie ein Sachverhalt statistisch verteilt ist als die Frage, welche Probleme gegeben sind und wie sie beschaffen sind. 35

Die zuletzt skizzierten Verfahren der nicht zufallsgesteuerten Auswahl kommen am häufigsten zum Einsatz. In manchen Methodenbüchern wird die Auswahl als theoretisches Sampling (Glaser/Strauss 1967) bezeichnet und dem statistisches Sampling gegenübergestellt (vgl Flick 2009). Dies wird meist damit begründet, dass ein Ziel der qualitativen Forschung die Entdeckung einer Theorie ist. Deshalb müssen Daten so erhoben werden und Fälle so ausgewählt werden, dass damit die Entwicklung dieser Theorie möglich ist. Auswahlentscheidungen orientieren sich am Entwicklungsstand der vorliegenden Daten und generierten Erkenntnisse. Manche Entscheidungen können somit nur im Forschungsprozess selbst getroffen werden (zB nächster Fall mit neuer Erkenntnis). Da die Auswahlmöglichkeiten nahezu unbegrenzt sind, sollte sie nach theoretischen Kriterien erfolgen. 36

Weit verbreitet ist das *purposive sampling* (vgl Patton 2002), dh die gezielte Auswahl von Fällen. Um ein tieferes Verständnis für ein zu untersuchendes Phänomen zu erhalten, werden nach sorgfältig gewählten Kriterien Fälle, Personen, Gruppen, Organisa- 37 tionen oä ausgewählt. Patton (2002) hat mehrere Arten der gezielten Auswahl beschrieben: So lassen sich typische Fälle (Durchschnitt oder Mehrzahl der Fälle), extreme, konträre (positive und negative) oder kritische Fälle auswählen oder solche, die eine maximale Variation im Sample (wenige, aber sehr unterschiedliche Fälle) zeigen. Die Auswahl kann auch rein pragmatisch (am einfachsten) nach 'Annehmlichkeit' (*convenience sampling*) erfolgen, was allerdings zu einem Objektivitätsproblem führen kann.

38 In qualitativen Erhebungen ist es nicht unüblich während der Erhebungsphase auf Basis der bisher untersuchten Fälle weitere Fälle auszuwählen, um eine Sättigung in Bezug auf den Erkenntnisgewinn oder um maximale Kontraste zu erreichen. Allerdings ist dies nicht einfach in einem Forschungsantrag darzustellen, da bei der Planung noch unklar ist, wer oder was überhaupt untersucht werden soll.

39 Für die Planung der Stichprobenauswahl oder des Samplings lassen sich folgende Entscheidungshilfen aufführen:
- Bei der Auswahl von Untersuchungseinheiten muss geklärt werden, wer die Merkmalsträger, also die Personen oder Objekte sind, und ob alle Elemente oder Fälle untersucht werden können oder müssen.
- Bei Teilauswahlen ist zu klären ob eine 'repräsentative' Auswahl sinnvoll ist oder ob besonders typische Fälle herausgegriffen werden.
- Es ist zu prüfen, ob der Forscher überhaupt in der Lage ist, die intendierten Auswahl- oder Erhebungseinheiten zu erreichen.
- Bei der Prüfung der Kohärenz des Forschungsantrags muss geklärt werden, ob mit dieser Stichprobenziehung oder Sampling die Zielsetzung der Untersuchung zu realisieren ist.
- In Forschungsanträgen sind Strategie und Kriterien zur Auswahl der Untersuchungseinheiten genau anzugeben und zu begründen. Das ist notwendig für die eigene Untersuchungsplanung und muss für die Gutachter nachvollziehbar sein.

3.1.4 Auswahl von Verfahren zur Auswertung der Daten

40 Strategien zur Analyse der quantitativen oder qualitativen Daten stellen das letzte Element im Forschungsdesign dar. Prinzipiell gibt es quantitative Datenanalysen (Statistik und Stochastik), Inhaltsanalysen, interpretative Analysen sowie Fallanalysen und Typenbildung.

41 In der quantitativ orientierten Forschung, die sich mathematischer Modelle, Statistiken und Wahrscheinlichkeitstheorien bedient, existieren hierzu eindeutige Standards. Diese vereinfachen einerseits die Auswahl des richtigen Modells und schränken anderseits die Auswahlmöglichkeiten ein.
- Mit der deskriptiven oder beschreibenden Statistik können quantitative Daten mittels Tabellen, grafischen Darstellungen und Kennzahlen (insbesondere Lagemaße und Streuungsmaße, zB Mittelwert, Median, Modus, Varianz, Standardabweichung) dargestellt werden.
- Mit der induktiven oder schließenden Statistik lässt sich aus den erhobenen Daten einer Stichprobe auf Eigenschaften einer Grundgesamtheit schließen. Für diese logischen Schlüsse, die auf Basis von Wahrscheinlichkeiten erfolgen, sind Schätz- und Testverfahren aus der Stochastik notwendig.

3.1 Strukturierung des Forschungsprozesses

- Die explorative oder analytische oder Hypothesen-generierende Statistik ist eine Zwischenform von deskriptiver und induktiver Statistik (vgl Tukey 1977). Mittels einer explorativen Analyse lassen sich Daten im Hinblick auf Besonderheiten analysieren und Aussagen generieren, welche Hypothesen mit der schließenden Statistik (oder mit weiteren Untersuchungen) bewiesen werden sollen.

Die Auswahl eines konkreten statistischen Verfahrens hängt von einigen Faktoren ab. Zunächst bestimmt die Art der Hypothese und der Beziehung der Variablen (meist Unterschied, Zusammenhang oder Veränderung) das grundsätzliche Verfahren (Mittelwert- oder Varianztests, Korrelationsberechnungen oder Regressionsanalysen). Ferner bestimmt die Art und Anzahl der Stichprobe/n (unabhängig oder abhängig, eine, zwei oder mehr Stichproben) sowie der/die Messzeitpunkt/e (ohne oder mit Wiederholung) die weitere Auswahl. Weiterhin sind der Charakter der Daten und die Verteilung in Bezug auf bestimmte Merkmale zu berücksichtigen. Hilfen zur Auswahl sind in allen einschlägigen Methodenbüchern beschrieben (vgl zB Rasch ua 2004).

In der qualitativ orientierten Forschung existieren ebenfalls einige Standards zur Auswertung von Daten. Im Allgemeinen bilden Texte bzw sprachliche Äußerungen, die aus schriftlichen oder mündlich verfassten Datenträgern wie Interviews, Beobachtungen, Bildern, Filmen usw gewonnen werden, die Basis für die Analyse von Daten. Die klassische Form der Auswertung von Textmaterial ist die Inhaltsanalyse, die sowohl quantitativ als auch qualitativ (vgl Mayring 1983) durchgeführt werden kann. Sie ist eine Methode zur systematischen, intersubjektiv nachvollziehbaren Beschreibung inhaltlicher und formaler Merkmale von Aussagen (vgl Früh 1991).

Klassische quantitative Verfahren der Inhaltsanalyse orientieren sich an den üblichen Standards empirisch-analytischer Forschung (Bestimmung der Analyseeinheit, Stichprobenkonstruktion und Statistik) und haben das Ziel, das Auftreten bestimmter Textgehalte zu erfassen, zu quantifizieren und statistisch auszuwerten. Die quantitative Inhaltsanalyse erfasst einzelne Merkmale von Texten, indem Textteile in Kategorien eingeordnet werden. Die Häufigkeiten der einzelnen Kategorien geben Auskunft über die Merkmalsausprägung (vgl Bortz/Döring 2006). Im Zentrum der Methode steht das Kategoriensystem, mit dem der untersuchte Text klassifiziert wird. Dieses muss vorher vom Forscher nachvollziehbar entwickelt werden. Die Zuordnung von Textpassagen zu diesen Kategorien bezeichnet man als Kodierung. Gezählt werden können die Häufigkeit (einfache Häufigkeitsanalysen) oder die Häufigkeit des Auftretens eines Merkmals zusammen mit einem anderen Merkmal, wodurch zB auf die Bedeutung eines Begriffes geschlossen werden kann (Kontingenzanalysen).

Quantitative Inhaltsanalysen besitzen aufgrund der hohen Standardisierbarkeit einen großen Vorteil. Allerdings besteht der Nachteil darin, dass der Kontext von Sprache oder Kommunikation in einem Text nicht berücksichtigt wird und dass einzelne, bedeutsame Fälle vernachlässigt werden. Vor diesem Hintergrund hat Mayring (1983) die Strategie der qualitativen Inhaltsanalyse entwickelt, die einen beachtlichen Verbreitungsgrad erzielt hat. Das genaue Vorgehen, die verschiedenen Techniken (zusammenfassende, explizierende und strukturierende Inhaltsanalyse) sowie Stärken und Schwächen sind in einschlägigen Handbüchern beschrieben (vgl zB Flick 2009). Manche Experten empfehlen, die Kategorien induktiv im Analyseprozess zu entwickeln, um die Analyse und Theorieentwicklung möglichst nah am Material vornehmen zu können.

Ein weiteres wichtiges Analyseverfahren sind interpretative Analysen, die meist dem interpretativen Paradigma und damit der qualitativ orientierten Forschung zugewiesen werden. Flick (2009, 167) argumentiert, dass auch in der quantitativen Forschung interpretiert wird, beispielsweise wenn eine neu gefundene Korrelation zwischen zwei Variablen interpretiert wird, um den Zusammenhang zu erklären.

47 Innerhalb der interpretativen Analyseverfahren kann zwischen Theorie-generierenden Analysen (vgl Glaser/ Strauss 1967) und hermeneutischen Verfahren unterschieden werden. Dabei handelt es sich prinzipiell um kodierte und sequentielle Verfahren der Textinterpretation. Die Kodierung von Material verfolgt das Ziel, eine Kategorisierung und Theoriebildung vorzunehmen. Die sequentielle Analyse zielt auf eine Rekonstruktion von Fallstrukturen. Innerhalb beider Ausrichtungen existieren weitere Varianten oder Mischformen.

48 Darüber hinaus gibt es noch zahlreiche spezifische Verfahren, von denen kurz auf die Fallanalysen und Typenbildung eingegangen wird. Fallstudien bilden ein Basisdesign in der qualitativen Forschung, wobei die Schwerpunkte unterschiedlich sind. Im Ansatz von Glaser und Strauss (1967) hat der Einzelfall keine besondere Bedeutung. Dagegen werden beim hermeneutischen Ansatz zunächst Einzelfälle analysiert und der Fallvergleich danach durchgeführt (vgl Flick 2009). Eine dritte Möglichkeit besteht darin, Fallanalysen zum Vergleich durchzuführen. So muss jeder Fall analysiert werden und dessen Bedeutung beurteilt werden (Wofür steht der Fall?). Normalerweise enden solche Analysen mit der Bildung von Typologien. Dabei müssen ua Vergleichskriterien festgelegt, inhaltliche Sinnzusammenhänge geklärt und die Typen charakterisiert werden. Die Erstellung von Typologien ist eine grundsätzliche Empfehlung für jegliche Art der qualitativen Forschung.

3.1 Strukturierung des Forschungsprozesses

Typ	Formen	Merkmale und Anwendung
Theorie generierende Analysen	Kodierung • offen • axial • selektiv Thematische Kodierung	• Prinzip der Kodierung (Daten aufbrechen, konzeptualisieren und neu zusammensetzen) folgt festgelegten Schritten und ist handhabbar. • Aussagen werden in Sinneinheiten zergliedert und mit Anmerkungen bzw. Begriffen versehen (Kodes). • Offenes Kodieren: Daten bzw. Phänomene in Begriffe fassen durch Zerlegung der Daten in Kodes, wobei besonders aufschlussreiche oder unklare Textpassagen betrachtet werden. • Axiales Kodieren: Verfeinerung des bis dahin entwickelten Kategoriensystems. Auswahl der Kategorien für weitere Bearbeitung (Achsenkategorien). • Selektives Kodieren: Herausarbeitung der Kernkategorien und Entwicklung in Eigenschaften und Dimensionen. Aufstellen der Theorie und Prüfung der Sättigung. • Die Interpretation verlässt den Text, hat aber die Form einer Kunstlehre und kann subjektiv sein. • Thematisches Kodieren: Herausarbeitung einer thematischen Struktur mittels Fallanalysen, womit der Bezug zum Fall erhalten bleibt. • Vorgehen: Einzelfallanalysen (Interpretation) mit Kurzbeschreibung, Entwicklung eines Kategoriensystems am ersten Fall für alle weiteren Fälle, Abgleich der Fälle und Ableitung einer Struktur, Prüfung der Fälle mittels Struktur und evtl. Modifikationen.
Hermeneutische Verfahren	Narrative Analysen Objektive Hermeneutik Konversationsanalysen	• Analysen erfolgen stärker am Text und kodieren nicht neu. • Analysen folgen einer zeitlich-logischen Struktur des Textes (Sequenzanalyse). • Analysen haben deshalb einen inhaltlichen und formalen Aspekt. • Unterschiede bestehen im Verhältnis vom inhaltlichen und formalen Aspekten: bei narrativen Analysen erfolgen Entscheidungen zur Bedeutung von Textpassagen durch formale Differenzierung zwischen erzählenden und argumentierende Passagen. In objektiv hermeneutischen Verfahren ist die formale Analyse untergeordnet. In Konversationsanalysen werden vor allem formale Aspekte untersucht.

Tab. 3.3: Übersicht interpretativer Analyseverfahren

Analog zur Datenerhebung gilt auch für die Datenauswertung, dass nicht jedes Verfahren geeignet ist. Bei der Auswahl des richtigen Verfahrens müssen sowohl Fragestellung und Zielsetzungen als auch die Methoden der Datenerhebung sowie die Art der Daten berücksichtigt werden. Bei der Entscheidung können folgende Empfehlungen hilfreich sein:

- Bei der Aufarbeitung des Forschungsstandes und des methodologischen Entwicklungsstandes sollte bereits die Frage nach einem geeigneten Auswertungsverfahren betrachtet werden.
- Das gewählte Auswertungsverfahren sollte in einem Forschungsantrag beschrieben und nachvollziehbar begründet werden.

- Grundsätzlich ist zu klären, ob die Daten statistisch ausgewertet werden sollen. Falls ja, ist zu prüfen, welches statistische Verfahren geeignet ist. Die einschlägigen Fachbücher der Forschungsmethoden und Statistik enthalten dazu eine reiche Auswahl standardisierter Methoden.
- Das Auswertungsverfahren sollte bereits bei einem Pretest oder bei einem qualitativen Design nach den ersten Fallstudien kritisch geprüft werden.
- Heutzutage sind für alle Datentypen zur Analyse Werkzeuge in Form von Software verfügbar. So können auch Inhaltsanalysen mit einer geeigneten Software zur qualitativen Datenanalyse ökonomisch aufbereitet werden. Allerdings muss dem Anwender in jedem Fall klar sein, was genau er mit dieser Software macht. Es reicht nicht aus, in einem Forschungsantrag schlicht anzugeben, dass die Daten mit der Software x ausgewertet werden. Strategie und Art der Datenanalyse müssen beschrieben werden.

3.2 Häufige Fehler bei der Entwicklung des Forschungsdesigns

- Im Antrag wird kein klares, nachvollziehbares, der Fragestellung angemessenes Forschungsdesign dargestellt.
- Die Operationalisierung ist nicht vorhanden, fehlerhaft oder unvollständig (zB bei Fragen, Werten, Skalen,).
- Das Erhebungsverfahren (Forschungsmethode) wird im Antrag nicht angemessen beschrieben.
- Das Erhebungsverfahren – obwohl eventuell sogar theoretisch begründet – ist für die Problemstellung überhaupt nicht geeignet.
- Das Erhebungsverfahren lässt sich praktisch nicht anwenden.
- Die Stichprobenkonstruktion wird nicht beschrieben oder ist fehlerhaft.
- Die Anwendung der Methoden ist vorher vom Forscher (und Befragten) nicht hinreichend erprobt oder eingeübt worden, so dass sich in der Erhebungssituation Schwierigkeiten ergeben.
- Die Konstruktion eines Fragebogens oder eines Leitfadens für Interviews ist nicht gelungen. Fragen in Fragebögen oder Interviews sind nicht eindeutig, unverständlich, zu komplex, zu sensibel, zu langweilig oder suggerieren die Antworten. Wichtige Fragen fallen einem Ressourcenlimit zum Opfer (zB Fragebogenumfang).
- Es ergeben sich Probleme oder Fehler bei den zu befragenden Personen oder Organisationen (zB unangemessene Auswahl der Befragten, Fallauswahl oder Fälschungen).
- Die vorgesehene Kontrolle der Datenaufbereitung ist ungenügend (zB Einlese- und Vercodungsfehler, Tippfehler, fehlerhafte Angaben werden nicht entdeckt, korrekte Werte werden falsch korrigiert).
- Die Datenanalyse ist fehlerhaft (zB Forschungsfragen sind mit gewonnenen Daten nicht beantwortbar, es werden falsche oder unangemessene statistische Verfahren eingesetzt, Interpretationsfehler).
- Die Vorstellungen über Zeit-, Geld- und Personalbedarf für die ausgewählte Methode sind ungenau oder falsch.
- Die Probleme, die durch die Kooperation mit Kollegen und Erhebungsinstitutionen entstehen können, sind nicht ausreichend bedacht worden.

3.3 Literatur

Bortz, J./Döring, N. (2006): Forschungsmethoden und Evaluation für Human- und Sozialwissenschaftler. 4. Aufl. Heidelberg.: Springer Medizin Verlag.

Diekmann, A. (2007): Empirische Sozialforschung. Grundlagen, Methoden, Anwendungen. 19. Aufl. Reinbek bei Hamburg: Rowohlt.

Flick, U. (2000): Qualitative Forschung. Theorie, Methoden und Anwendung in Psychologie und Sozialwissenschaft. Reinbek bei Hamburg: Rowohlt.

Flick, U. (2009): Sozialforschung. Methoden und Anwendungen. Ein Überblick für BA-Studiengänge. Reinbek bei Hamburg: Rowohlt.

Friedrichs, J. (1990): Methoden empirischer Sozialforschung. 14. Aufl. Opladen: Westdeutscher Verlag.

Glaser, B. G./Strauss, A. L. (1967): The Discovery of Grounded Theory. Strategies for Qualitative Research. Chicago: Aldine Publishing.

Kromrey, H. (2009): Empirische Sozialforschung. 9. Aufl. Opladen: Leske + Budrich.

Mayring, P. (2002): Einführung in die qualitative Sozialforschung. Eine Anleitung zu qualitativem Denken. Weinheim: Psychologie Verlags Union.

Rasch, B. ua (2006): Quantitative Methoden 1. Einführung in die Statistik. Heidelberg: Springer.

Tukey, J. W. (1977): Exploratory Data Analysis. Addison und Wesley.

4. Arbeits- und Kostenplanung

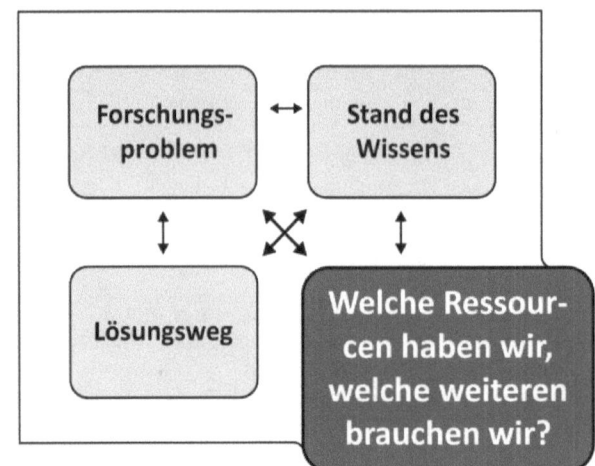

Die präzise Arbeits- und Kostenplanung eines Projekts hat eine ebenso große Bedeutung wie sein Design, und dies aus zwei Gründen: Erstens gibt sie (auch den Gutachtern) Auskunft darüber, ob die Ziele eines Vorhabens mit dem ausgewählten Design auch wirklich erreicht werden können. Zweitens legt sie die Koordinaten des künftigen Arbeitsprozesses in organisatorischer, finanzieller und zeitlicher Hinsicht fest. Der Antrag ist nämlich eine Planskizze des künftigen Arbeitsprozesses und der für diesen benötigten zeitlichen, personellen und materiellen Ressourcen. Ungenaue oder unrealistische Planung rächt sich daher im späteren Projektverlauf, wenn deutlich wird, dass die Zeiten oder die Ressourcen zu knapp kalkuliert waren und deshalb möglicherweise Abstriche an Zielen oder Qualität gemacht werden müssen. Die Planung verlangt eine detaillierte Aufgliederung der erforderlichen Arbeitsschritte, eine Vorstellung von der Projektorganisation sowie eine präzise Kalkulation des entsprechenden Zeitaufwands und der benötigten personellen, sachlichen und finanziellen Ressourcen.

LERNZIELE

Dieses Kapitel, zugleich ein erster Einstieg in Konzepte des Projektmanagement, soll Ihnen helfen,
- das Design des Forschungsvorhabens in einen Projektstrukturplan umzusetzen, Teilaufgaben und Arbeitspaketen den kalkulierten Zeitaufwand zuzuordnen sowie Meilensteine festzulegen (Arbeits- und Zeitplanung);
- eine realistische Form der Organisation der Aktivitäten und des Umfelds des Projekts zu planen (Organisationsplanung);
- eine dem Arbeits- und Zeitplan und der geplanten Organisation angemessene finanzielle Kalkulation des (personellen und sachlichen) Ressourcenaufwands vorzunehmen (Kostenplanung).

4.1 Arbeits- und Zeitplanung

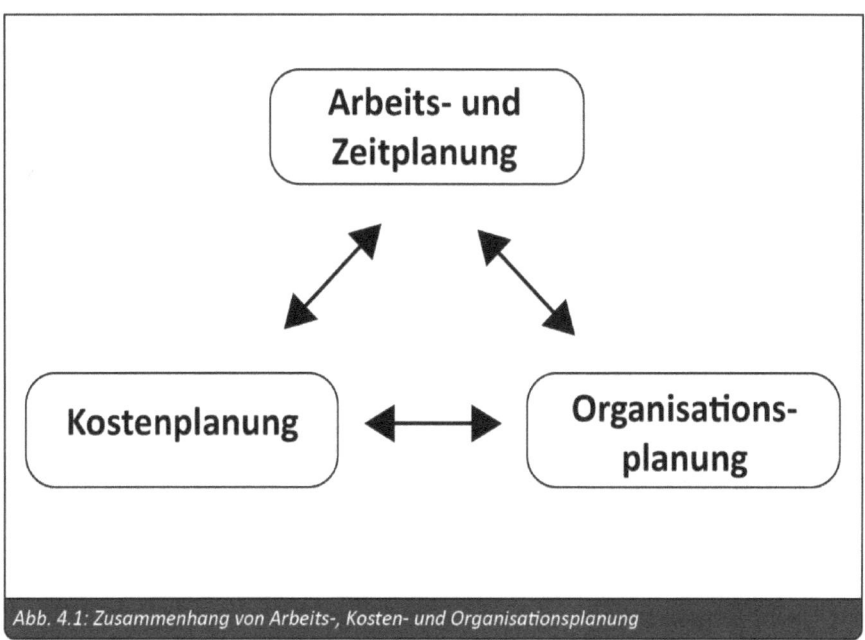

Abb. 4.1: Zusammenhang von Arbeits-, Kosten- und Organisationsplanung

Arbeits- und Zeitplanung, Organisationsplanung und Kostenplanung können nicht unabhängig voneinander vorgenommen und vorgestellt werden. Die Arbeits- und Zeitplanung ist einerseits die Grundlage der Kostenplanung. Andererseits muss der Arbeitsplan mit dem Kostenplan abgestimmt, uU an vorgegebene Zeit- oder Budgetlimits angepasst werden. Schließlich setzen Arbeits- und Zeitplanung ebenso wie die Kostenplanung immer schon eine Vorstellung der Organisationsstruktur des Arbeitsvorhabens und der benötigten materiellen Ressourcen und Infrastruktur voraus. Die Organisationsplanung wird aber auch durch den Zeitplan (zB vorgegebenes Zeitlimit für das Vorhaben) oder den Kostenplan (vorgegebenes Mittellimit) beeinflusst; oft werden solche Limits bereits von Mittelgebern vorbestimmt.

4.1 Arbeits- und Zeitplanung

Der Arbeitsplan setzt die Ziele und das Design in ein Schema des voraussichtlichen Arbeitsprozesses um. Er fasst alle wichtigen, für die Realisierung des Vorhabens notwendigen Tätigkeiten zusammen und bringt sie in eine logische Abfolge von Arbeitsschritten. Wie detailliert soll die Arbeitsplanung sein? So weit, wie es in diesen Stadium 'am grünen Tisch' nur geht: Je detaillierter die Arbeitsplanung, desto genauer lassen sich auch die erforderlichen Zeiten und Ressourcen bestimmen.

Es ist hilfreich, dazu auf Instrumente des Projektmanagement zurückzugreifen. Die DIN 69901 etwa sieht für komplexe Projekte folgende Instrumente vor;

- Der Projektstrukturplan strukturiert die Elemente des Projektes in einfacher hierarchischer Form und schafft damit eine Übersicht über die wichtigsten Aufgaben und Arbeitsschritte des Projekts;

4. Arbeits- und Kostenplanung

- Der Projektablaufplan oder Phasenplan legt den Ablauf des Projekts fest, der vor allem bei größeren Projekten in einzelne Phasen unterteilt wird.
- Der Meilensteinplan stellt den Projektablauf in verdichteter Form mittels (überprüfbarer) (Zwischen-)Ergebnisse oder wichtiger Abschlüsse von Projektphasen dar.
- Der Termin- und Ablaufplan definiert die zeitlich aufeinander abgestimmten Aktivitäten der einzelnen Projektphasen oder Teilprojekte. Er bildet die Grundlage der Kontrolle des zeitlichen und funktionalen Arbeitsablaufs.
- Der Kosten- und Ressourcenplan (Personal, Material, fremde Leistungen usw), gibt den präzisen Rahmen für die Kontrolle der Mittelflüsse.

6 Für einfache, wenig komplexe Forschungsvorhaben, wie wir sie in diesem Leitfaden im Blick haben, empfiehlt sich ein komprimiertes Instrumentarium. So können Projektstruktur-, Meilenstein- und Termin- und Ablaufplan in der Arbeits- und Zeitplanung zusammengefasst werden. Diese Instrumente dienen einerseits der Planung eines Projekts – so in der Phase der Vorbereitung eines Antrags – und bilden andererseits die Grundlage für die Steuerung und Kontrolle in der Phase der Projektrealisierung; die Pläne müssen nachjustiert, verfeinert werden, wenn das Vorhaben umgesetzt wird (s. dazu Kapitel 7).

7 In jedem Fall ein wichtiges, grundlegendes Instrument der Arbeitsplanung ist der Projektstrukturplan (PSP). Er gibt eine systematische Übersicht der wichtigsten Aktivitäten, die im Projektverlauf zu erfüllen sind, wenn die Ziele erreicht werden sollen: Er gliedert das Vorhaben in größere Teilaufgaben und ordnet diesen jeweils Arbeitspakete als Komponenten zu, die thematisch oder funktional zusammenhängende Arbeitsschritte bündeln. „Ein Arbeitspaket", so definiert es das Fachportal Projektmagazin, „beschreibt eine in sich geschlossene Aufgabenstellung innerhalb des Projekts, die von einer einzelnen Person oder organisatorischen Einheit bis zu einem festgelegten Zeitpunkt mit definiertem Ergebnis und Aufwand vollbracht werden kann." (https://www.projektmagazin.de/glossarterm/arbeitspaket).

8 Abbildung 4.2 zeigt ein Beispiel eines Projektstrukturplans für ein einfaches Forschungsprojekt, das mittels Fallstudien Gemeinsamkeiten und Unterschiede der Politiken von Unternehmen unterschiedlicher Branchen erfassen soll. Der Projektstrukturplan definiert die Teilaufgaben (obere Zeile, fett gedruckt) und ordnet ihnen jeweils Arbeitspakete zu (vertikal angeordnete Kästchen).

4.1 Arbeits- und Zeitplanung

Abb. 4.2 Beispiel eines Projektstrukturplans: Teilaufgaben und Arbeitspakete

Der Projektstrukturplan kann durch Meilensteine ergänzt werden. Sie definieren wichtige überprüfbare Teilergebnisse, die mit dem Abschluss einer Teilaufgabe oder eines oder mehrerer Arbeitspakete erbracht werden sollen; an ihnen lässt sich dann der Fortschritt eines Projekts messen.

Der Projektstrukturplan bildet die Basis der weiteren Planung der Abläufe, Termine und Kosten.

Im Zeitplan wird sowohl die zeitliche Abfolge der Teilaufgaben – oder auch differenzierter: der wichtigsten Arbeitspakete – im Projektverlauf sowie die für diese jeweils geplante Zeitdauer abgebildet. Dabei wird man meist in Wochen und Monaten rechnen.

12 Arbeitspakete können sukzessiv oder auch parallel bearbeitet werden. Für alle Arbeitspakete muss die von den am Vorhaben beteiligten Personen jeweils benötigte Zeit kalkuliert werden. Für die Kalkulation der für die Arbeitspakete jeweils veranschlagten Zeitdauer ist wichtig zu berücksichtigen, auf wie viele Personen sich die Arbeit verteilt: Der Zeitaufwand wird je nach dem geplanten Personaleinsatz in Personenstunden, -tagen oder -monaten umgerechnet. Werden Meilensteine an Termine gebunden, so lässt sich damit kontrollieren, ob Teilergebnisse im geplanten Zeitraum erstellt werden.

13 Arbeitsplanung und Zeitkalkulation setzen eine gewisse Erfahrung voraus: Die für die Arbeitspakete jeweils kalkulierten Zeiten müssen realistisch sein, dh weder zu knapp noch zu großzügig bemessen sein, sondern sich an durchschnittlicher Intensität wissenschaftlicher Arbeit orientieren. Dies ist natürlich immer problematisch, weil wissenschaftliche Arbeit in hohem Maße personengebunden ist, so dass die erforderliche Zeit mit der Qualifikation, Erfahrung, der Arbeitsökonomie und Schreibkompetenz der Personen variiert und flexibel gestaltet wird.

14 Immer wieder wird der Zeitaufwand unterschätzt, der für einzelne Arbeitspakete erforderlich ist. So darf, wenn etwa Interviews durchgeführt werden sollen, nicht nur die Interviewzeit kalkuliert werden; es müssen auch die Vorbereitung (Erstellung des Fragebogens oder Interviewleitfadens, Auswahl der Untersuchungseinheiten, Pretests und die Organisation des Feldzugangs) sowie die meist sehr aufwändige Auswertung einbezogen werden. Je nach Forschungsstrategie und verwendeten Methoden beanspruchen diese vor- und nachgelagerten Arbeiten oft das Mehrfache der Interviewzeiten. Auch können äußere Bedingungen es in naturwissenschaftlichen Projekten nötig machen, ein Experiment zu verschieben oder zu wiederholen. All dies legt es nahe, Zeitpuffer einzuplanen. Junge Wissenschaftler tun daher gut daran, den Rat erfahrener Kollegen einzuholen.

15 Die folgende tabellarische Übersicht 4.1 zeigt ein Beispiel eines einfachen Arbeits- und Zeitplans, das den geplanten Zeitaufwand für die Teilaufgaben des oben erwähnten Projekts wiedergibt. Grundlage ist die Kalkulation der Zeiten, die für die im Projektstrukturplan aufgeführten Arbeitspakete erforderlich sind (vgl Abbildung 4.2). Die wichtigen Projektphasen, die in unserem Beispiel eine oder mehrere Teilaufgaben umfassen, werden mit einem präzisen Ergebnis durch einen Meilenstein abgeschlossen.

4.1 Arbeits- und Zeitplanung

	Teilaufgaben und Meilensteine	Zeitaufwand
1	Einführung der Projektmitarbeiter	1 Monat
2	Präzisierung der Projektplanung *Meilenstein: Präzisierter Ablaufplan*	1 Monat
3	Explorarion *Meilenstein: Datenbank und Leitfäden für Interviews*	2 Monate
4	Feldforschung	4 Monate
5	Auswertung 1 *Meilenstein: Unternehmensfallstudien*	3 Monate
6	Auswertung 2 *Meilenstein: Konzeption des Schlussberichts*	2 Monate
7	Schlussbericht *Meilenstein: Buchfassung*	5 Monate

Tab. 4.1: Beispiel für einen Zeit- und Meilensteinplan eines einfachen Fallstudienprojekts

Der Zeit- und Ablaufplan eines Projekts lässt sich auf verschiedene Weise darstellen. Die Abfolge von Teilaufgaben und/oder Arbeitspaketen und Meilensteinen in einem Projekt wird grafisch am einfachsten wie folgt in einem Balken- oder Zeitbanddiagramm nach der Gantt-Methode zusammengefasst. In unserem Beispiel drücken die unterschiedlichen Balkenmuster die Zugehörigkeit zu Teilaufgaben aus; die Meilensteine werden grafisch durch Sternchen markiert (s. Abb. 4.3).

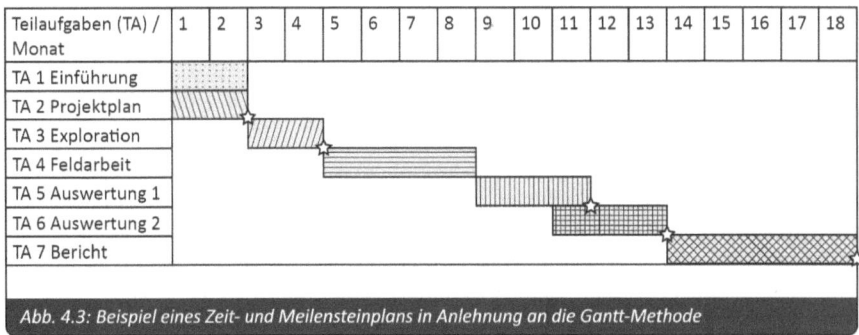

Abb. 4.3: Beispiel eines Zeit- und Meilensteinplans in Anlehnung an die Gantt-Methode

Im Gantt Diagramm werden die sukzessiv geplanten Teilaufgaben und Arbeitspakete des Projekts in der ersten Spalte aufgeführt; die ihnen jeweils zugeordnete Zeitdauer wird durch horizontale Balken dargestellt. Überlappende Balken zeigen zeitlich überlappende Arbeitsschritte an (Open-Source-Software: www.ganttproject.biz/).

4. ARBEITS- UND KOSTENPLANUNG

18 Die grafische Darstellung der Arbeitsschritte in Gantt-Diagrammen eignet sich für einfache Projekte. Komplexe Projekte mit vielen, auch parallelen, gleichzeitig zu verrichtenden Arbeitsschritten und -paketen werden übersichtlicher durch Netzplan-Diagramme dargestellt, welche auch die Abhängigkeiten zwischen den Aktivitäten, etwa nach der Critical-Path-Methode durch Pfeile, abbilden. Daneben werden weitere Netzplantechnik-Methoden verwandt wie die *Metra-Potential*-Methode (MPM) und die *Program Evaluation and Review Technique* (PERT). (Zur Einführung in die Netzplantechnik s. http://www.neue-lernwelten.eu/skripte/netzplantechnik.pdf).

4.2 Organisationsplanung

19 Es ist sinnvoll, zu Beginn der Projektplanung Überlegungen zur Organisationsstruktur anzustellen, in der das Vorhaben realisiert werden soll, und diese dann mit der Arbeits- und Zeitplanung zu verbinden. Dabei geht es um folgende Fragen:

- Sicherung eines förderlichen Umfelds;
- Bestimmung der Zahl und Qualifikationen der benötigten Mitarbeiterinnen und Mitarbeiter;
- Arbeitsteilung zwischen den Projektmitarbeitern und
- Koordination

20 Für den Erfolg des Vorhabens ist wichtig, dass es von Nebenaufgaben möglichst entlastet und durch das Umfeld – die Forschungseinrichtung oder Hochschule – gefördert wird. Es muss vorab geklärt werden, welche Leistungen die Projektgruppe von ihrem Umfeld erwarten kann und welche es selbst organisieren, beantragen oder kaufen muss. Dies bezieht sich auf die räumliche und technische Ausstattung – so etwa Räumlichkeiten, technische Arbeitsmittel und Dienstleistungen – und auf die administrative Infrastruktur, so vor allem die Mittelverwaltung; es geht aber auch um die 'intellektuelle Infrastruktur' wie Kooperationsmöglichkeiten mit kompetenten Kollegen, Zugang zu Literatur etc.

21 Die Organisationsplanung von Projekten, an denen mehrere Personen beteiligt sind, schließt Überlegungen zur Rolle der Teamleitung sowie zur Zahl, den Qualifikationen und Einsatzzeiten der zu beteiligenden Mitarbeiter ein. Je mehr Mitarbeiter, desto mehr Arbeiten können arbeitsteilig gleichzeitig verrichtet werden; zugleich steigen aber nicht nur die Kosten und die Anforderungen an Infrastruktur und technische Ressourcen, sondern auch die Koordinations- und Kontrollanforderungen, die dann in der Arbeits- und Zeitplanung der Leitungspersonen berücksichtigt werden müssen.

22 In Forschungsprojekten arbeiten oft Personen unterschiedlicher Disziplinen, Qualifikationen und Erfahrungen zusammen. Ob verschiedene Disziplinen beteiligt werden sollten, hängt unmittelbar von Fragestellung und Design des Vorhabens ab. Welche Qualifikationen benötigt werden und welche Erfahrungen erwartet werden können, wird auch von den Zwecken des Vorhabens sowie von Vorgaben der Mittelgeber beeinflusst: Wenn Forschungsprojekte auch der Nachwuchsförderung dienen sollen, werden wissenschaftliche Mitarbeiter beteiligt, die noch keine oder nur wenig Forschungserfahrung haben, und es werden Studierende als Hilfskräfte eingesetzt, die an den Forschungsprozess herangeführt werden sollen. Oft beeinflussen die Mittelgeber mit ihren Förderungsrichtlinien diese Entscheidungen durch Zeit- und Kostenlimits.

23 Die Bestimmung der Personenzahl pro Qualifikationsgruppe ist dann der nächste Schritt: Anstelle einer Person, die in Vollzeit beschäftigt werden soll, können beispiels-

4.2 Organisationsplanung

weise mehrere Personen in Teilzeit am Projekt mitarbeiten. So können zwei Stellen für wissenschaftliche Mitarbeiter auch auf drei Personen verteilt werden (beispielsweise eine Person mit vollem Vertrag und zwei mit Halbtagsverträgen, oder drei mit 2/3-Verträgen). Dies ist nicht nur eine Frage der Zweckmäßigkeit (etwa der Zeitbudgets der beteiligten Personen), sondern kann von sekundären Zielen bestimmt werden, wie etwa dem der Nachwuchsförderung, die gerade die Beteiligung von jungen Wissenschaftlern auf Teilzeitbasis nahe legt. Sind es Teilzeitkräfte, so wird man für sie nicht dasselbe Arbeitspensum planen wie für Vollzeitkräfte. Kostenlimits der Mittelgeber legen es oft nahe, Mitarbeiter nicht mit der vollen Stundenzahl zu beschäftigen, etwa eine Vollzeitstelle durch zwei halbe Stellen zu ersetzen. Es ist klar, dass dies nicht nur rein rechnerisch in der Arbeits- und Zeitplanung berücksichtigt werden muss. Bei diesen Planungen des Personaleinsatzes sind die Regelungen des Wissenschaftszeitvertragsgesetzes zur Befristung von Verträgen zu beachten ebenso wie die länder- und hochschulspezifischen Regelungen der Forschungsverpflichtungen von wissenschaftlichen Mitarbeitern.

Für spezifische Aufgaben, die nur in bestimmten Projektphasen anfallen und spezifische Fachkompetenzen erfordern, kann es auch sinnvoll sein, die Vergabe von Aufträgen an Externe, etwa in Form von Werkverträgen, zu planen, wenn dafür Mittel eingeworben werden können und entsprechendes Personal zu finden ist.

Diese organisatorischen (Vor-)Entscheidungen haben Auswirkungen auf die Zeit- und Kostenplanung. So muss für alle Personen, die nicht schon an der Entwicklung des Vorhabens oder an der Antragstellung mitgewirkt haben, eine gewisse Zeit für die thematische Einführung kalkuliert werden. Je geringer die spezifische Qualifikation und/oder die Erfahrung der Mitarbeiter, desto längere Zeiten sind für die Einarbeitung bzw die Forschungsarbeit selbst zu veranschlagen. Junge Wissenschaftler ohne Forschungserfahrung brauchen nicht nur eine Einführungs- und Sozialisationsphase, sondern werden zunächst die Anleitung erfahrener Kollegen benötigen und nur kleinere Aufgaben selbständig ausführen. Sollen im Projekt noch nicht promovierte Wissenschaftler eingesetzt werden, sollte ihnen im vertraglichen Rahmen Zeit für die Vorbereitung der Dissertation eingeräumt werden. Und wissenschaftliche Hilfskräfte können nur für sehr spezifische Aufgaben eingesetzt werden und bedürfen der Anleitung durch erfahrene Wissenschaftler.

Für die Arbeits- und Zeitplanung sind auch Überlegungen zur Arbeitsteilung und Kooperation der Projektmitarbeiter von Bedeutung. Eine wichtige Vorentscheidung bezieht sich darauf, ob die Mitarbeiter für einzelne Phasen oder den ganzen Projektverlauf je eigene Arbeitsfelder oder -themen bearbeiten oder ob sie in flexibler Arbeitsteilung zusammenarbeiten sollen – dies kann sich beispielsweise auf die Definition der Arbeitspakete und deren erwartete Ergebnisse auswirken.

Projektmitarbeiter können für den gesamten Zyklus oder nur für Phasen an verschiedenen Orten arbeiten. Dies verlangt dann einen beträchtlich größeren Koordinations- und Kooperationsaufwand, der insbesondere in der Zeit- und Kostenplanung berücksichtigt werden muss (zB Treffen der Projektgruppe).

All diese Überlegungen zur Organisationsplanung unterstellen eine einfache Projektstruktur mit nur einem Team. Komplizierter wird mit der Organisationsstruktur die Arbeits-, Zeit- und Kostenplanung, wenn verschiedene Teams, möglicherweise an verschiedenen Orten, in einem Projekt zusammenarbeiten. Die Kooperation, die Koordination und die Anforderungen an die Infrastruktur werden komplexer.

4.3 Kostenplanung

29 Arbeits-, Zeit- und Organisationsplanung sind die Grundlage der Kostenplanung. Es müssen verschiedene Kostenarten unterschieden werden: Kosten für Personal, wissenschaftliche Geräte, Software, Verbrauchsmaterial, Reisen, Literatur, Veröffentlichungen und Patente, technische und andere Dienstleistungen.

30 Die Förderinstitutionen, bei denen der Antrag eingereicht werden soll, geben oft genaue Hinweise zur Struktur und zu den Kriterien der zu beantragenden Mittel. Bei der Kostenplanung sind die je spezifischen Vorgaben der Mittelgeber genau zu beachten. Wir fügen im Anhang dieses Kapitels Auszüge aus den Hinweisen der DFG zum Kostenplan von Projekten bei, die beispielhaft die differenzierten Kostenarten und ihre Begründungen beschreiben, wie sie in Projektanträgen enthalten sein sollten. Sie zeigen die Notwendigkeit an, die Vielfalt von Aktivitäten, die im Projekt anfallen und weit über die grobe Struktur- und Ablaufplanung hinausreichen, ebenso wie die Eigenschaften der beteiligten Personen und die Dauer ihres Einsatzes und die übrigen benötigten Ressourcen genau zu durchdenken, zu kalkulieren und zu beziffern (s. Kapitel 4.7 'Materialien: Merkblatt der DFG zur Mitteleinwerbung'; für Projektanträge an Bundesministerien s. den ausgezeichneten praktischen Leitfaden von Knaack 2012).

31 Hier nur noch einige einzelne zusätzliche Hinweise, die bei der Aufstellung des Kosten- und Finanzierungsplans zu beachten sind:

- Bereits bei einer einfachen Projektstruktur muss geklärt werden, ob und wieweit das Projekt mit einer verlässlichen institutionellen Infrastruktur rechnen kann. Dies betrifft insbesondere die Mittelverwaltung und andere Dienstleistungen der Verwaltung, technische Einrichtungen und Mittel, verfügbare Büromaterialien, Bibliotheksdienste und PC und IT- Service etc. Mittelgeber können eine Finanzierung von Ausgaben, die der Sicherung der Infrastruktur dienen (etwa Büroausstattung und PC etc.) ausdrücklich ausschließen. Für die Kostenplanung müssen diese Fragen mit der Hochschule oder Forschungseinrichtung geklärt werden. Soweit das Projekt selbst für diese Infrastruktur sorgen muss und dafür Mittel erwarten kann, sollte dies nicht nur in die Arbeits- und Zeitplanung insbesondere der Projektleitung, sondern auch in die Kostenplanung, etwa als Kosten für externe Dienstleistungen, einbezogen werden. Hängt die Durchführung des Vorhabens von einer komplexen Infrastruktur ab, um deren Nutzung sich auch andere Interessenten bewerben (zB Teilnahme an einer Expedition, Nutzung einer speziellen technischen Anlage), müssen in dem Ressourcenplan auch die genauen Bedingungen des Zugangs hierzu berücksichtigt werden.

- Für die Kalkulation der Personalkosten ist es notwendig, den für die einzelnen Schritte erforderlichen Zeitaufwand für jedes der beteiligten Projektmitglieder zu berechnen. Der Aufwand ist nach Qualifikationsgruppen (zB wissenschaftliche Mitarbeiter, wissenschaftliche Hilfskräfte, Sekretariat usw) in Personenmonate, -tage oder -stunden umzurechnen (zB 2 Stellen für wissenschaftliche Mitarbeiter für 1,5 Jahre; 200 Stunden für wissenschaftliche Hilfskräfte usw). Dabei müssen jeweils die tariflichen bzw hochschulspezifischen Sätze zugrunde gelegt und künftige Tariferhöhungen während der Laufzeit des Projektes berücksichtigt werden (zu den geltenden Personalmittelsätzen beispielsweise der DFG s. http://www.dfg.de/formulare/60_12/60_12.pdf).

- In die Planung sollten auch die Kosten für die Präsentation von Forschungsergebnissen eingehen, so für die Teilnahme an wissenschaftlichen Veranstaltungen und für Publikationen.
- Bei der Kostenplanung ist schließlich auch zu beachten, dass die Hochschulen und Forschungseinrichtungen inzwischen meist Overheadkosten geltend machen und damit einen bestimmten Anteil am Projektbudget beanspruchen, der von den Antragstellern mit eingeworben werden muss.
- Mittelgeber wollen eventuell auch wissen, wer sich sonst noch finanziell am Projekt beteiligt. Es sollte dann in der Kostenplanung spezifiziert werden, welche Summen bei welchen weiteren Geldgebern beantragt werden sollen.

4.4 Anpassung des Forschungsvorhabens an vorgegebene Mittel- und Zeitrahmen

Oft ist der für ein Forschungsvorhaben verfügbare Zeit- und Mittelrahmen bereits durch die Mittelgeber begrenzt: Es werden formell oder informell Normal- oder Richtwerte für die Dauer und/ oder die Kosten von Forschungsvorhaben festgesetzt oder unterstellt; auch werden Höchst- oder Normalkosten für bestimmte Qualifikationsgruppen (in der Regel Tarifgruppen) vorgegeben. Forschungsanträge müssen sich an solchen Obergrenzen orientieren.

Die Zeit- und Kostenplanung sollte realistisch, aber nicht zu knapp bemessen sein. Es empfiehlt sich auch, für unvorhergesehene Situationen gewisse Puffer einzurechnen. Diese sollten sich aber in einem Rahmen bewegen, der auch von den Gutachtern akzeptiert werden dürfte.

Häufig bewilligt der Mittelgeber auch weniger als die beantragten Mittel, gibt kürzere Projektzeiten und/oder niedrigere Personalkosten vor – dies ohne Rücksprache mit den Wissenschaftlern, die das Projekt beantragt haben und durchführen wollen. Es muss klar sein, dass mit diesem Vorgehen der Anspruch, nur realistisch kalkulierte Projekte einzureichen, konterkariert wird. Die Antragsteller werden versucht sein, einen letztlich zu knapp angesetzten Mittelrahmen einfach zu akzeptieren, ohne Design und Arbeitsplanung entsprechend zu revidieren. Die Kosten und das Arbeitspensum werden dann aber auf die Mitglieder des Teams abgewälzt, indem beispielsweise eine geplante Vollzeit- in eine Teilzeitstelle umgewandelt oder die für die Arbeitsschritte erforderlichen Zeiten einfach kürzer angesetzt werden.

Ist die Diskrepanz zwischen erforderlichen und erwarteten Mitteln zu groß, dann müssen die Ziele wie auch das Design des Projekts überarbeitet und wohl reduziert werden. Ausgerechnet ein Projekt, das gut und realistisch geplant ist, hat aber für eine Reduzierung der Förderung keinen nennenswerten Spielraum und ist dann besonders hart betroffen. Wenn der Antragsteller für den Fehlbetrag keine andere Quelle finden kann, muss er das Vorhaben entsprechend revidieren. Wenn starke Änderungen am Arbeitsplan vorgenommen und Abstriche an den Zielen gemacht werden müssen, muss die Zustimmung der Förderorganisation eingeholt werden. Bei korrektem Vorgehen stellt in einem solchen Fall der Mittelgeber eine bestimmte Förderung in Aussicht und fordert von den Antragstellern einen revidierten Arbeits- und Kostenplan an, der damit realisierbar ist. Dieser wird (nach positiv ausgefallener Prüfung) zur Grundlage des Fördervertrags.

4. Arbeits- und Kostenplanung

4.5 Häufige Fehler der Arbeits-, Organisations- und Kostenplanung

- Die Analyse der erforderlichen Arbeitsschritte und die darauf basierende Bestimmung von Arbeitspaketen sind ungenau oder lückenhaft.
- Die Bestimmung des Zeitaufwands für die Arbeitspakete ist zu grob und unrealistisch. Oft werden die Zeiten für bestimmte Schritte wie die Vorbereitung, Erhebung und Auswertung empirischer Daten oder die Abfassung von Berichten unterschätzt.
- Um im Rahmen der Zeit- und Kostenlimits der Mittelgeber zu bleiben, werden der Zeitrahmen des Projekts oder auch Personalkosten geringer angesetzt, ohne Abstriche an Zielen oder Design vorzunehmen.
- Die benötigten Infrastrukturressourcen werden nicht hinreichend kalkuliert.
- Die Arbeitsteilung zwischen den Mitgliedern wird nicht genügend vorgeplant.
- Die Beziehungen zwischen der Arbeit im Forschungsprojekt und den Promotionsvorhaben der Projektmitarbeiter werden nicht vorab definiert und abgestimmt.

4.6 Literatur

Bea, F. X./ Scheuer, S./ Hesselmann, S. (2009): Projektmanagement. Stuttgart: Lucius & Lucius.
BMBF (oJ): Richtlinien für Zuwendungsanträge auf Ausgabenbasis (AZA) http://www.bagkjs.de/media/raw/Richtlinien_fuer_Zuwendungsantraege_auf_Ausgabenbasis.pdf (15.6.2017)
Harms, K. (oJ): Anleitung zum Erstellen von Netzplänen. http://www.neue-lernwelten.eu/skripte/netzplantechnik.pdf
Knaack, V. (2012): Leitfaden für die Einreichung von Drittmittelanträgen bei Bundesministerien. Rostock: http://www.zpp.uni-rostock.de/uploads/media/Leitfaden_zur_Antragstellung_bei_Bundesministerien.pdf (15.6.2017)
Peters, K. (oJ): Leitfaden Projektmanagement für Mitarbeiter der Georg August Universität Göttingen. Organisationsmodelle, -Strukturen, -Instrumente und Phasen des Projektmanagements. www.uni-goettingen.de/de/sh/download/da19218f3d9511f0b587861af9418275.pdf/pm-leitfaden.pdf (13.6.2017)
Zimmermann, J./ Stark, Ch./ Rieck, J. (2006): Projektplanung – Modelle, Methoden, Management. Berlin: Springer.

Open-Source-Programme für die gesamte Ablaufs-, Zeit- und Ressourcenplanung und -kontrolle (23.9.2017):
Gantt-Projekt: www.ganttproject.biz/download
Open project: www.project-open.com. Einführung: Christian Kolodziej, Projektmanagement mit Open Project (Seminararbeit Uni Karlsruhe) http://www.christian-kolodziej.de/downloads/schule-studium/seminararbeit-projektmanagement-openproj.pdf

4.7 Materialien

Ein Beispiel für die Vorgaben eines Mittelgebers zum Kostenplan:

▶ *Auszüge aus dem DFG- Merkblatt zur Mitteleinwerbung*
(http://www.dfg.de/formulare/52_01/52_01_de.pdf; DFG-Vordruck 52.01 – 06/16) (13.6.2017)

Zur Durchführung des Projekts können im Einzelnen folgende projektspezifische Mittel beantragt werden:

1 Mittel für Personal

Die DFG bewilligt Personalmittel grundsätzlich in Form von pauschalierten Beträgen …

4.7 Materialien

Folgende Kategorien stehen zur Verfügung:

1.1 Wissenschaftliche Mitarbeiterinnen und Mitarbeiter

Die Höhe der beantragten Vergütung des wissenschaftlichen Personals in von der DFG finanzierten Projekten soll sich nach den Anforderungen des einzelnen Projekts und nach der Qualifikation des Einzelnen im Hinblick auf diese Anforderungen richten.

1.1.1 Postdoktorandin/Postdoktorand und Vergleichbare

Sind für die Erreichung des Projektziels eine besondere wissenschaftliche Qualifikation (Promotion) oder besondere Erfahrung und Selbständigkeit (mindestens 3-jährige Berufserfahrung) der einzustellenden Person erforderlich, so können Mittel in der Kategorie „Postdoktorandin/Postdoktorand und Vergleichbare" beantragt werden.

1.1.2 Doktorandin/Doktorand und Vergleichbare

Für nicht promovierte wissenschaftliche Mitarbeiterinnen und Mitarbeiter sollen in der Regel Mittel ... mit mindestens 50% der regelmäßigen Arbeitszeit beantragt werden. Möglich ist auch die Beantragung von Mitteln für eine Arbeitszeit von mehr als 50%, soweit es die nationale und internationale Wettbewerbssituation innerhalb und außerhalb des Wissenschaftssystems erfordert. ...

In vielen von der DFG geförderten Projekten besteht die Möglichkeit der wissenschaftlichen Qualifikation (Vorbereitung auf die Promotion). Werden noch nicht promovierte wissenschaftliche Mitarbeiterinnen und Mitarbeiter in Vollzeit eingesetzt, sollte ihnen innerhalb der Arbeitszeit nach Maßgabe des jeweiligen Landeshochschulrechts Gelegenheit zur Vorbereitung auf die Promotion gegeben werden. Der weit überwiegende Teil der Arbeitszeit muss jedoch für die Mitarbeit im Projekt aufgewendet werden. Projekte, die ausschließlich der Anfertigung von Dissertationen dienen sollen, können von der DFG nicht gefördert werden.

In dieser Kategorie können auch Mittel für Beschäftigte ohne Promotionsabsicht beantragt werden, wenn sie weniger als drei Jahre Berufserfahrung haben. Voraussetzung ist, dass ein universitäres Diplom oder ein Masterabschluss einer Universität/Fachhochschule vorliegt.

1.1.3 Sonstige wissenschaftliche Mitarbeiterinnen und Mitarbeiter

In der Kategorie „Sonstige wissenschaftliche Mitarbeiterin/Sonstiger wissenschaftlicher Mitarbeiter" können Mittel für Mitarbeiterinnen und Mitarbeiter beantragt werden, die für die Erreichung des Projektziels erforderlich sind und über einen Bachelorabschluss, der nicht zur Promotion berechtigt, verfügen.

1.2 Nichtwissenschaftliches Personal

Für nichtwissenschaftliches Personal in einem regulären tariflichen Beschäftigungsverhältnis sind Mittel in der Kategorie „nichtwissenschaftliche/r Mitarbeiter/in" zu beantragen.

1.3 Sonstige Personalmittel

1.3.1 Hilfskräfte (wissenschaftliche und studentische)

Die DFG begrüßt die Einbindung studentischer Hilfskräfte bereits zu einem möglichst frühen Zeitpunkt ihres Studiums. Für die Bezahlung der Hilfskräfte sind die an der jeweiligen Hochschule geltenden Richtsätze zugrunde zu legen ...

2 Sachmittel

2.1 Mittel für Geräte bis 10.000,- EUR, Software und Verbrauchsmaterial ...

2.2 Mittel für Reisen

Die DFG kann Mittel zur Verfügung stellen, die im Rahmen des Projektes für Reisen erforderlich sind. Es besteht auch die Möglichkeit, Mittel für den Besuch von wissenschaftlichen Veranstaltungen zu beantragen. Für deren Inanspruchnahme ist eine aktive Teilnahme erforderlich. Eine Finanzierung kann neben Fahrt- und Aufenthaltskosten auch Kongressgebühren umfassen.

2.3 Mittel für Wissenschaftliche Gäste ...

...

2.5 Mittel für Sonstiges

... Mittel für Spezialliteratur können ausnahmsweise zur Verfügung gestellt werden, wenn
...

2.6 Projektinterne Publikationsmittel

a) Als Zuschuss zu den Kosten für die Veröffentlichung wissenschaftlicher Projektergebnisse können Mittel bis zur Höhe von 750,- EUR pro Jahr bereitgestellt und für frei gewählte Publikationsformen (nicht jedoch für 'graue Literatur') eingesetzt werden.

b) Sofern die sachgerechte Veröffentlichung der Projektergebnisse nur über eine Buchpublikation mit hohen Herstellkosten möglich ist, kann bei entsprechender Begründung alternativ ein erhöhter Betrag von in der Regel bis zu 5.000,- EUR pro Jahr eingeworben werden

...

3 Mittel für Investitionen

Benötigen Sie für die Durchführungen Ihrer Arbeit Geräte, *deren Anschaffungskosten* (brutto, d.h. Kaufpreis einschließlich Mehrwertsteuer und sonstiger Nebenkosten) *einzeln über 10.000,- EUR liegen*, können Sie diese hier beantragen ...

...

Von der Finanzierung sind insbesondere folgende Mittel ausgenommen:
1. Ihre persönlichen Bezüge
2. die Bezahlung von Schreibkräften,
3. Mittel für Bau- und Einrichtungsmaßnahmen,
4. Mittel für allgemeine Instituteinrichtungen (zB Büromöbel, Handwerkszeug, Berufskleidung), Büromaterial, Porto und Telekommunikationskosten,
5. Beiträge zu Sachversicherungen,
6. Mittel für die Inanspruchnahme hochschuleigener Rechenzentren,
7. Mittel für Geräte, die (für das jeweilige Fach) zur zeitgemäßen Grundausstattung gehören, insbesondere Arbeitsplatzrechner,
8. Mittel für die Vervollständigung oder Reparatur von Geräten, die nicht Eigentum der DFG sind,
9. Umsatzsteuerbeträge, soweit sie als Vorsteuer abgezogen werden können.

Das Nähere regeln die Verwendungsrichtlinien.

4.7 Materialien

III Hinweise zur Antragstellung

Geben Sie die Mittel an, die Sie beantragen und begründen Sie dies.

Beachten Sie hierzu im Einzelnen:

1 Mittel für Personal

1.1 Für das Personal, das nach dem an Ihrer Einrichtung maßgeblichen öffentlichen Tarif (TV-L, BAT (Tarifgebiet West) bzw BAT-O (Tarifgebiet Ost) oder MTArb (Tarifgebiet West) bzw MTArb-O (Tarifgebiet Ost)) zu vergüten ist, geben Sie bitte an:

- die gewünschte Dauer der Beschäftigung im Vorhaben,
  - die Vertragslaufzeiten sollten in der Regel der Projektlaufzeit entsprechen,
  - bei der Festlegung der Vertragslaufzeiten für wissenschaftliches Personal in der Qualifizierungsphase sollte das Qualifizierungsziel des Stelleninhabers bzw der Stelleninhaberin angemessen berücksichtigt werden.
- eine der folgenden Kategorien:
  a) Postdoktorandin / Postdoktorand und Vergleichbare
  b) Ärztliche wissenschaftliche Mitarbeiterinnen und Mitarbeiter
  c) Doktorandin/Doktorand und Vergleichbare
  d) Sonstige wissenschaftliche Mitarbeiterin/Sonstiger wissenschaftlicher Mitarbeiter
  e) Nichtwissenschaftliche Mitarbeiterin/Nichtwissenschaftlicher Mitarbeiter
- den vorgesehenen Anteil an der regelmäßigen Arbeitszeit in Prozent.

1.2 Für Hilfskräfte (mit und ohne Abschluss) geben Sie an:

- die benötigten Mittel nach den an Ihrer Einrichtung üblichen Sätzen in Euro.

Für jede Mitarbeiterin bzw jeden Mitarbeiter, deren bzw dessen Bezahlung aus DFG-Mitteln beantragt wird, erläutern Sie bitte in der Beschreibung des Vorhabens kurz die Aufgaben unter Hinweis auf das Arbeitsprogramm und geben Sie bitte an, ab wann die Bezahlung der Mitarbeiterin bzw des Mitarbeiters aus Mitteln der DFG erfolgen soll. Erläutern Sie Art und Umfang der Tätigkeit auch für die Hilfskräfte.

Ein wesentliches Kriterium für die Bewilligung von Mitteln für Hilfskräfte ohne Abschluss ist ihr qualifizierter Einsatz im Projekt. Dies muss in der Beschreibung des Vorhabens dargelegt werden.

Soweit vorgesehene Mitarbeiterinnen oder Mitarbeiter bereits bekannt sind, geben Sie bitte die Namen an.

2 Sachmittel

2.1 Geräte bis 10.000,- EUR, Software und Verbrauchsmaterial

...

2.2 Reisemittel

Bitte geben Sie zunächst die Höhe der insgesamt beantragten Mittel für Reisen an. Begründen Sie dann die Notwendigkeit und geben Sie für jede Art von Reisen (zB Zusammenarbeit mit anderen Wissenschaftlern, Archivreisen, Untersuchungen im Gelände, Kongressreisen) die darauf entfallenden Summen für den Antragszeitraum an ...

Bei der Veranschlagung der erforderlichen Reisemittel (Fahrtkosten, Tage- und Übernachtungsgelder) können die Kosten bis zur Höhe der Sätze nach den gesetzlichen Reisekostenbestimmungen des Sitzlandes des Antragstellers oder der Antragstellerin bzw des Bundes zugrunde gelegt werden ...

2.3 Mittel für wissenschaftliche Gäste

...

2.5 Sonstige Mittel

Bitte geben Sie zunächst die Gesamtsumme der beantragten sonstigen Kosten an. Begründen Sie den Bedarf für jede einzelne Position.

Unter sonstige Mittel können Sie alle projektspezifischen Kosten aufführen, die sich keiner anderen Kategorie zuordnen lassen, zB Aufträge an Dritte mit Angaben zum Auftragnehmer, Vergütung für Versuchspersonen, Inanspruchnahme von Dokumentationsdiensten sowie Nutzungskosten für Großgeräte und Gerätezentren ...

2.6 Projektinterne Publikationsmittel

Bitte geben Sie an, ob und in welcher Höhe Publikationskosten im Rahmen des Projektes beantragt werden. Geben Sie abschließend die Gesamthöhe der beantragten Sachmittel an.

3. Mittel für Investitionen

Bitte führen Sie alle beantragten Geräte, deren Brutto-Anschaffungskosten (Kaufpreis *einschließlich Mehrwertsteuer*) jeweils über 10.000,- EUR liegen einzeln auf. Trennen Sie dabei bitte zwischen Geräten über 10.000,- EUR und solchen über 50.000,- EUR (Großgeräten).

Begründen Sie bitte, warum diese Geräte für das Projekt und vor dem Hintergrund der vorhandenen Grundausstattung notwendig sind ... ◄

5. Einwerbung von Drittmitteln

Hochschulen stellen in der Regel nur in sehr begrenztem Umfang Eigenmittel für die Forschung zur Verfügung. Wissenschaftler an Hochschulen sind daher weitgehend – und im Zuge der Ökonomisierung des Hochschulwesens zunehmend – auf die Einwerbung von Drittmitteln angewiesen. Drittmittel sind oft eine Voraussetzung für Forschung, weil diese ohne zusätzliche zeitliche, personelle und sachliche Ressourcen kaum im universitären Alltag zu leisten ist. Drittmittel können sich positiv auswirken, indem sie die Vernetzung der Wissenschaftler und ihre Einbindung in nationale und internationale Diskurse fördern und damit dazu beitragen, dass wissenschaftliche Arbeit sich am aktuellen Forschungsstand orientiert. Die Notwendigkeit, Drittmittel einzuwerben, bildet also eine Art der Qualitätskontrolle. Drittmittel erlauben es zudem, Nachwuchswissenschaftler zu beschäftigen und praktisch in die Forschung einzuführen; sie erfüllen also wichtige Qualifizierungsfunktionen. Nicht zu übersehen sind aber auch problematische Auswirkungen. Die Einwerbung von Drittmitteln ist zunehmend zu einem Gradmesser für das Renommee der Wissenschaftler wie auch der Universität geworden. Mit der Bedeutung, ja Abhängigkeit von Drittmitteln wächst zudem die Außen-Steuerung der Forschung durch Institutionen der Forschungsförderung, indem diese thematische Schwerpunkte setzen und Anforderungen an den Zuschnitt von Forschung stellen.

Gerade jüngere Wissenschaftler, die erste Forschungserfahrungen in Projekten – etwa in ihren Master- oder Dissertationsprojekten – gewonnen haben und nun ihre Forschungsinteressen in einem weiteren eigenen Projekt realisieren wollen, stehen vor dem Problem, Zugänge zu Drittmittelfonds zu finden und ihren Antrag so auszuarbeiten und zu präsentieren, dass sie gute Chancen haben, dass ihnen Mittel bewilligt werden.

LERNZIELE

In diesem Kapitel sollen Sie Orientierungshilfen finden, um

- Informationen über Mittelgeber zu gewinnen;
- Mittelgeber und ihre Anforderungen zu unterscheiden und den für Ihr Vorhaben geeigneten Typ zu identifizieren;
- formelle und informelle Förderungsbedingungen zu erkunden und bei der Antragstellung zu berücksichtigen.

5.1 Informationswege

Die Akquise von Drittmitteln ist häufig ein dorniger Weg, die Hürden sind oft hoch und die Risiken der Ablehnung von Anträgen groß. Zunächst müssen Informationen über potentielle Mittelgeber gesucht und zum Vorhaben passende Förderinstitutionen und -programme gefunden werden, bei denen sich die Antragsteller gute Chancen auf Bewilligung von Mitteln ausrechnen können.

Bereits zu Beginn der Planung eines Projekts, das zusätzlicher Mittel bedarf, stellt sich die Frage, welche Institutionen als mögliche Mittelgeber in Frage kommen. Man wird dazu Programme der internen Forschungsförderung der Hochschule, vor allem aber die externer Institutionen erkunden. Ist angesichts des Themas und Designs keine Förderung abzusehen, macht es kaum Sinn, das Projekt nach den ursprünglichen Vorstellungen weiter zu entwickeln. Um angemessene Mittel einzuwerben, wird man evtl. das Vorhaben an den – meist thematischen, aber auch zeitlichen und finanziellen – Vorgaben der Förderorganisation orientieren, bei denen man den Antrag einreichen möchte.

6 Die Institutionen der Forschungsförderung haben je eigene Profile. Sie unterscheiden sich in gefördertem Themenspektrum, Zielen der Förderung sowie formellen und informellen Zugangsbedingungen. Gerade wegen der Komplexität der Bedingungen einer erfolgreichen Antragsstellung ist es wichtig, vorab Informationen über einschlägige Finanzierungsquellen einzuholen.

7 Wichtige Informationskanäle sind:

- Die Büros für Forschungsförderung an der Hochschule oder Forschungseinrichtung: Sie bieten Beratung und Informationen an zur institutionseigenen Förderung – etwa Finanzierung von (meist kleineren) Projekten, Anschubfinanzierung zur Vorbereitung von Projekten, Stipendien etc. – sowie zu der Forschungsförderung externer Mittelgeber. Oft stellen sie auch sehr nützliche Übersichten über die Förderungslandschaft mit den wichtigsten Adressen und Links ins Netz. Manche Hochschulen geben in Newsletters regelmäßig Informationen über Programme und laufende Ausschreibungen. So informiert beispielsweise der in der Regel monatlich erscheinende 'Newsletter Forschungsförderung' der Universität Bremen über Förder- und Beratungsangebote nicht nur der Universität Bremen, sondern auch über Förderprogramme für Nachwuchswissenschaftler, nationale und europäische Förderprogramme sowie über Ausschreibungen wissenschaftlicher Preise (http://www.uni-bremen. de/forschung/forschungsfoerderung/newsletter.html). Oft können auch Keywords die genauere Suche erleichtern. Nützliche Links zu Übersichten über Förderinstitutionen und -programme finden sich am Ende dieses Kapitels (s. 5.7.1).

- Die Förderorganisationen: Sie stellen sich, ihre Programme und ihre formellen Förderbedingungen im Internet vor. Einzelne Mittelgeber, so etwa Bundesministerien, informieren auch periodisch in Newslettern über Ausschreibungen (siehe etwa den Newsletter des Bundesministers für Bildung und Forschung (BMBF) www.bmbf.de/newsletter/).

- Kollegen, die bereits Erfahrungen mit Mittelgebern gemacht haben oder auch über ihre professionellen Netzwerke Zugang zu Informationen über laufende Ausschreibungen haben. Informationen über erfolgreiche Erfahrungen sind dabei ebenso wichtig wie gescheiterte: Man erfährt etwas über den Zuschnitt der Förderungsinstitutionen, auch ihre, auf der Website nicht unbedingt erkennbaren, informellen Anforderungen und kann seine eigenen Chancen selbst besser einschätzen.

- Auch die Durchsicht der von der Förderinstitution bewilligten Anträge kann eine nützliche Informationsquelle darstellen, um herauszufinden, ob der eigene Projektantrag thematisch gut zu dem bereits geförderten Themenspektrum passt.

5.2 Auswahl von Mittelgebern

8 Ein Antrag hat nur Chancen auf Bewilligung, wenn er zu der Förderungsinstitution und ihrem Programm passt. Es ist daher notwendig, solche Institutionen zu suchen, deren Bedingungen vom Antrag (und vom Antragsteller) voraussichtlich zu erfüllen sind. Sicher ist, dass ein Antrag immer auch auf die genauen Förderungsbedingungen einer Institution zugeschnitten werden muss.

5.2 Auswahl von Mittelgebern

Die Profile der Förderungsorganisationen und ihrer Programme unterscheiden sich deutlich hinsichtlich ihres fachlichen oder thematischen Zuschnitts, der Art der geförderten Forschung, der Art der Projekte, der Zugangsbedingungen, der Antragsverfahren und der Selektivität bei der Auswahl. Grundinformationen sind in den Hinweisen oder Leitfäden für Antragstellende, sowie den Übersichten über die Förderprogramme, welche die meisten Organisationen auf ihren Websites anbieten, enthalten. Sie geben Auskunft über inhaltliche Schwerpunkte und Zielsetzungen, Antrags- und Entscheidungsverfahren und Ausschlussgründe (so – hervorragend zusammengefasst – die Hinweise der DFG sowie Hinweise anderer Institutionen (s. Kapitel 5.7.1 und 5.7.3). Für weitere Fragen empfehlen wir, Rat bei den Beratungsstellen oder den zuständigen Referenten der jeweiligen Förderorganisation zu suchen; die Kontaktdaten finden sich meist unter den Informationen zu den Förderprogrammen.

5.2.1 Fachlicher und thematischer Zuschnitt

Manche Förderorganisationen sind für sehr unterschiedliche Fachgebiete und Themen offen, andere geben Schwerpunkte vor und schränken die Fördermöglichkeit thematisch ein. So macht die Deutsche Forschungsgemeinschaft (DFG) – in Deutschland wohl der wichtigste 'akademische' Mittelgeber – in ihrer Normalförderung keine disziplinären oder thematischen Einschränkungen für beantragte Projekte. Meist definieren Mittelgeber aber thematische Schwerpunkte oder Förderungslinien und schließen Vorhaben außerhalb dieses Rahmens zumindest in der Regel aus, so etwa die Volkswagenstiftung (VW-St.), die Deutsche Bundesstiftung Umwelt (DBU) oder die Hans-Böckler-Stiftung (HBS), um nur einige Beispiele zu nennen. Noch enger wird der Rahmen gefasst, wenn in Ausschreibungen thematischer Zuschnitt, Zweck und Antragsfristen bereits verbindlich vorgegeben werden, wie in der Regel etwa im Rahmenprogramm *Horizon 2020* der Europäischen Union (EU) oder in der Forschungsförderung der Bundesregierung, etwa des Bundesministeriums für Bildung und Forschung (BMBF).

Einige Mittelgeber fördern in der Regel nur Verbundprojekte, sei es mit akademischen Partnern, sei es mit Wirtschaftsunternehmen, und machen jüngeren Wissenschaftlern, die (noch) nicht über einschlägige Netzwerke verfügen, den Zugang zu Drittmitteln für eigene Projekte in diesen Förderprogrammen schwer (s. dazu auch 5.4).

Für die Förderung einer bereits ausgearbeiteten Projektidee wird man eine Institution suchen, die entweder gar keine thematischen Einschränkungen macht oder aber gerade solche Themenschwerpunkte vorgibt, zu welchen das Projekt passen könnte. Wo solche Themenschwerpunkte vorgegeben werden, muss im Antrag der inhaltliche Bezug ausdrücklich begründet werden. Ausschreibungen erfordern noch stärkere Anpassung. Anträge haben hier nur eine Chance, wenn sie den Vorgaben sowohl zum thematischen Zuschnitt wie auch denen zur Ausrichtung und zum Zweck folgen. Solche Vorgaben sollten explizit im Anschreiben und im Antrag berücksichtigt werden (zB durch Aufnahme zentraler Stichworte des Ausschreibungstexts). Die EU und Bundesministerien stellen beträchtliche Mittel für solche Ausschreibungen bereit und nehmen damit starken Einfluss auf die Steuerung von wissenschaftlicher Forschung.

Schließlich ist auch zu beachten, dass manche Förderinstitutionen – wie etwa die Hans-Böckler-Stiftung – Querschnittsthemen vorgeben und erwarten, dass in den Anträgen der Bezug zu diesen Querschnittsthemen dargelegt wird.

5.2.2 Art der geförderten Forschung

14 Einige Institutionen fördern eher Grundlagenforschung (etwa DFG und VW-St.), die vor allem auf den Fortschritt der Wissenschaft zielen; andere fördern dagegen vorrangig Projekte, die über den wissenschaftlichen Erkenntnisgewinn hinaus auch spezifischen gesellschaftspolitischen oder ökonomischen Zielsetzungen entsprechen und eher praktisch, anwendungs- umsetzungs- oder transferorientiert sind (s. etwa EU, BMBF, DBU, HBS).

15 Ziele und Zwecke der Förderung werden in der Beschreibung und Begründung der Förderungsschwerpunkte, in Ausschreibungen, in der Auswahl bisher geförderter Projekte, nicht zuletzt auch in den Evaluations- und Auswahlkriterien der Förderungsinstitutionen explizit sichtbar. Es ist also auch unter diesen Gesichtspunkten zu prüfen und abzuwägen, ob eine Projektidee oder ein Antrag zu einer Förderungsinstitution passt.

5.2.3 Projektart

16 Förderungsinstitutionen können Einzelprojekte fördern, die von einer wissenschaftlichen Einrichtung oder einer Person beantragt werden. Manchmal fördern sie schwerpunktartig auch Forschungsverbünde, in denen Wissenschaftler und andere Akteure verschiedener Organisationen (Hochschulen, Forschungseinrichtungen, Unternehmen, Bildungsinstitutionen, Gesundheitseinrichtungen usw.) zusammenarbeiten. Solche Forschungsverbünde, wie sie im Rahmenprogramm *Horizon 2020* der EU oder durch das BMBF gefördert werden, sind höchst anspruchsvoll: Sie verlangen komplexe, thematische wie organisatorische Abstimmungsprozesse zwischen den Partnern, erfordern oft auch ein Vertrauen untereinander, das nur in vorheriger erfolgreicher Kooperation aufgebaut werden konnte.

5.2.4 Persönliche und institutionelle Zugangsbedingungen

17 Die Annahme von Anträgen wird immer an formale Bedingungen gebunden, so etwa an Alter oder Nationalität, formelle Qualifikation oder Art der Institution der Antragsteller. Solche formalen Bedingungen sind strikte Ausschlusskriterien. Einige Institutionen fördern wissenschaftliche Einrichtungen, andere individuelle Antragsteller (Personen mit ihren Projekten); diese müssen zudem meist Beschäftigte einer wissenschaftlichen Einrichtung sein und dort ihr Einkommen beziehen. Es ist auch zu beachten, welche Qualifikation und einschlägige Erfahrung von den antragstellenden Personen erwartet werden; in der Begutachtung von Anträgen ist dies meist ein wichtiges Kriterium. Oft ist die Promotion die (formale) Mindestqualifikation; darüber hinaus kommt es, je nach Zielsetzung der Förderung, auch auf einschlägige Publikationen und Forschungserfahrungen an.

5.2.5 Antragsverfahren

18 Nach wie vor ist das Antragsverfahren in vielen Organisationen einstufig: Es werden nur vollständig ausgearbeitete Anträge angenommen und, wenn diese die formellen Bedingungen erfüllen, in das Begutachtungs- und Entscheidungsverfahren aufgenommen. Da abgelehnte Anträge in derselben Form oder demselben Zuschnitt kaum bei einer anderen Förderorganisation eingereicht werden können, die Organisationen oft sogar eine Erklärung verlangen, dass der Antrag nicht bereits vorher in dieser oder

ähnlichen Form woanders eingereicht worden ist, ist das einstufige Verfahren mit hohen Risiken für den Antragsteller verbunden – monatelange Arbeit war im Falle der Ablehnung umsonst.

Einige Organisationen (so die Projektträger der BMBF-Förderung, die VW-Stiftung, DBU und HBS) haben ein zweistufiges Verfahren eingeführt: Es werden zunächst Projektskizzen eingereicht und mit den Referenten besprochen und dann, wenn sie den formalen und inhaltlichen Anforderungen der Förderorganisation entsprechen, der internen oder externen Begutachtung zugeführt. Die Antragsteller, deren Skizzen diese Vorauswahl bestanden haben, werden dann ermutigt, einen Vollantrag zu stellen. Das zweistufige Verfahren vermindert die Risiken der Antragsteller; es erleichtert es auch, einen Antrag an die Bedingungen eines Förderprogramms anzupassen.

Dabei darf nicht übersehen werden: Nicht nur Projektanträge, auch Projektskizzen können sehr aufwändig sein. Das betrifft zum einen die meist strikten Seitenbegrenzungen einer Skizze bei vorgegebenen Gliederungspunkten, die umgesetzt werden müssen. Die Begrenzung zwingt zur Präzision, deren Fehlen in kurzen Texten eher bemerkt wird als in langen. Oft muss in Skizzen das gleiche inhaltliche Programm geliefert werden wie in Vollanträgen, nur eben sehr verdichtet. Zum anderen können die Mittelgeber zusätzlich zum eigentlichen Inhalt weitere Vorarbeiten verlangen, die nicht immer klar ersichtlich sind, aber dennoch wichtig für die Zusage, einen Vollantrag einreichen zu können (zB bereits im Vorfeld Zusagen von Kooperationspartnern vorzulegen). Die Mittelgeber geben sehr häufig konkrete Gliederungen für Skizzen vor, die in der jeweiligen Bekanntmachung enthalten sind. An diese Vorgaben muss man sich unbedingt halten, um nicht bereits im Vorfeld vor der eigentlichen Begutachtung wegen mangelhafter Berücksichtigung der Formalia aussortiert zu werden. Beispielhafte Orientierungshilfen geben die Hinweise der Hans-Böckler-Stiftung: Diese informieren nicht nur über die Anforderungen an die Skizze und die Auswahlverfahren; sie enthalten auch Links, um weitere, für die Antragstellung notwendige oder höchst nützliche Grundinformationen zu finden, so die Förderungsschwerpunkte und -bedingungen der Organisation, bislang in den Schwerpunkten jeweils geförderte Projekte, Ansprechpartner zur Vorbereitung der Skizzen etc. (https://www.boeckler.de/44447.htm)

Freilich garantiert bei zweistufigen Verfahren die Vorauswahl der Skizzen nicht den Erfolg des dann ausgearbeiteten Vollantrags. Der hängt nicht nur von der Qualität des Antrags ab; die Entscheidung über die Förderung treffen in den Organisationen letztlich Gremien, die nicht an die Vorauswahl und auch nicht an das Urteil der Gutachter gebunden sind und auch zusätzliche Kriterien – wie politische oder wirtschaftliche Relevanz – berücksichtigen können.

5.2.6 Kommunikation mit den Referenten der Förderorganisationen

Die Referenten der Förderorganisationen üben eine sehr wichtige, wenn auch meist nicht sehr sichtbare Steuerungsfunktion im Antragsverfahren aus. Sie kennen am besten den thematischen Zuschnitt und die Prioritäten- und Zwecksetzung von Förderungslinien und Ausschreibungen; sie haben Erfahrungen mit erfolgreichen und gescheiterten Projektanträgen ihres Zuständigkeitsbereichs. In zweistufigen Verfahren sichten sie nicht nur die Skizzen, sondern nehmen oft auch an der Auswahl derjenigen Skizzen teil, deren Autoren zu einer detaillierten Ausarbeitung eingeladen werden. Schließlich haben die Referenten häufig auch beträchtlichen Einfluss auf die Auswahl der Gutachter.

23 Wer einen Antrag stellen möchte, tut gut daran, zunächst Kontakt zu dem für das Themengebiet zuständigen Referenten zu suchen, um zu erkunden, ob das Vorhaben in den Rahmen der Förderprogramme passt oder auch angepasst werden muss. Oft bieten Institutionen Antragstellern auch eine solche vorgängige Beratung ausdrücklich an. Manche Förderer, so etwa die Bundesministerien veranstalten auch eine Skizzen- oder Antragsberatung, an der man unbedingt teilnehmen sollte, um auch solche Informationen zu Ausschreibungen und ihren Bezügen zu vorgängiger Forschung, ihre Hintergründe und Ziele gewinnen zu können, die nicht in den schriftlichen Verlautbarungen enthalten sind. Zudem werden oft inhaltliche Ausrichtungen genauer beschrieben und – noch wichtiger – Informationen darüber gegeben, was im Rahmen einer Förderlinie oder Ausschreibung nicht gefördert wird.

5.2.7 Selektivität der Bewilligung

24 Die Hürden der Bewilligung von Mitteln sind unterschiedlich hoch. Sie sind nicht einfach am Volumen der Mittel abzulesen, welche die jeweilige Organisation für die Forschungsförderung ausgibt. Wo das Mittelvolumen hoch ist, ist nämlich auch die Zahl der Anträge und damit der Wettbewerb zwischen Antragstellern groß. So ist ohne Zweifel die Europäische Union der größte Mittelgeber in Europa; die Chancen, dass Anträge Erfolg haben und Mittel bewilligt werden, sind aber geringer als in den meisten nationalen Förderungsorganisationen.

25 Eine andere Hürde ist sicherlich das akademische Prestige einer Förderungsorganisation. Organisationen, welche vor allem die Förderung von Grundlagenforschung zum Ziele haben wie die DFG oder auch die Volkswagen-Stiftung, erheben besonders hohe Ansprüche nicht nur an die wissenschaftliche Qualität des Vorhabens, sondern auch an Qualifikation, Forschungs- und Publikationserfahrung der Antragsteller und deren Standing im Wissenschaftsbetrieb; es gibt freilich auch spezielle Programme für Nachwuchswissenschaftler. Bei anderen Organisationen ist zu berücksichtigen, dass es meist nicht nur um wissenschaftliche Qualität, sondern auch um andere, etwa gesellschaftspolitische oder ökonomische Zielsetzungen geht und die Bewilligung von Mitteln nicht nur von der wissenschaftlichen Begutachtung, sondern – wie die Beispiele der Förderung der EU, des BMBF, der HBS zeigen – auch von politischen Prozessen der Entscheidungsfindung abhängt.

5.3 Formelle und informelle Anforderungen an Anträge

26 Antragsteller müssen wissen, dass sie nur Chancen der Bewilligung von Mitteln haben, wenn sie den je spezifischen Anforderungen der Förderungseinrichtungen gerecht werden. Grundlegende Bedeutung haben formelle Anforderungen: Sie sind Ausschlusskriterien. Allgemeine formelle Anforderungen finden sich auf den Websites der Institutionen bzw auch unter den Informationen über spezielle Förderprogramme oder auch Ausschreibungen. Sie bestimmen antragsberechtigte Personenkreise und Institutionen, Form der Antragstellung, Fristen für Einreichung ua.

27 Anforderungen an Inhalt, Form und Stil von Anträgen variieren beträchtlich zwischen den Mittelgebern; auch gibt es deutliche regionale und nationale Unterschiede. Manche Drittmittelgeber machen detaillierte Vorgaben zur Antragsstruktur, wie zB die Deutsche Forschungsgemeinschaft oder auch die Bundesministerien (s. Auszüge aus den Leitfäden oder Hinweisen unter 5.7.3). Wenn keine klaren Vorgaben gemacht werden, kann der Leitfaden für die Antragstellung der DFG nützliche Hinweise zur Struk-

turierung eines Antrags geben; er ist allerdings überwiegend auf Forschung bezogen, die eher grundlagenorientiert ist (siehe Merkblatt für Anträge auf Sachbeihilfen und Leitfaden für Antragstellung unter http://www.dfg.de/formulare/54_01/54_01_de.pdf).

Bei der Auswahl von Förderungsinstitutionen ist es aber wichtig, nicht nur die formellen Voraussetzungen der Antragstellung und die Auswahlkriterien zu kennen und zu beachten. In der Regel existieren auch informelle Voraussetzungen oder gar Hürden, über welche die öffentlich zugänglichen Informationen – etwa Websites der Förderorganisationen – kaum Auskunft geben. Wichtig ist daher der Kontakt zu den Referenten der Fördereinrichtung. Unbedingt erforderlich ist es, finanzielle Höchstgrenzen der Förderung vor der Antragstellung in Erfahrung bringen. Selbst gute Anträge können schon allein daran scheitern, dass im Verhältnis zu den Bewilligungspraktiken der Förderorganisation zu viel Geld beantragt wird. Einsparungen beim Budget bedeuten aber auch immer, dass man das Arbeitsprogramm anpassen muss, sonst arbeitet man nachher ohne ausreichende Finanzierung, oder der Geldgeber hält Arbeitsplan und Mittelausstattung für unrealistisch. Beides führt zur Absage. Hilfreich sind auch in dieser Hinsicht Informationen, die erfahrene Kollegen über Antragsstil, informelle Begrenzungen von Mittel- und Zeitrahmen und Evaluationsprozesse geben können. Freilich werden gerade solche Informationen oft als Geheimnis gehütet.

Wichtige Aufschlüsse über die Anforderungen, die ein Mittelgeber an Vorhaben anlegt, sind den Informationen über das Begutachtungsverfahren zu entnehmen. Ob der Zuschnitt eines Projekts zu einer Förderorganisation passt, lässt sich indirekt aus den Begutachtungskriterien und der Auswahl der Gutachter, nicht zuletzt auch den Themen von bewilligten Projekten schließen. Von Bedeutung ist etwa, ob rein wissenschaftsimmanente Kriterien gelten oder ob auch die Umsetzung von wissenschaftlichen Ergebnissen erwartet wird (s. dazu Kapitel 6). Nicht alle Organisationen machen ihre Auswahlprozesse transparent und stellen die Informationen dazu auf ihre Websites. Es lohnt sich dann, Informationen bei erfahrenen Kollegen einzuholen.

Wenn Anträge an ausländische oder internationale Förderorganisationen gerichtet werden, dann sind einige Besonderheiten zu berücksichtigen. Internationale Mittelgeber – wie die EU oder die *Ford Foundation* – oder nationale Einrichtungen anderer Staaten, die auch ausländischen Antragstellern zugänglich sind, verfügen in der Regel über hohe Fördervolumen und sind daher attraktive Mittelgeber. Die Anträge stellen aber nicht nur je spezifische Anforderungen an die Sprache (meist Englisch) sowie an Aufbau und Stil, denen ohne Erfahrung oder Hilfen von erfahrenen Partnern kaum zu genügen ist. Sie haben auch nur eine Chance der Bewilligung, wenn die Antragsteller gut in der internationalen Fachwelt vernetzt und durch Publikationen oder Präsenz auf internationalen Tagungen bekannt sind, zumindest aber auf der internationalen Bühne bekannte Kooperationspartner haben. Für die Anbahnung internationaler Forschungskontakte und die Vorbereitung gemeinsamer Forschungsvorhaben können die Kurzzeitstipendien und Partnerschaftsprogramme des DAAD von hohem Nutzen sein.

5.4 Strategien zur Verbesserung der Chancen der Drittmittelakquise

In den meisten Förderinstitutionen wird die Begutachtung durch *peers* durchgeführt – Wissenschaftler, denen hohe fachliche Kompetenz in ihrer Disziplin oder in spezifischen Forschungsfeldern zugeschrieben wird. Diese beurteilen nicht nur die Qualität des Antrags selbst; es geht immer auch darum, ob die Antragsteller wohl persönlich über die Qualifikationen und die Erfahrung verfügen, ein Vorhaben auch wirklich so durchzuführen, dass die Ziele mit den beantragten Mitteln realisiert werden können. Werden die Mittel nicht *ad personam*, sondern an die Institution – eine Universität oder Forschungseinrichtung – vergeben, dann bürgt die Institution für das Gelingen des Projekts.

32 Antragsteller weisen ihre Qualifikationen durch einschlägige Vorarbeiten, erfolgreich abgeschlossene Forschungsprojekte, vor allem aber durch wissenschaftliche Publikationen in dem entsprechenden Forschungsfeld nach. Die Chancen, Mittel einzuwerben, steigen mit Publikationen, die in der Fachwelt wahrgenommen und rezipiert werden. Um ein günstiges Umfeld für die Mittelakquisition zu schaffen, ist es daher dringend empfehlenswert, im angestrebten Forschungsfeld zu publizieren, möglichst in einschlägigen Zeitschriften. In Kapitel 8 geben wir weitere Hinweise, wie man dies erfolgversprechend tun kann. Sinnvoll und nützlich ist es auch, aus bereits laufenden Forschungsprozessen zu berichten. Beides dient dazu, die Relevanz der Forschungsprobleme sichtbar zu machen oder zu unterstreichen, und auf die wissenschaftliche und organisatorische Kompetenz der beteiligten Wissenschaftler hinzuweisen.

33 Wissenschaftliche Fachwelten bauen auf Prozessen der Kommunikation und Kooperation auf, in denen Argumente und Befunde entwickelt, ausgetauscht und diskutiert werden. Eine wichtige Rolle für die fachliche Kommunikation spielen Fachverbände und ihre Tagungen und Kongresse. Hier präsentieren und diskutieren Wissenschaftler ihre Forschung, werden auf interessante Forschungsprobleme und -ergebnisse und auf qualifizierte (auch: Nachwuchs-)Forscher aufmerksam und bauen nicht zuletzt persönliche Beziehungen auf, die für Informationen, Kooperation und Netzwerkbildung von Nutzen sind. Neben Publikationen können daher Präsentationen und Diskussionen auf Tagungen und Kongressen dazu beitragen, sich selbst und die eigenen Arbeiten bekannt zu machen und ein förderliches Umfeld für ein Forschungsvorhaben zu schaffen. Auch hierzu enthält Kapitel 8 nützliche Hinweise.

34 Für Projekte, die bei internationalen Fördereinrichtungen (wie etwa im Rahmenprogramm *Horizon 2020* der EU) oder auch ausländischen Fördereinrichtungen beantragt werden sollen, sind Publikationen in internationalen Zeitschriften sowie transnationale fachliche Beziehungen und Netzwerken sehr hilfreich, wie sie durch internationale Fachverbände, Kongresse, vorgängige Kooperationen und/oder Studienerfahrungen im Ausland entstehen; die EU-Förderung setzt meist bereits Kooperationspartner verschiedener Länder voraus.

35 Für jüngere Wissenschaftler, die (noch) wenig publiziert haben und wenig vernetzt sind, kann es hilfreich sein, Partner mit größerem Renommee zu suchen und evtl. erst einmal als Juniorpartner in einem Verbund aufzutreten, um sich in der Forschung zu etablieren. Das gilt eigentlich für alle Förderer, da es oft auch um 'Stallgeruch' geht. Das betrifft einmal die schlichte Beteiligung an Projekten in der Vergangenheit; das betrifft aber auch das Lernen von Ausdrücken und Begriffen, die in einer bestimmten Forschungsszene genutzt werden. Hier unterscheiden sich die ‚Szenen' zum Teil sehr stark. Außerdem lernt man in solchen Kooperationsbeziehungen die impliziten Anforderungen an die Projekte, die nirgendwo explizit geäußert werden, besser kennen.

5.5 Häufige Fehler der Antragstellung

36 ■ Es wurden zu wenig Informationen über Förderprogramme und -verfahren (zB nur aus der Website der Förderinstitution) eingeholt.

- Die formalen Bedingungen werden nicht erfüllt.
- Informelle Bedingungen werden nicht erkundet und erfüllt.
- Der Antrag hat einen ungenügenden Bezug zum Förderprogramm, zu den Erläuterungen zur Förderlinie oder der Ausschreibung.
- Der Antrag hat Mängel: zu lang, zu geringe Konsistenz zwischen Problemstellung, Design und Arbeits- und Ressourcenplan; zu knappes Forschungsdesign, unausgearbeitete oder unrealistische Arbeits- und Kostenplanung.
- Es mangelt an einschlägigen Vorarbeiten (Forschung, Publikationen).
- Das Projekt hat nicht hinreichend geeignete Partner.

5.6 Tipps

- Über das universitäre Büro der Forschungsförderung, Web-Recherche und Kollegen geeignete Förderprogramme suchen.
- Programm- und Ausschreibungstexte und Förderbedingungen sind sehr genau zu lesen und im Antrag unbedingt zu berücksichtigen.
- Es empfiehlt sich sehr, die Beratungsangebote der Förderorganisation zu nutzen und Kontakt zu den Referenten aufzunehmen, um zu erkunden, ob und unter welchen Bedingungen das Vorhaben Chancen auf eine Förderung hat.
- Eine Sichtung vom Mittelgeber im thematischen Schwerpunkt bereits geförderter Projekte erleichtert es herauszufinden, ob die Thematik des eigenen Forschungsvorhabens zur Förderinstitution passt. Auch die Evaluationskriterien können Hinweise darauf geben, ob Zielsetzung und Zuschnitt des eigenen Vorhabens zu einem Förderprogramm passen.
- Es ist wichtig, über die formellen Förderbedingungen hinaus auch informelle Bedingungen zu erkunden und zu berücksichtigen. Dafür können erfahrene Kollegen hilfreich sein.
- Zu empfehlen ist, den Antrag bereits in der Entwurfsphase mit erfahrenen Kollegen zu bereden, welche mit der Förderlandschaft, evtl auch mit den Verfahren und Anforderungen des Mittelgebers vertraut sind.
- Kooperationsabsprachen mit geeigneten Partnern sollten sehr frühzeitig getroffen werden.
- Die Vorgaben der Förderorganisation zu Antragsform und -struktur, zB Anzahl der Seiten oder Wörter müssen strikt eingehalten werden.
- Der Antrag muss explizit Bezug auf Ziele, Zwecke, Nebenzwecke und Bedingungen des geeigneten Förderprogramms nehmen.

(Weitere Tipps finden Sie unter 5.7.2 im Anhang zu diesem Kapitel: Zehn goldene Regeln der Antragstellung bei der DFG; 10 *„Golden Rules" of EU Applications* sowie *Success Criteria of EU Applications*).

5.7 Materialien

5.7.1 Nützliche Adressen

(Stand 20.6.2017)

Übersichten über Förderprogramme
Übersicht über Recherchequellen
http://www.tt.tu-clausthal.de/forschungsfoerderung/ *Elektronische Datenbank zu Förderprogrammen*
ELFI – Servicestelle für Elektronische Förderinformationen (150 deutsche Hochschulen angeschlossen)
http://www.elfi.info/ueber_elfi.php
Informationen über laufende Förderprogramme und Ausschreibungen
Newsletter Forschungsförderung der Universität Bremen
http://www.uni-bremen.de/forschung/forschungsfoerderung/newsletter.html
Informationen zu Frauen- und Genderforschung:
http://www.gffz.de/forschung/aktuelle-forschungsprojekte/
Informationen und Links der wichtigsten staatlichen und privaten Förderungsinstitutionen:
http://www.tt.tu-clausthal.de/forschungsfoerderung/institutionen/
Übersicht und Links zu Stiftungen
http://www.fachportal-paedagogik.de/guide-bildungsforschung/themen.html?seite=8493
Datenbank der Forschungsförderung von Bund, Ländern und EU
http://www.foerderdatenbank.de/Foerder-DB/Navigation/root.html

Förderprogramme einzelner Institutionen:
DFG:
http://www.dfg.de/foerderung/programme/
Volkswagenstiftung
https://www.volkswagenstiftung.de/foerderung/unser-foerderangebot-im-ueberblick.html
Deutsche Bundesstiftung Umwelt
https://www.dbu.de/foerderthemen
Forschungsförderung der Bundesministerien
http://www.foerderinfo.bund.de
Hans-Böckler-Stiftung
https://www.boeckler.de/pdf/fof_schwerpunktprofile.pdf
Fonds der EU
KOWI – Kooperationsstelle EU der Wissenschaftsorganisationen:
http://www.kowi.de/desktopdefault.aspx/tabid-36/218_read-2616/
Cordis Forschungs- und Entwicklungsinformationsdienst der Gemeinschaft:
http://cordis.europa.eu/home_de.html
Horizon 2020:
http://www.horizont2020.de/
Leitfäden für die Antragstellung
Universität Kassel 2012: Wie stelle ich einen Forschungsantrag?
http://www.uni-kassel.de/uni/fileadmin/datas/uni/forschung/Forschungsreferat/Dokumente/informationsbroschueren/2012/Antrag.pdf
Leitfaden für Anträge an Bundesministerien:
Knaack, V. (2012):Leitfaden für die Einreichung von Drittmittelanträgen bei Bundesministerien. Rostock:
http://www.zpp.uni-rostock.de/uploads/media/Leitfaden_zur_Antragstellung_bei_Bundesministerien.pdf
Informationen zur Antragsstellung für Mittel des Bundeshaushalts
https://www.ptj.de/antragstellung

5.7 Materialien

BMBF (oJ): Richtlinien für Zuwendungsanträge auf Ausgabenbasis (AZA)
http://www.bagkjs.de/media/raw/Richtlinien_fuer_Zuwendungsantraege_auf_Ausgabenbasis.pdf

Leitfäden für Anträge an die Deutsche Forschungsgemeinschaft (DFG)
„Mein erster Antrag – Nützliche Hinweise rund um die Antragstellung"
http://www.dfg.de/foerderung/wissenschaftliche_karriere/erstantrag/

Hinweise zur Antragstellung
http://www.dfg.de/download/pdf/foerderung/grundlagen_dfg_foerderung/wissenschaftliche_karriere/erstantrag/hinweise_antragstellung_sbh.pdf

Merkblatt Programm Sachbeihilfe
http://www.dfg.de/formulare/50_01/50_01_de.pdf

Leitfaden zur Antragstellung. Projektanträge
www.dfg.de/formulare/54_01/54_01_de.pdf

Volkswagenstiftung: Allgemeine Hinweise für Antragsteller
https://www.volkswagenstiftung.de/unsere-foerderung/fuer-antragstellerinnen/allgemeine-hinweise-fuer-antragsteller.html

Deutsche Bundesstiftung Umwelt Leitfaden für Antragsteller
https://www.dbu.de/2433publikation1314.html

Hans Böckler Stiftung Hinweise für Antragstellende
https://www.boeckler.de/44447.htm

5.7.2 Goldene Regeln

▶ **Zehn goldene Regeln der Antragstellung der DFG**   40

1. Der Antrag folgt den in den Merkblättern und dem Leitfaden angegebenen Hinweisen und bleibt im Rahmen des empfohlenen Umfangs von max. 20 Seiten.
2. Der Antrag ist klar gegliedert, präzise formuliert und aus sich heraus verständlich.
3. Die Projektidee ist originell und leistet einen wichtigen Beitrag zum Verständnis wissenschaftlicher (und ggf. auch gesellschaftlicher) Fragen.
4. Die wissenschaftliche Zielsetzung des Vorhabens ist auf zentrale Fragestellungen/ Thesen/ Annahmen fokussiert.
5. Die Ausführungen zum Stand der Forschung sind aktuell und stehen in direktem Bezug zur Zielsetzung des Forschungsvorhabens.
6. Die eigenen Vorarbeiten und das persönliche Profil spiegeln die Qualifikation und wissenschaftliche Unabhängigkeit der Antragstellerin/ des Antragstellers wider und lassen keinen Zweifel an der erfolgreichen Durchführung des Projektes.
7. Das Arbeitsprogramm ist schlüssig ausgearbeitet und folgt einer realistischen Zeitplanung.
8. Die Methoden sind passgenau auf die Fragestellungen ausgerichtet.
9. Der Mittelansatz ergibt sich schlüssig aus dem Arbeitsprogramm.
10. Antragsrelevante Informationen (zB unveröffentlichte Manuskripte, schriftliche Zusagen von wichtigen Kooperationspartnern) sind dem Antrag beigefügt.

Aus: DFG 2017: Hinweise zur Antragstellung in der Sachbeihilfe

http://www.dfg.de/download/pdf/foerderung/grundlagen_dfg_foerderung/wissenschaftliche_karriere/erstantrag/hinweise_antragstellung_sbh.pdf ◀

▶ **10 „Golden Rules" of EU applications**   41

- Read and "study" with sufficient time and tranquillity all (!) the programme, call and background information => 6 months.

- Check in detail if the proposal idea, set-up, partnership and finance plan matches main objectives of the programme.
- Ensure that the "problem" and the "solution" you want to contribute is relevant for the programme, within the call and the partnership.
- Define clearly the anticipated outputs, results and benefits.
- Be absolutely precise regarding the WHY, WHAT, HOW and WHEN of the proposed project and its components.
- Establish/ draw on a solid and experiences partnership. Ensure with sufficient anticipation that partners commit themselves in writing.
- Be clear, consistent, logical in the task descriptions, partner roles and in particular the main summary.
- Establish professional Management structures with sufficient budget and human resources. Agree with partnership.
- Avoid "last minute" actions and hence errors.
- Prepare "bottom-up" budget plan based on real costs and work packages. Draft detailed, realistic and coherent work plan. ◀

Karsten Seidel, Ikerconsulting. Presentation of EU Project Experience, Bremen, January 14, 2011

▶ **Success Criteria of EU applications**
- Include existing networks where useful.
- Read and respect all formal criteria and tender texts.
- Project description (unique, well justified, work and budget plan, simple and short, but precise => this requires time!
- Supply excellent summary in EN, DE, FR.
- First impression counts (aim, content, impacts, European).
- Ensure liquidity and co-finance.
- Justify/ explain solid co-operation network.
- Work with Member State offices and Brussels.
- Project Logic: Which activities lead to which goals?
- Quantify beneficiaries and impact where possible.
- Include internal evaluations and Quality policy in work plan.
- European relevance.
- Involve all partners – establish reciprocal exchange relations.
- Pinpoint complementary interests.
- Create consensual environment.
- Number of partners and countries involved.
- Reach target groups/ audience.
- Sustainability/ duration of effects.
- Sufficient time and „room" for preparation. ◀

Karsten Seidel, Ikerconsulting. Presentation of EU Project Experience, Bremen, January 14, 2011

5.7.3 Beispiele für Anforderungen an die Antragstellung: Deutsche Forschungsgemeinschaft und Bundesministerien

5.7.3.1 Deutsche Forschungsgemeinschaft

▶ Auszug aus dem Leitfaden für die Antragstellung. Projektanträge (s. DFG-Vordruck 54.01 – 06/14 http://www.dfg.de/formulare/54_01/54_01_de.pdf)

Ein Antrag besteht aus den folgenden drei Teilen:

A – Daten zum Antrag und Verpflichtungen

B – Beschreibung des Vorhabens

C – Anlagen (immer: pro antragstellender Person wissenschaftlicher Lebenslauf mit dem Verzeichnis der maximal zehn wichtigsten Publikationen).

...

A Daten zum Antrag und Verpflichtungen

Hier werden Angaben zum Projekt, zu den beteiligten Personen und notwendige Verpflichtungserklärungen erbeten. Über das DFG elan-Portal wird Ihnen ein elektronisches Antragsformular zur Erfassung dieser Angaben bereitgestellt. https://elan.dfg.de

B Beschreibung des Vorhabens

Für die Beschreibung Ihres Vorhabens verwenden Sie bitte die entsprechende Vorlage in deutscher oder englischer Sprache, die Ihnen im elan-Portal zur Verfügung gestellt wird. Die Beschreibung des Vorhabens darf nicht mehr als 20 Seiten umfassen.

1 Stand der Forschung und eigene Vorarbeiten

Legen Sie bei Neuanträgen den Stand der Forschung bitte knapp und präzise in seiner unmittelbaren Beziehung zum konkreten Vorhaben dar. In dieser Darstellung sollte deutlich werden, wo Sie Ihre eigenen Arbeiten eingeordnet sehen und zu welchen der anstehenden Fragen Sie einen eigenen, neuen und weiterführenden Beitrag leisten wollen. Die Darstellung muss ohne Hinzuziehen weiterer Literatur verständlich sein ...

Zur Illustration und Vertiefung der dargestellten Ergebnisse können Sie ... auf weitere eigene und fremde Arbeiten verweisen. Kennzeichnen Sie, wo Sie sich auf Arbeiten anderer Wissenschaftlerinnen und Wissenschaftler beziehen. Bitte führen Sie die erwähnten Arbeiten im Literaturverzeichnis unter Abschnitt 3 auf ...

1.1 Projektbezogenes Publikationsverzeichnis Ihrer Arbeiten

Bitte führen Sie hier Ihre wichtigsten Veröffentlichungen auf, die einen unmittelbaren Bezug zum beantragten Projekt haben und Ihre Vorarbeiten dokumentieren. Dieses Verzeichnis stellt eine maßgebliche Grundlage für die Projektbewertung dar.

Bitte beachten Sie hierzu die "Hinweise zu Publikationsverzeichnissen". www.dfg.de/formulare/1_91.

Bei Nichtbeachtung der Regeln zu Publikationsverzeichnissen kann die DFG Anträge zurückweisen.

...

Sollten Sie Erstantragstellerin bzw Erstantragsteller (vgl Abschnitt 5.2) sein und daher keine projektspezifischen Publikationen aufführen können, belassen Sie es bei Ihren maximal zehn wichtigsten Publikationen, deren Nennung Bestandteil Ihres wissenschaftlichen Lebenslaufs ist.

2 Ziele und Arbeitsprogramm

2.1 Voraussichtliche Gesamtdauer des Projekts

Bitte geben Sie an,

- wie lange das Projekt voraussichtlich (noch) laufen soll und wie lange eine Förderung durch die DFG benötigt wird,
- bei bereits laufenden Projekten: seit wann das Vorhaben bearbeitet wird.

2.2 Ziele

Stellen Sie das wissenschaftliche Programm und die wissenschaftliche Zielsetzung Ihres Vorhabens möglichst stringent dar.

Sofern Sie von dem Vorhaben neben der Erweiterung der wissenschaftlichen Erkenntnis Ergebnisse erwarten, die unter außerwissenschaftlichen – zB wissenschaftspolitischen, wirtschaftlich-technischen, gesellschaftspolitischen – Aspekten bedeutsam sind, sollten Sie darauf hinweisen.

2.3 Arbeitsprogramm inkl. vorgesehener Untersuchungsmethoden

… Geben Sie bitte eine detaillierte Beschreibung des geplanten Vorgehens während des Antragszeitraums (bei experimentellen Vorhaben: Versuchsplan).

Die Qualität des Arbeitsprogramms ist für die Förderungswürdigkeit des Vorhabens von entscheidender Bedeutung. Das Arbeitsprogramm muss schlüssig nachweisen, warum welche Mittel wofür beantragt werden, ggf. mit Hinweisen auf die einzelnen beantragten Positionen.

Stellen Sie die Methoden, die bei der Durchführung des Vorhabens angewendet werden sollen, eingehend dar: Welche Methoden stehen bereits zur Verfügung, welche sind zu entwickeln, welche Hilfe muss außerhalb Ihrer eigenen Arbeitsgruppe / Ihres eigenen Instituts in Anspruch genommen werden?

Bitte führen Sie die zur Beschreibung Ihres Arbeitsprogramms **zitierten** Arbeiten im Literaturverzeichnis unter Abschnitt 3 auf.

…

3 Literaturverzeichnis zum Stand der Forschung, zu den Zielen und dem Arbeitsprogramm

Bitte führen Sie in diesem Verzeichnis **ausschließlich** diejenigen Arbeiten auf, die Sie bei der Darstellung des Stands der Forschung, der Ziele und des Arbeitsprogramms **zitiert** haben.

4 Beantragte Module/Mittel

Begründung jeder Position für jede Antragstellerin und jeden Antragsteller, unter Angabe von Name, Vorname.

Beachten Sie bitte die ergänzenden Hinweise zur Beantragung eines Moduls im jeweiligen Modulmerkblatt …

5 Voraussetzungen für die Durchführung des Vorhabens

5.1 Angaben zur Dienststellung

Für jede Antragstellerin und jeden Antragsteller, unter Angabe von Name, Vorname, Dienststellung (bei befristetem Arbeitsvertrag Angaben zur Laufzeit und zum Zuwendungsgeber).

5.2 Angaben zur Erstantragstellung

Nur angeben, falls zutreffend: Name, Vorname der Erstantragstellerin und/oder des Erstantragstellers.

Bei der Begutachtung wird berücksichtigt, dass Sie noch wenig Antragserfahrung haben. … Wenn Sie gemeinsam mit weiteren Wissenschaftlerinnen und Wissenschaftlern einen Antrag

5.7 Materialien

stellen und sich selbst als 'Erstantragstellerin' bzw 'Erstantragsteller' bezeichnen, muss Ihr eigenständiger Projektanteil im Antrag deutlich erkennbar abgegrenzt sein.

5.3 Zusammensetzung der Projektarbeitsgruppe

Angabe nur der Personen, die im Projekt mitarbeiten, aber nicht aus diesem finanziert werden, mit Name, akademischem Grad, Dienststellung und Art der Finanzierung ...

5.4 Zusammenarbeit mit anderen Wissenschaftlerinnen und Wissenschaftlern

5.4.1 Wissenschaftlerinnen und Wissenschaftler, mit denen für dieses Vorhaben eine konkrete Vereinbarung zur Zusammenarbeit besteht ...

5.4.2 Wissenschaftlerinnen und Wissenschaftler, mit denen in den letzten drei Jahren wissenschaftlich zusammengearbeitet wurde

Diese Angabe soll es der Geschäftsstelle erleichtern, in der Begutachtung mögliche Befangenheiten auszuschließen.

5.5 Apparative Ausstattung

Angaben zu den für das Projekt zur Verfügung stehenden größeren Geräten (ggf. auch Großrechenanlagen, wenn Rechenleistung benötigt wird) ...

6 Ergänzende Erklärungen

Führen Sie hier bitte die von Ihnen bereits an anderer Stelle eingereichten Anträge zur Finanzierung dieses Vorhabens bzw Anträge mit Großgeräten auf.

C. Anlagen

Der wissenschaftliche Lebenslauf einer jeden antragstellenden Person mit ihren maximal zehn wichtigsten Publikationen ist zwingende Anlage des Antrags.

Damit die wissenschaftliche Leistung angemessen beurteilt wird, bittet die DFG Sie, bei der Darstellung des Lebenslaufs auf Umstände hinzuweisen, die zu einer Beeinträchtigung der wissenschaftlichen Arbeit geführt haben. Daher stellen wir Ihnen anheim, die Gutachterinnen und Gutachter zu informieren, wenn zB wegen der Betreuung von Kindern oder aufgrund einer langen, schweren Krankheit oder einer Behinderung nicht kontinuierlich gearbeitet werden konnte.

Bestandteil jedes wissenschaftlichen Lebenslaufs ist das Verzeichnis der maximal zehn wichtigsten Publikationen der jeweiligen Antragstellerin bzw des jeweiligen Antragstellers. Die aufgeführten Publikationen müssen nicht im Zusammenhang mit dem beantragten Projekt stehen.

Beachten Sie hierzu bitte die "Hinweise zu Publikationsverzeichnissen".www.dfg.de/formulare/1_91

... Darüber hinaus sind dem Antrag **ggf. weitere Anlagen** hinzuzufügen wie die Erklärung einer aufnehmenden Institution, Ethikvoten, wissenschaftliche Arbeiten u.Ä. Bei **Antragstellung über das elan-Portal** werden Sie vor dem Absenden Ihres Antrags zum Hochladen der erforderlichen Dokumente aufgefordert ... ◄

5.7.3.2 Informationen zur Antragstellung für Mittel des Bundeshaushalts

► Projektträger Jülich. Forschungszentrum Jülich

https://www.ptj.de/antragstellung (15.6.2017)

Grundsätzlich gelten die nachfolgenden Ausführungen für die Förderung mit Mitteln des Bundes. Die Projektförderung erfolgt auf Basis veröffentlichter Förderprogramme und -richtlinien. Veröffentlicht werden diese im Bundesanzeiger und über die Internetseiten der Förderinstitutionen. Mit der fachlichen und administrativen Umsetzung der Programme sind in der Regel Projektträger beauftragt. Vor der Antragstellung sollten Sie sich von den fachlich zuständigen Wissenschaftlerinnen und Wissenschaftlern bei den Projektträgern beraten lassen.

Fördergrundsätze

Ziele, Schwerpunkte und Maßnahmen der Forschungs- und Innovationsförderung des Bundes werden in Förderprogrammen definiert, die einen mehrjährigen Orientierungsrahmen bilden. Zu den Fördergrundsätzen gehört insbesondere die Übereinstimmung der Projektziele mit den Zielen eines Förderprogramms. Im Allgemeinen erfolgt die Förderung des Bundes durch Zuschüsse – im Regelfall für Verbundprojekte, in Ausnahmefällen auch für Einzelvorhaben. In einzelnen Bereichen können auch ausschließlich Einzelvorhaben Fördergegenstand sein. Die Fördermittel werden nur im Rahmen verfügbarer Haushaltsmittel vergeben. Ein Rechtsanspruch besteht nicht.

Verbundprojekte

Verbundprojekte sind ein wesentliches Instrument der Projektförderung, in denen Unternehmen und wissenschaftliche Einrichtungen projektbezogen zusammenarbeiten. Davon ausgenommen bleibt ein Leistungsaustausch mit Dritten im Auftragsverhältnis (Unterauftrag). Ziel der Förderung von Verbundprojekten ist es, die Zusammenarbeit von Unternehmen der gewerblichen Wirtschaft und/ oder wissenschaftlichen Einrichtungen zu gemeinsamen Anstrengungen anzuregen, Kapazitäten besser zu nutzen, Synergieeffekte zu erzielen und bei der Zusammenarbeit mit wissenschaftlichen Einrichtungen den Wissenstransfer zu beschleunigen.

Antragsberechtigung

Antragsberechtigt sind Unternehmen, Freiberufler und Selbständige sowie Hochschulen und außeruniversitäre Forschungseinrichtungen, in Einzelfällen auch Kommunen oder Verbände von Kommunen und kommunale Einrichtungen, Bildungseinrichtungen und Kirchen. Einzelne Programme sind speziell Antragstellern vorbehalten, die die Definition der kleinen und mittleren Unternehmen (KMU) der EU-Kommission erfüllen. Hochschulen und Forschungseinrichtungen können eine Förderung von bis zu 100 Prozent erhalten.

Antragstellung

Das Antragsverfahren kann ein- oder zweistufig sein. Bei zweistufigen Verfahren wird in der ersten Stufe eine Skizze eingereicht. Wenn diese positiv begutachtet wurde, erfolgt die formelle Antragstellung. Bei einstufigen Verfahren wird sofort ein formeller Antrag gestellt. Welches Verfahren gilt, regeln im Einzelfall die jeweiligen Programme oder Richtlinien.

Die Projektskizze

Eine Projektskizze soll in der Regel wie folgt gegliedert werden:

- Ideendarstellung (kurze Beschreibung der Aufgabenstellung);
- Ergebnis von Informationsrecherchen (Datenbanken und Literatur) zum Stand der Wissenschaft und Technik mit folgendem Spektrum:
  - Vorhandene Erkenntnisse beim Interessenten und bei Dritten;
  - Darstellung, ob das Vorhabenziel bereits derzeit Gegenstand von Forschungen/ Entwicklungen/Untersuchungen ist;
- eigene Einschätzung der Anwendungsmöglichkeiten;
- geschätzter Gesamtaufwand.

Der Projektantrag

Als Bemessungsgrundlage der Zuwendung ist eine Abrechnung von Ausgaben oder Kosten möglich. Die Abrechnung von Ausgaben ist nach der Haushaltssystematik der Regelfall, die Abrechnung von Kosten die Ausnahme.

5.7 Materialien

Antrag auf Ausgabenbasis (AZA)

Anträge auf Ausgabenbasis stellen die Antragsteller, deren Gesamtausgaben als Institution überwiegend über Zuwendungen der öffentlichen Hand finanziert werden. Dazu zählen zB Hochschulen, die Institute und Einrichtungen der Max-Planck-Gesellschaft e.V. sowie Einrichtungen der Leibniz-Gemeinschaft. Zu den Antragsunterlagen gehören insbesondere:

- Antragsformulare für Zuwendungen auf Ausgabenbasis (AZA), in rechtsverbindlich unterzeichneter Papierform beim zuständigen Projektträger und in elektronischer Form über easy-Online zu erstellen und einzureichen
- Finanzierungsplan, inkl. Erläuterungen, insbesondere zu Berechnungsgrundlagen und Mengenansätzen (bei mehrjähriger Laufzeit: Gesamtfinanzierungsplan + getrennte Finanzierungspläne für einzelne Kalenderjahre)
- Bonitätsunterlagen
  - Satzung/Gesellschaftsvertrag (soweit zutreffend)
  - lfd. Wirtschaftsplan (soweit zutreffend)
  - die letzten beiden bestätigten Jahresabschlüsse
  - ein aktueller Handels-/Vereinsregisterauszug (sofern eingetragen; nicht älter als 3 Monate)
  - eine Auskunft der Hausbank
- Vorhabenbeschreibung, Arbeitsplan
- Ergänzende Erklärungen des Antragsteller

Antrag auf Kostenbasis (AZK)

Zuwendungen zur Abrechnung von Kosten können gewerblichen Unternehmen, der Fraunhofer-Gesellschaft und den Helmholtz-Einrichtungen gewährt werden ...

Vorhabenbeschreibung (für AZK und AZA)

In der Vorhabenbeschreibung legt der Antragsteller dar, warum sein Vorhaben gefördert werden sollte. Sie muss die folgenden Punkte enthalten:

I. Ziele

- Gesamtziel des Vorhabens
- Bezug des Vorhabens zu den förderpolitischen Zielen (zB Förderprogramm)
- Wissenschaftliche und/ oder technische Arbeitsziele des Vorhabens

II. Stand der Wissenschaft und Technik; bisherige Arbeiten

- Stand der Wissenschaft und Technik (einschließlich alternative Lösungen, der Ergebnisverwertung entgegenstehende Rechte, Informationsrecherchen)
- Bisherige Arbeiten des Antragstellers

III. Ausführliche Beschreibung des Arbeitsplans

- Vorhabenbezogene Ressourcenplanung
- Meilensteinplanung

IV. Verwertungsplan

- Wirtschaftliche Erfolgsaussichten
- Wissenschaftliche und/ oder technische Erfolgsaussichten
- Wissenschaftliche und wirtschaftliche Anschlussfähigkeit

V. Arbeitsteilung/Zusammenarbeit mit Dritten

5. Einwerbung von Drittmitteln

VI. Notwendigkeit der Zuwendung

Für die Einreichung über das elektronische Antragssystem easy-Online erfolgt der Zugang über das Förderportal des Bundes. Darüber hinaus haben die Bundesministerien jeweils eigene Richtlinien, die die Anforderungen an Zuwendungsanträge beschreiben ... ◄

6. Evaluierung und Begutachtungsverfahren

Schon während der Ausarbeitung des Forschungsplans, erst recht aber bei der Formulierung des Antrags muss man sich fragen, unter welchen Gesichtspunkten und mit welchen Kriterien er beim Adressaten bewertet werden wird. Das hängt natürlich auch davon ab, bei welcher Förderorganisation der Antrag eingereicht werden soll. Größere, mit öffentlichen Mitteln ausgestattete Förderorganisationen oder Stiftungen legen der Beurteilung von Anträgen meist einen detaillierten Kriterienkatalog zugrunde und befolgen dabei ein recht genau festgelegtes Verfahren. In diesem Kapitel soll es um eher allgemeingültige Grundsätze und empfohlene Vorgehensweisen gehen, aufbauend auf den detaillierten Informationen des vorangehenden Kapitels.

LERNZIELE

Nach Lesen dieses Kapitels sollen Sie

- ihren eigenen Antrag einer Konsistenzprüfung unterwerfen können;
- die Verfahrensweisen der Begutachtung und Entscheidungsfindung durch Förderorganisationen kennen;
- die wichtigsten Kriterien der Begutachtung kennen.

6.1 Eigene Prüfung des Antrags vor dem Einreichen

Nachdem alles so, wie es in den vorangegangenen Kapiteln angeraten wurde, ausgearbeitet und niedergeschrieben wurde, liegt damit ein Antrag vor, der in konsistenter und nachvollziehbarer Weise auf der Höhe des aktuellen Standes der Wissenschaft ausgeführt und begründet ist, der kein überflüssiges Beiwerk enthält, und der so wie geplant auch durchgeführt werden kann, wenn die beantragten Mittel bewilligt werden, und der den Vorgaben der voraussichtlichen Mittelgeber entspricht. All dies zunächst jedenfalls nach dem Urteil der Verfasser. Aber als letztes muss man nun noch einmal selber prüfen, ob sich nicht doch im Antrag selber Gründe für seine Ablehnung finden lassen. Es ist lehrreich und nicht schwer, dazu selber Beurteilungskriterien zu entwickeln. Unerlässlich ist, dabei einen schonungslos selbstkritischen Standpunkt einzunehmen. Zusätzlich zu dieser Selbstkritik ist es äußerst nützlich, den Entwurf von Kollegen kritisch lesen zu lassen und sich mit ihnen zu beraten.

Zum einen geht es ganz trivial um äußerliche Anforderungen: Entspricht der Antrag den formalen Gliederungsvorgaben des Adressaten? Diese können, wie schon im vorigen Kapitel betont, je nach Drittmittelgeber beträchtliche Differenzen aufweisen, und es ist wichtig, sie genau einzuhalten. Die mit der Begutachtung und Auswahl der Anträge betrauten Personen haben gewöhnlich besseres zu tun als bei jedem einzelnen Antrag aufs Neue eine individuell gestaltete Gliederung zu studieren, um zu den für sie jeweils wichtigsten Punkten zu kommen. Natürlich muss der ganze Antrag auch optisch einen guten Eindruck machen, zB in ansprechender Weise formatiert sein. Mängel in diesen doch noch recht oberflächlichen Punkten sollten unter allen Umständen vermieden werden, denn sie können das Urteil über den Antrag negativ beeinflussen, zB weil sie leicht mit mangelhafter Kompetenz des Autors assoziiert werden.

Doch wichtiger für eine endgültig positive Beurteilung sind natürlich die inhaltlichen Anforderungen. Ein zentrales Kriterium, das noch ganz unabhängig vom fachwissenschaftlichen Gehalt des Antrags ist, bezieht sich auf seine innere Konsistenz. Sowohl im Vorhaben selbst als auch in seiner Darstellung im Antrag müssen alle logisch miteinander verknüpften Teile die enge gegenseitige Abstimmung zeigen, die in den vorigen Kapiteln ausführlich besprochen worden ist. Dabei muss der fertige Antrag ein lesbarer Text sein, der den Leser durch eine lineare Abfolge zunehmend detaillierter Beschreibungen und eine Kette begründeter Entscheidungen führt. Wir haben weiter vorne hoffentlich hinreichend oft betont, dass dieser lineare Argumentationsfluss des Antrags nur zu gewährleisten ist, wenn er aus einem zyklischen Arbeitsprozess hervorgegangen ist, wo in jedem einzelnen Schritt alle anderen Teile – die vorangehenden und die nachfolgenden – nochmals überprüft und nötigenfalls neu anpasst worden sind.

6   Schließlich nennen wir die fachlichen Kriterien. Sie lassen sich am besten als ein eingehendes Examen vorstellen: Ist der Antrag auf der Höhe des Standes der Wissenschaft? Bietet er etwas Neues? Beschreibt er ein realistisches, durchführbares Vorhaben? Sind die Mittelanforderungen angemessen? Dieses sind die im engeren Sinn fachlichen Kriterien, zu denen es aber in diesem Kapitel nur allgemeine Hinweise geben kann.

7   Mit diesen Kriterien im Kopf muss man sich als Autor einmal in die Rolle eines kritischen Gutachters versetzen und das eigene Projekt in allen Teilen mit allen möglichen Gegenfragen auf die Probe stellen: Ist der gerade betrachtete Schritt wirklich nötig? Bringt er das für den Fortgang dieses Vorhabens erforderliche Ergebnis? Habe ich ihn gut begründet? Ist er in dieser Form durchführbar? Mit welchen zusätzlichen Mitteln? Habe ich auch keinen Schritt übersehen?

8   So sollte der fertige Antrag einer harten Prüfung seiner Konsistenz ausgesetzt werden, und das Ergebnis muss positiv ausfallen. Die zwei folgenden Bilder geben eine schematische Anleitung für diese Prüfung. Auf der linken Seite ist mit den drei Feldern aus Abb. 1.3 eine mögliche Gliederung angedeutet, längs der der Antrag abgefasst ist und gelesen werden soll. Die Pfeile zur mittleren Spalte deuten (in Auswahl) an, auf welche strukturellen Elemente der Ausarbeitung des Projekts sich die Elemente der Gliederung hauptsächlich beziehen. In Abbildung 6.1 weist der Pfeil den Weg, auf dem die (selbst-)kritischen Fragen in „Leserichtung" des Antrags zu stellen sind: Sie beginnen bei der Forschungsfrage, um über viele Zwischenstufen bis zum Arbeits- und Kostenplan vorzudringen. Dabei ist in diesen Zwischenstufen, in denen die detaillierte Entfaltung des Projekts analysiert werden soll, die hier gezeigte lineare Abfolge gar nicht die einzig mögliche und vielleicht im konkreten Fall nicht die wirklich angemessene. Denn – wie in den vorigen Abschnitten oft betont – besonders hier müssen die Aspekte alle miteinander vernetzt sein. Die in der Abbildung angegebene Reihenfolge ist nur als Beispiel zu verstehen und alles andere als zwingend.

9   Die Fragen, die typischerweise beim Gang von oben nach unten zu stellen sind, stehen in Kurzfassung in der rechten Spalte der Tabelle in Abbildung 6.1. Sie sollen prüfen, ob die Schritte zunehmender Präzisierung, bei denen das Vorhaben sozusagen nach und nach in seine Bestandteile zerlegt wird, schlüssig auseinander hervorgehen.

6.1 Eigene Prüfung des Antrags vor dem Einreichen

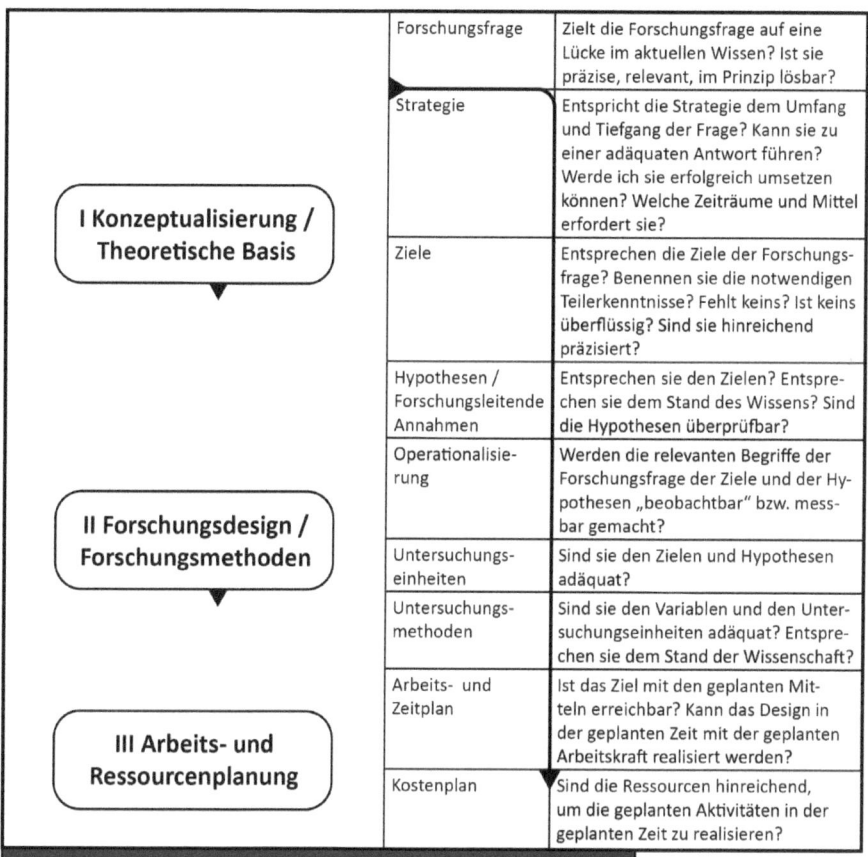

Abb. 6.1: Eigenevaluierung: Prüfung der Konsistenz

Von gleichem Gewicht wie die eben beschriebene „Vorwärts"-Kontrolle ist die Kontrolle in der Gegenrichtung, vom Kostenplan zurück zur Forschungsfrage. In Abbildung 6.2 läuft der Pfeil denselben Weg zurück, allerdings hat sich nun der Typ der Kontrollfragen geändert. Hier sollen sie prüfen, ob das Vorhaben aus den im Antrag benannten Bestandteilen wieder schrittweise zusammengesetzt werden kann, so dass sich am Ende tatsächlich eine Antwort auf die Forschungsfrage ergeben wird. Damit entspricht die Konsistenzprüfung in dieser Richtung viel mehr dem praktischen Ablauf des Vorhabens, wenn es denn einmal bewilligt ist und, nach Erhalt der Förderzusage, in die Tat umgesetzt wird.

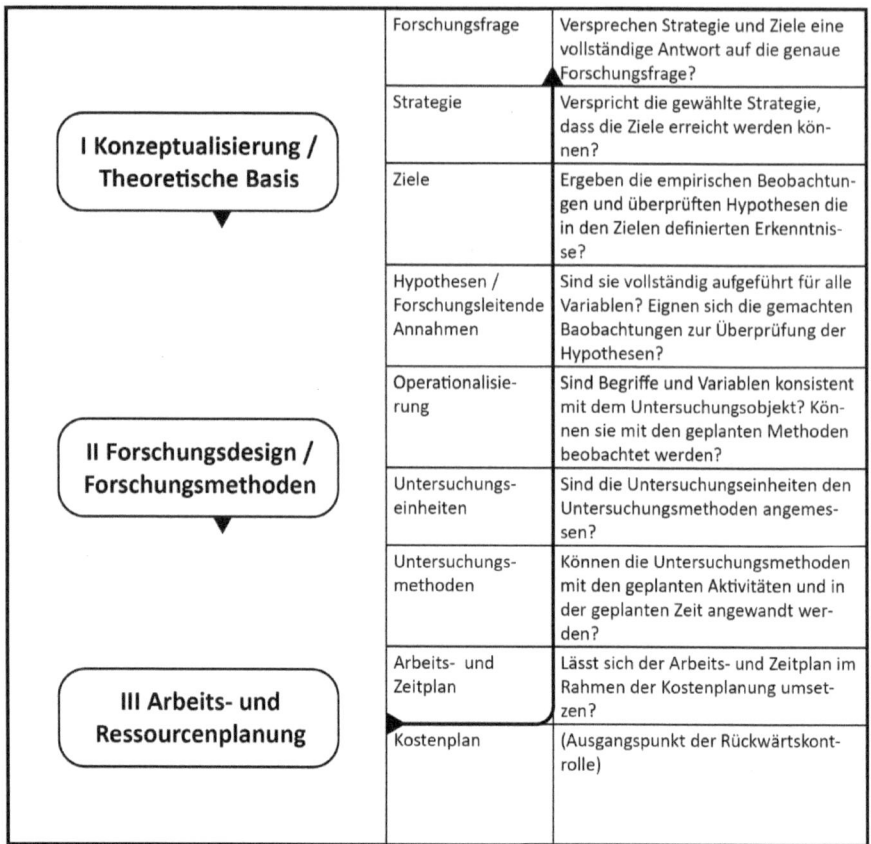

Abb. 6.2: Eigenevaluierung: Konsistenzprüfung in Gegenrichtung

11 Wenn man will, kann man die Vorwärts- und Rückwärts-Prüfung als Analogie zum Verhältnis von Analyse und Synthese betrachten: In der Analyse werden nach und nach die einzelnen kleinsten Bestandteile herausgearbeitet und genau charakterisiert, in der Synthese wird geprüft, ob sie sich zum Ganzen zusammensetzen lassen. Diese Analogie hinkt natürlich etwas, wie im Prinzip jeder Vergleich, macht aber den zentralen Punkt deutlich.

12 Zusammengenommen stellen diese beiden Tests eine abschließende Prüfung der Konsistenz des ganzen Projekts dar. Nur wenn beide Tests positiv ausfallen, beschreibt der Antrag ein Vorhaben, das tatsächlich durchgeführt werden kann und mit den adäquaten wissenschaftlichen Mitteln zu einer begründeten Antwort auf eine begründete Forschungsfrage führt.

6.2 Begutachtungsprozess

Typische Inkonsistenzen sind

- das Design ist ausgearbeitet, aber ohne klaren Bezug zu Forschungsproblem, -zielen und -hypothesen;
- das Design ist zu wenig ausgearbeitet, so dass die Arbeits- und Zeitplanung keine erkennbare Grundlage hat;
- die Arbeits-, Zeit- und Mittelplanung sind zu wenig detailliert.

6.2 Begutachtungsprozess

Größere, meist mit öffentlichen Mitteln ausgestattete Förderorganisationen oder Stiftungen befolgen ein recht genau festgelegtes, nichtöffentliches Verfahren bei der Beurteilung von Anträgen. Man kann es in eine Folge von drei Schritten unterteilen:

- Formale Evaluierung;
- Inhaltliche Evaluierung nach den von der Förderinstitution vorgegebenen Kriterien;
- Entscheidungsprozess.

In der ersten Stufe wird formal überprüft, welcher Ausschreibung von Fördermitteln der Antrag zuzuordnen ist, ob die entsprechenden Fristen eingehalten wurden und die Dokumente vollständig und den Richtlinien entsprechend ausgearbeitet wurden. Dazu gehören zB die erforderlichen (rechts-)verbindlichen Unterschriften der Institution, in der und mit deren Unterstützung das Projekt durchgeführt werden soll. Wichtig ist, ob der Antrag in seiner Struktur, insbesondere auch im Kostenplan (zB was die Namen der Haushaltstitel und die erlaubten Spielräume für das Verhältnis der entsprechenden einzelnen Beträge zueinander angeht) den formalen Vorgaben der Agentur entspricht. Manche Förderinstitutionen geben auch den Höchstumfang in Seitenzahlen vor.

Trivial, aber unabdingbar: Von elektronisch übermittelten Anträgen muss sich mit Standard-Methoden (zB mittels einer pdf-Datei) eine gut lesbare Druckversion herstellen lassen.

6.2.1 Anonymes Begutachtungsverfahren

Für Anträge, welche die formellen Anforderungen erfüllen, wird das Begutachtungsverfahren eingeleitet. Gutachter sind Experten; sie kommen als *peers* aus der Wissenschaft, aber je nach Zielsetzung der Förderorganisation oder -programme auch aus anderen Bereichen. Sie führen die Qualitätskontrolle durch: Sie evaluieren den Antrag nach den von der Förderinstitution vorgegebenen Kriterien. Zu Evaluierungsprozessen und -kriterien siehe auch die Übersicht in Tab. 6.1 am Ende dieses Kapitels.

Gleich ob nur eines oder mehrere Gutachten eingeholt werden, die Namen des oder der Gutachter bleiben in der Regel dem Antragsteller verborgen. Öffentlich ist dann allenfalls die Liste aller Gutachter, die sich der Förderinstitution zur Verfügung gestellt haben und meist ehrenamtlich arbeiten. Sie können zB durch ein Wahlverfahren, an dem alle potentiellen Antragsteller des Landes oder Einzugsgebietes teilnehmen, bestimmt (so bei der Deutschen Forschungsgemeinschaft DFG), oder von der Förderinstitution nach eigener Einschätzung und bestem Wissen aus anerkannten Experten ausgewählt worden sein (so etwa bei der Volkswagenstiftung oder beim BMBF). Den für das Fachgebiet oder Schwerpunktthema zuständigen Referenten kommt bei der Auswahl der Gutachter für einen konkreten Antrag eine wichtige Rolle zu; sie fassen im Übrigen später auch die Gutachten zur Entscheidungsvorbereitung zusammen oder fertigen in einigen Förderinstitutionen selber Stellungnahmen an.

19 Sowohl die Auswahl der Gutachter als auch die eigentliche Begutachtung erfordern Objektivität und Loyalität gegenüber einem fairen Verfahren, handelt es sich doch schon wegen der erforderlichen fachlichen Nähe oft um potenzielle Konkurrenten des Antragstellers. Hat eine Förderorganisation nicht nur wissenschaftliche, sondern zusätzlich bestimmte (gesellschafts-)politische oder praktische Ziele, wird sie ihre Gutachter natürlich auch unter diesen Gesichtspunkten auswählen.

20 Die fachwissenschaftliche Evaluierung durch erfahrene und anerkannte Kollegen heißt *peer review*. Sie wird auch bei den renommierten internationalen Zeitschriften angewandt, wo dies Verfahren als bestmöglicher Garant wissenschaftlicher Qualität der Veröffentlichungen gilt. Nichtsdestoweniger kommt es auch beim *peer review* aufgrund unterschiedlicher Kriterien oder subjektiver Anteile in der Bewertung bisweilen zu unterschiedlichen Urteilen verschiedener Gutachter und unter Umständen zur endgültigen Ablehnung exzellenter Vorhaben.

6.2.2 Evaluationskriterien

21 Bei der Evaluierung orientieren sich die Gutachter an einem Katalog von Kriterien, die von der Förderorganisation vorher festgelegt und bekannt gemacht wurden. Es kann hier nicht oft genug betont werden, wie wichtig es ist, sich als Antragsteller vorab darüber genau zu informieren. Die Kriterien der Begutachtung können je nach Profil der Förderorganisation nach ihrem Inhalt und/ oder nach ihrer Gewichtung unterschiedlich sein. Während die 'akademischen', an der Förderung von Grundlagenforschung orientierten Organisationen hier die wissenschaftliche Originalität, Relevanz und Qualität des Antrags, die Qualifikationen der Antragsteller und die Angemessenheit der Ressourcenplanung in den Mittelpunkt stellen (s. DFG und Volkswagenstiftung), lassen andere Organisationen die Anträge zusätzlich nach weiteren Kriterien, etwa der gesellschaftlichen, politischen oder wirtschaftlichen Relevanz der Vorhaben bewerten (s. Übersicht über Begutachtungsverfahren im Anhang). Eine Rolle kann auch spielen, ob das Projekt in ein förderliches Umfeld eingebunden ist.

22 Mit Sicherheit jedoch werden insbesondere genau diejenigen Bereiche geprüft, die hier in den Kapiteln 1 und 2 als Kennzeichen eines guten Forschungsprojekts herausgestellt und in ihren zahlreichen Aspekten eingehend diskutiert wurden. Kurz zusammengefasst noch einmal die Hauptfragen:
- Ist das Vorhaben wissenschaftlich innovativ?
- Baut es auf dem aktuellen Stand der Wissenschaft auf?
- Erscheint es so, wie im Antrag vorgelegt, erfolgreich durchführbar?

23 In manchen Bereichen, wie zB in der medizinischen Forschung, wird auch die ethische Zulässigkeit geprüft.

24 Bei der eingehenden Prüfung fallen dem Gutachter zuweilen Fragen auf, die erst noch geklärt werden müssten, um das Projekt insgesamt positiv bewerten zu können. Daraus kann sich eine Rückfrage an den Antragsteller ergeben (bei anonymer Begutachtung: auf dem Umweg über die Förderorganisation), in der um nähere Erklärung gebeten wird.

Nicht nur die expliziten Evaluationskriterien können mit dem Mittelgeber variieren, sondern auch das Gewicht, das einzelnen Antragselementen beigemessen wird – etwa der Verankerung der Problemstellung im Forschungsstand, der Zielsetzung, dem Design, der Art und Stärke der Kooperationsbeziehungen, sowie der gesellschaftspolitischen oder wirtschaftlichen Relevanz mit Aspekten wie Verwertbarkeit, öffentliche Resonanz und Nachhaltigkeit. Manche Förderungsinstitutionen suchen die Begutachtung zu objektivieren, indem sie Punkt- oder Prozentzahlen für die Gewichtung vorgeben (s. Übersicht im Kapitel 6.5).

6.3 Entscheidungsprozess

Sind diese Gutachten einmal erstellt, haben sie formal immer nur den Charakter von Empfehlungen an die Auswahlgremien; ihr Gewicht in den Entscheidungsprozessen der Organisationen ist aber erheblich. Für die akademischen Förderungsorganisationen sind die fachlich-wissenschaftlichen Gutachten sogar meist ausschlaggebend. In anderen Organisationen können Gesichtspunkte, die mit den Prioritäten der Förderungsprogramme zusammenhängen, oder auch 'politische' Aushandlungsprozesse in den Entscheidungskommissionen die Gutachten aber auch letztlich 'überstimmen'.

Da meist die Fördermittel nicht für alle Projekte ausreichen, ist auch unter den positiv begutachteten Anträgen eine weitere Auswahl erforderlich. Dabei können weitere Überlegungen in den Entscheidungsprozess eingehen. ZB könnte verglichen werden, welches von zwei Projekten einen im Vergleich zur beantragten Unterstützung „größeren" (wissenschaftlichen, gesellschaftlichen, wirtschaftlichen oder politischen) Fortschritt oder Nutzen verspricht. Öffentliche Mittel dienen in der Wissenschaftspolitik auch immer als Steuerungselement zur Entwicklung des Landes, woraus sich weitere Kriterien ergeben können, zB zur regionalen Ausgewogenheit, Schwerpunktbildung, Gendergerechtigkeit, Nachwuchsförderung etc. Nach welchen Prioritäten genau entschieden wird, hängt von der Förderorganisation ab und muss auf jeden Fall vom Antragsteller rechtzeitig erkundet worden sein. Zu verweisen ist hier wieder auf die Anregungen im vorigen Kapitel.

6.4 Wie es nach einer Ablehnung weitergeht

Wird ein Antrag abgelehnt, wird in der Begründung manchmal ein konkreter Hinweis gegeben, dass der Antrag in modifizierter Form neu eingereicht werden könnte (wenn die Ausschreibung dies formal zulässt). Die Antragsteller werden dann genau die Gründe für die derzeitige Ablehnung, die im Bescheid des Mittelgebers genannt werden, studieren und bei einer Überarbeitung berücksichtigen. Wird der Antrag aber rundweg abgelehnt, bleibt dieser Weg versperrt. Es ist dann davon abzuraten, den Antrag, so wie er ist, bei einer anderen Förderinstitution einzureichen, denn das spricht sich schnell herum; auch können eventuell dieselben Gutachter beauftragt werden. Oft verlangen Mittelgeber auch eine ausdrückliche Erklärung, dass der Antrag nicht auch anderswo eingereicht wurde. Nur nach einer gründlichen Überarbeitung, einer Veränderung des Zuschnitts, insbesondere der Zielsetzung des Vorhabens, sollte man andere Mittelgeber suchen. Es empfiehlt sich, dies mit den jeweiligen Referenten der Förderorganisation vorab zu besprechen.

6.5 Literatur und Materialien

Zur Evaluierung von Forschungsvorhaben:
    http://www.medsoz.uni-freiburg.de/dgms/DFG%202.pdf.
    http://www.wissenschaftsrat.de/texte/8328-08.pdf.

Beispiel für BMBF-Projekte: Gutachterbogen Ingenieure:
    https://www.aif-ftk-gmbh.de/fileadmin/user_upload/aif_ftk/PDF/Formulare/IngNach_2012_-_Gutachterfragebogen_.pdf.

Zum Logframe-Verfahren:
    http://www.jiscinfonet.ac.uk/InfoKits/project-management/InfoKits/infokit-related-files/logical-framework-info sowie http://www.ausaid.gov.au/ausguide/pdf/ausguideline3.3.pdf.

7. Projektmanagement

Mit der erfolgreichen Antragstellung und der Bewilligung von Ressourcen beginnt die eigentliche Durchführung des Projekts. Die grobe Planung, wie sie dem Antrag zugrunde lag, muss nun in konkrete Arbeitsschritte umgesetzt werden. Dies bedarf sowohl der genaueren und detaillierteren Planung als auch der Organisation und laufenden Koordination und Abstimmung komplexer, meist kooperativer Arbeitsvollzüge. Bei der Umsetzung kann sich jetzt zeigen, dass der Antrag sehr viele Probleme gar nicht anspricht oder sie offen lässt: Probleme die erst mit der Projektarbeit auftreten, deren Lösung für den Erfolg des Projekts aber unerlässlich ist.

Projektarbeit ist eine sehr komplexe Organisationsform, in der neues Wissen geschaffen wird, die aber auch mit hoher Unsicherheit und daher mit Risiken behaftet ist. Eine Vielfalt von Bedingungen – sachliche, finanzielle, zeitliche und personelle – haben Einfluss auf Projektverlauf und -erfolg und machen exakte Prognosen schwer. Projektarbeit setzt einerseits präzise Planung komplexer Prozesse voraus, verlangt andererseits wegen der vielen Unbekannten eine laufende Kontrolle und eine hohe Flexibilität.

Flexibilität wird vor allem aus zwei Gründen erfordert. Erstens können die auf die Ziele und das Design des Vorhabens zugeschnittenen Arbeitsaufgaben der Projektmitarbeiter zwar mittels Rollen-, Arbeitspaket- und Aktivitätsbeschreibungen vorab umrissen werden; trotz genauer Planung müssen sie aber gerade in innovativen Forschungs- und Entwicklungsprojekten im Projektverlauf immer wieder präzisiert, häufig auch verändert, neu definiert und vereinbart werden.

Zweitens verlangt die teilautonome, selbstorganisierte Forschungsarbeit im Team laufende Kommunikation und Verständigung. Der Erfolg des Projekts ist nicht nur von der Erfüllung der individuellen Arbeitsaufgaben, sondern auch von der flexiblen, an den gemeinsamen Projektzielen orientierten Zusammenarbeit abhängig. Für das individuelle, eigenverantwortliche Handeln wie auch für die Kooperation gewinnen aber nur solche Regelungen Verbindlichkeit, die von den Projektmitgliedern akzeptiert und vereinbart werden.

Projektförmige Forschungsarbeit im Team ist daher ein höchst sensibler sozialer Prozess. Sie verlangt hohe Kompetenz, Eigenverantwortung und Kooperationsfähigkeit der Mitarbeiter und zugleich die laufende Koordination, Kontrolle und Korrektur der Arbeitsprozesse sowie das Bewältigen von Schwierigkeiten und Krisen (Risikomanagement). Zu der inhaltlichen wissenschaftlichen Arbeit gesellen sich damit Aufgaben, auf die Wissenschaftler in der Regel wenig oder gar nicht vorbereitet sind. Sie müssen Aufgaben des Projektmanagements übernehmen: den Forschungsprozess steuern, die teamartige Zusammenarbeit organisieren und koordinieren, die laufende Zeit-, Kosten- und Qualitätskontrolle ausüben und Probleme und Konflikte lösen, sodass die Ziele bzw Ergebnisse in der geplanten Zeit mit den zur Verfügung stehenden Ressourcen erreicht werden (das sogenannte Magische Dreieck).

7. Projektmanagement

Lernziele

6 Dieses Kapitel sollte Ihnen Orientierungshilfen für das Management Ihres Projektes liefern:
- Sie kennen die Anforderungen an das Management eines Projekts.
- Sie kennen die grundlegenden Aufgaben der Organisation eines Projekts und deren Implikationen.
- Sie beherrschen die wesentlichen Prinzipien der Ablaufplanung und Steuerung eines laufenden Projekts.
- Sie kennen wichtige Probleme, die sich im Forschungsprozess auftun, und deren Lösungswege.
- Sie kennen Grundzüge des Risikomanagements eines Projekts.

7.1 Erste Schritte: Feinplanung der Organisation des Projekts

7 Zu Beginn muss die Organisationsplanung präzisiert und umgesetzt werden. Es müssen im Zusammenhang der Arbeits- und Ressourcenplanung die Rollen der Personen, die am Forschungsprozess teilnehmen sollen, genauer definiert werden. Dies betrifft sowohl die spezifischen Anforderungen und Aufgaben als auch die Formen und Phasen der Zusammenarbeit und findet einen Ausdruck in den Stellenausschreibungen.

8 Ferner muss die Nutzung der Ressourcen des institutionellen Umfelds gesichert werden. Das Projektteam braucht angemessen ausgestattete Arbeitsräume, individuelle Arbeitsplätze, Räume für Teamsitzungen sowie eventuell technische Arbeitsmittel, Laborausstattung, Zugang zur Bibliothek und zu Archiven etc. Die Betreuung der Computerprogramme und IT-Netze muss sichergestellt werden, ebenso die Mittelverwaltung. Auch die fachliche Einbettung des Projekts ist von Bedeutung: Information über das Vorhaben in fachlichen Kreisen innerhalb und außerhalb von Hochschulen und Forschungseinrichtungen, Sicherung der Kooperation von Kollegen etc.

9 Die Projektgruppe selbst wird die technische und administrative Infrastruktur nur im Ausnahmefall selbst aufbauen müssen oder auch können (und dies dann bereits in der Kosten- und Zeitplanung berücksichtigt haben). Sie ist in der Regel auf die Ressourcen und Dienstleistungen der Hochschulen und Forschungseinrichtungen angewiesen.

7.2 Auswahl und Einarbeitung der Mitarbeiterinnen und Mitarbeiter

10 Es gibt sehr verschiedene Formen der Suche und Auswahl der wissenschaftlichen Mitarbeiterinnen und Mitarbeiter. Wenn der Antrag nicht personengebunden, also auf bestimmte Personen zugeschnitten ist, müssen geeignete Projektmitarbeiter erst gefunden werden. In der Regel werden aufgrund rechtlicher Regelungen Projektstellen ausgeschrieben, und es finden Bewerbungsverfahren statt.

11 Insbesondere dann, wenn neue Mitarbeiter nicht an der Antragstellung mitgewirkt oder noch nicht einschlägige Erfahrungen in der Thematik haben, ist eine Einarbeitungs- und Integrationsphase notwendig. Hier geht es darum, die Mitarbeiter mit dem Forschungsproblem, dem zugrunde liegenden Forschungsstand, den Zielen und mit dem Design vertraut zu machen und Vereinbarungen über Arbeitsaufgaben, Arbeitsteilung und Kooperation zu treffen. Damit verbindet sich aber zugleich auch eine Ein-

übung in Kommunikations- und Umgangsformen, Diskussionsstil, Dokumentation von Arbeitsergebnissen, Konfliktregelung usw.

Die Aufgaben der Anleitung und Betreuung enden aber nicht mit der Einarbeitung. In jeder Phase des Projekts müssen weniger erfahrene Projektmitarbeiter beraten und in neue Arbeitsaufgaben eingeführt sowie die Ergebnisse überprüft werden. Hier stellen sich gegebenenfalls Aufgaben des Mentoring.

7.3 Vereinbarung der Grundregeln der Arbeitsweise

Die Projektmitglieder finden zu Beginn des Projekts eine Rahmenplanung vor, in der etwa fachliche und/oder Koordinationsfunktionen sowie die Arbeitsschritte im Projekt nur grob beschrieben werden. Es müssen nun Grundregeln der Arbeitsweise im Projektteam vereinbart werden, die die folgenden Bereiche betreffen:

7.3.1 Verantwortlichkeiten und Arbeitsteilung

Zu Beginn werden Verantwortlichkeiten im Projekt vereinbart. Dies betrifft einerseits die Funktionen der Projektleitung und die der einzelnen Mitarbeiter. Die Projektleitung ist für den Erfolg des Projekts verantwortlich. Sie achtet auf Termine, Kosten und Ergebnisse und führt die Projektgruppe. Das Projektteam erarbeitet alle Arbeitsergebnisse und sollte bei der Planung, Definition und Klärung der Ziele, Aufgaben und Zeiten mitwirken und gemeinsam Vereinbarungen treffen. Die Rollen und Kompetenzen der Teammitglieder sollten eindeutig geregelt und transparent sein. Dies kann schriftlich durch Dokumente wie Rollenbeschreibungen gestützt werden.

Bei diesen Vereinbarungen geht es nicht nur um das Forschungsprojekt bzw Projektaufgaben im engeren Sinne, sondern auch um individuelle Interessen und flankierende Projektaufgaben wie zB die Erstellung von Flyern, die Organisation der Dokumentation, Bücherbeschaffung etc.

Für die weitere Projektarbeit von zentraler Bedeutung ist es, sowohl die individuellen Arbeitsbereiche und -aufgaben der einzelnen Projektmitarbeiter zu bestimmen als auch gemeinschaftliche Arbeitsphasen zu klären, in denen die Arbeitsteilung aufgehoben oder verändert wird. Wenn, wie häufig üblich, die Forschungsarbeit auch der Qualifizierung, etwa der Erstellung einer Dissertation dient, ist eine frühzeitige und langfristige Abgrenzung der Arbeitsaufgaben unverzichtbar. Soll das Promotionsvorhaben innerhalb des Projekts realisiert werden, so müssen Raum und Zeit für die Konzeption und Anfertigung der Dissertation eingeplant werden – bei kürzeren Laufzeiten von Projekten kann dies sehr schwierig sein. In jedem Fall müssen auch die von der Projektarbeit verschiedenen sonstigen, in Arbeitsverträgen vereinbarten Verpflichtungen – etwa zu Lehre oder eigenverantwortlicher Forschung – berücksichtigt werden.

7.3.2 Dokumentation

Gerade weil die Arbeitsabläufe so wenig standardisiert sind und im Laufe des Projekts eine Vielzahl von Entscheidungen getroffen werden müssen, die für alle Mitglieder Verbindlichkeit haben, ist es notwendig, alle wichtigen Vereinbarungen – so vor allem zu Arbeitsaufgaben und -terminen – schriftlich festzuhalten und die Dokumente allen zugänglich zu machen.

18 Im Informationssystem bzw im Intranet sollten Ordner eingerichtet werden, in denen jeweils die wichtigsten Projektunterlagen (zB Antrag, Bewilligungsschreiben, Protokolle der Teamtreffen, Arbeits- und Zeitpläne, Informationsmaterial, Projektdokumente) enthalten sind.

19 Auch sollten alle Dokumente des Forschungsprozesses selbst ebenso wie die für das Projekt insgesamt wichtigen Materialien und Literatur allen zugänglich ins Netz bzw in das Datenmanagementsystem gestellt werden.

7.3.3 Arbeitszeiten und Arbeitsorte

20 Projektarbeit ist in vielen Phasen individuelle Arbeit, die von den Teammitgliedern eigenverantwortlich verrichtet wird. Sie kann im Büro, im Labor, im Forschungsfeld oder auch zu Hause ausgeübt werden. Zu Projektbeginn sollten auch darüber Vereinbarungen getroffen werden (zB Arbeitszeiten am Arbeitsplatz; Projekttage im Büro und disponible Tage).

7.3.4 Kommunikation und Teambesprechungen

21 Für eine wirkungsvolle Zusammenarbeit in Teams ist eine aktive Kommunikation zwischen den Projektbeteiligten und eine vertrauensvolle Kooperation wichtig. Dies bedarf nicht nur klarer und eindeutiger Absprachen, sondern auch der rechtzeitigen Information über allgemeine Vorgänge, Probleme und Verzögerungen. Solche Kommunikationsprozesse geschehen oft informell in der Projektarbeit, sollten jedoch formalisiert werden. Empfehlenswert ist deshalb die Durchführung regelmäßiger Teamtreffen, bei denen Projektfortschritte beredet, fachliche, organisatorische und kommunikative Probleme angesprochen und geregelt werden können. Das Internet, sei es über e-mails, Videokonferenzen, Filesharing etc erleichtern die Kommunikation, vor allem auch wenn die Teammitglieder sich nicht an demselben Ort befinden. Zur Schaffung von Transparenz des Informations- und Kommunikationsflusses sollten Meetings immer schriftlich dokumentiert werden. Verabredungen und Ergebnisse sollten protokolliert werden und für alle Projektmitglieder zugänglich sein.

7.3.5 Vereinbarungen zu Veröffentlichungen und zur Teilnahme an wissenschaftlichen Veranstaltungen

22 Zu Projektbeginn können schon Ziele vereinbart werden, die in der ursprünglichen Arbeitsplanung nicht vorgesehen sind, beispielsweise Veröffentlichungen der Teammitglieder aus dem Projektzusammenhang, Organisation eigener Veranstaltungen, Teilnahme und Präsentationen auf Fachtagungen etc. Ferner sollten Regeln vereinbart werden, wie Mitglieder die Darstellung von Projektergebnissen mit dem Team rückkoppeln (zB Veröffentlichungen nur nach gemeinsamer Diskussion).

23 Es sollten auch Vereinbarungen zu Themen getroffen werden, an denen sich später Konflikte entzünden könnten. Eines dieser Themen betrifft die Autorenrechte. So sollten (möglichst schriftlich) die Bedingungen vereinbart werden, unter denen Teammitglieder Autorenrechte bei künftigen Veröffentlichungen geltend machen können (zB auch Reihenfolge der Autoren).

7.4 Feinplanung des Projektablaufs

Bereits in der Arbeits-, Zeit- und Ressourcenplanung des (durch Bewilligungsauflagen möglicherweise modifizierten) Antrags wurde, wie in Kapitel 4 beschrieben, die vorgesehene Abfolge des Forschungsprozesses skizziert. Der Arbeitsablauf muss nun aber weiter verfeinert und präzisiert werden. Wieder bildet der Projektstrukturplan den Rahmen. Er dient, wie Bea, Scheurer und Hesselmann (2009, 140) schreiben „als Grundlage für die Arbeitsteilung im Projekt (…), indem Arbeitspakete abgeleitet werden, die an einen eindeutig Verantwortlichen delegiert werden können, die Vollständigkeit der abgeleiteten Aufgaben sicherstellen und die Basis für die notwendige Koordination bei Schnittstellen zwischen den Arbeitspaketen bilden."

Für die Ablaufplanung sind vor allem die Aufgaben und Aktivitäten und die Termine genauer zu planen. Der im Antrag präsentierte Arbeitsplan und die Arbeitspakete müssen weiter präzisiert werden, so zB Ziele, Zweck, Umfang, Aufgaben und Verantwortlichkeiten sowie Meilensteine als Termine, zu denen Arbeitspakete mit belegbaren Ergebnissen abgeschlossen werden müssen. (s. als Muster für die Dokumentierung das Formblatt 'Projektablaufplan' unter 7.10 Materialien). Projektmanagement-Software bietet hierzu viele Möglichkeiten an.

In der Regel werden zu Projektbeginn die ersten Vereinbarungen über den detaillierten Projektablauf getroffen. Das Team geht zunächst den Arbeitsplan mit seinen Meilensteinen durch, wie er im Antrag bzw in der nach der Mittelbewilligung korrigierten Version beschrieben wird. Man bespricht die einzelnen Teilaufgaben des Projekts und die Arbeitspakete und ihre wichtigsten Details und vereinbart die Termine, zu denen die Arbeitspakete mit den geplanten Ergebnissen abgeschlossen werden sollen. Ferner wird vereinbart, welche Personen (Mitglieder des Teams und externe Dienstleister) an den Aktivitäten der Arbeitspakete jeweils beteiligt werden und wer dabei welche Verantwortlichkeiten übernimmt.

Zusätzlich zu den bereits im Antrag enthaltenen Aktivitäten müssen dabei auch konkrete Anforderungen und Auflagen des Mittelgebers berücksichtigt werden, so etwa Kürzungen der Projektzeit, Berichts- und Publizitätspflichten etc. Dies alles wird in Dokumenten, zB im Projektablaufplan festgehalten, wodurch ein Aktivitäts- und Zeitrahmen festgelegt wird. Zugleich kann hier auch die Meilensteinplanung verfeinert werden.

Sodann wird man zumindest für das erste Arbeitspaket oder die ersten Arbeitspakete die Feinplanung vornehmen. Dazu werden die Arbeitsschritte des Arbeitspakets weiter detailliert, die Zeitpunkte ihrer Erledigung festgelegt und die Personen ausgewählt, welche die Arbeitsaufgaben übernehmen. Solche Absprachen können beispielsweise in Arbeitspaketbeschreibungen oder in anderen Dokumenten festgehalten werden (als Beispiel einer solchen Feinplanung siehe unter 7.10 'Materialien' das Formblatt 'Aufgabensteuerung und Zielerreichung'). Vereinbarungen sollten ebenfalls schriftlich festgehalten werden, um die Risiken von Missverständnissen und Konflikten zu mindern. Sie dienen dann als Grundlage der Kontrolle des Projektfortschritts und eventueller Korrekturmaßnahmen.

Um den Ablaufplan, der die Vorgangsabfolge mit den zeitlich aufeinander abgestimmten Einzeltätigkeiten der einzelnen Projektphasen übersichtlich und kontrollfähig festlegt, zu visualisieren, können Balkendiagramme oder Zeitbanddarstellungen (Gantt-Diagramme) genutzt werden. Sie dienen der groben Darstellung der Terminplanung, sind einfach und übersichtlich und werden in Forschungsanträgen oft eingesetzt. Heutzutage können sie leicht mit Hilfe von Software erstellt werden.

30 Allerdings werden mit Zeitbanddarstellungen die Abhängigkeiten und zeitlichen Folgen zwischen Vorgängen nicht explizit dargestellt. Das ist insbesondere bei komplexen Projekten ein Nachteil. Hierfür kann als Instrument der Ablauf- und Terminplanung die Netzplantechnik eingesetzt werden. Netzpläne geben einen vollständigen Überblick über die Gesamtheit der Teilvorgänge eines Projekts und deren gegenseitigen Abhängigkeiten. Sie ermöglichen im Gegensatz zu Balkendiagrammen eine klare Trennung zwischen Ablauf- und Terminplanung. Weiterhin sind beim Netzplan zeitliche Engpässe (kritischer Pfad) und Pufferzeiten leicht erkennbar. Sie können mit spezieller Software erstellt werden, sind aber pflegeintensiver und benötigen ggf. spezielle Schulungen und Kosten. Der Einsatz von Computer-gestützten Netzplänen sollte deshalb gut überlegt sein.

7.5 Steuerung des laufenden Forschungsprozesses: Zeit-, Mittel-, Arbeits- und Ergebniskontrolle

31 Der detaillierte Arbeits- und Zeitplan, in dem die Ziele und das Design umgesetzt werden sollen, sowie das bewilligte Budget bilden die Grundlage für die Steuerung des laufenden Projekts. Diese schließt ein:

- Zeitkontrolle – sie soll sichern, dass die Arbeitsschritte und -pakete und das gesamte Projekt innerhalb der geplanten Zeiträume abgeschlossen und die geplanten Ergebnisse erbracht werden.
- Mittelkontrolle – sie soll sichern, dass die Mittel dem Arbeitsplan entsprechend abgerufen und dem Kostenplan entsprechend verwandt werden.
- Ergebniskontrolle – sie soll sichern, dass die Arbeitsergebnisse auch die Qualität haben, wie sie im Antrag versprochen wird.

32 Die laufende Ergebnis-, Kosten-, Zeitkontrolle des Projekts ist eine der zentralen und schwierigsten Aufgaben des Projektmanagements. Da die Gesamtdauer des Projekts insgesamt klar begrenzt ist, bringen Zeitverluste bei einzelnen Aufgaben, Arbeitspaketen oder Teilaufgaben hohe Risiken mit sich, dass Projektziele nicht oder nicht mit der erwarteten Qualität erreicht werden können. Es muss daher kontrolliert werden, ob die Aufgaben innerhalb der vereinbarten Fristen erfüllt, die geplanten Ergebnisse erbracht und dabei nicht zuletzt auch die Verpflichtungen gegenüber dem Mittelgeber – etwa Berichts- und Veröffentlichungspflichten – erfüllt werden. Bei Verspätungen und Verzögerungen müssen die Ursachen ergründet und der Arbeits- und Zeitplan gegebenenfalls modifiziert werden; eventuell müssen auch die geplanten Ziele zurückgestutzt werden. Solche Änderungen setzen dann ausdrückliche Vereinbarungen mit den Mittelgebern voraus.

33 Das Projektcontrolling dient der Überwachung des Projektfortschritts und der Steuerung des Projektgeschehens. Es wird jedoch in Forschungsprojekten bislang nur rudimentär eingesetzt. Projektmanagement bietet hier zahlreiche Methoden an wie zB Projektfortschrittskontrolle oder Projektkostenüberwachung. Ein systematisches Berichtswesen mit Statusberichten und Dokumentationen zum Projektfortschritt schafft Klarheit. Damit können regelmäßig Soll-Ist-Vergleiche des Arbeits- und Terminablaufs vorgenommen, Gründe und Konsequenzen von Verspätungen bestimmt und Änderungen

des weiteren Projektablaufs geplant und schriftlich dokumentiert werden (s. 7.10.2: Formblatt zur Aufgabensteuerung und Zielerreichung für ein Arbeitspaket).

Auch der Mittelabfluss muss im Rahmen der Projektphasen kontrolliert, unvorhergesehene Mehrausgaben müssen ausgeglichen werden, wenn die Mittel bis zum Projektende ausreichen sollen. Auch hier müssen Änderungen evtl. mit den Mittelgebern abgesprochen werden, so vor allem, wenn Mittel, die für eine Kostenart (etwa Sachmittel) für eine andere (etwa Personalmittel) verwandt werden sollen.

Die Ergebniskontrolle kann sich freilich nicht in einer formalen Überprüfung erschöpfen. Zu prüfen ist ebenfalls, ob die Ergebnisse der Arbeitspakete die intendierte Qualität haben und das Projekt im vorgegebenen Zeit- und Mittelrahmen seine Ziele erreicht. So ist es im Forschungszusammenhang sehr sinnvoll, eine Qualitätsprüfung von (Zwischen-)Ergebnissen durch Publikationen und durch Präsentationen auf Tagungen oder Kongressen vorzunehmen. (s. dazu auch Kapitel 8). Forschungsarbeit kann dadurch im fachlichen Zusammenhang bekannt gemacht werden und Forschungsnetzwerke können etabliert werden. Kritische Einwände bieten Anreize für die Verbesserung der Forschungsarbeit.

7.6 Konfliktregelung

Der Erfolg der Projektarbeit hängt gleichermaßen von verbindlichen Vereinbarungen, vom kompetenten eigenverantwortlichen Handeln der Projektmitarbeiter und der laufenden Verständigung über Arbeitsaufgaben und Kooperation im Team ab.

Ein Forschungsprojekt ist ein empfindlicher Arbeitszusammenhang. Es arbeiten Personen mit unterschiedlichen Qualifikationen und unterschiedlicher Erfahrung zusammen; Arbeitsteilung und Arbeitsaufgaben sind flexibel und beruhen auf Vereinbarungen. Die Arbeitsleistung hängt in hohem Maße von der individuellen Leistungsfähigkeit, Arbeitsökonomie, Flexibilität und Motivation ab, und die Zusammenarbeit verlangt sowohl gegenseitigen persönlichen Respekt als auch Kritikfähigkeit und Offenheit für Kritik an den individuellen Arbeitsergebnissen. An die Projektleitung werden hohe Anforderungen fachlicher wie auch kommunikativer Kompetenz gestellt.

Die Zusammenarbeit in Forschungsprojekten bietet vielfach Anlass zu Konflikten. Typische Gründe sind:

- Arbeitsteilung, Arbeitsaufgaben und Verantwortlichkeiten sind nicht klar vereinbart, Phasen individueller und gemeinsamer Arbeit nicht klar strukturiert.
- Die Aufgabenerfüllung wird nicht hinreichend kontrolliert und sanktioniert.
- Die Mitarbeiter werden in ihrer Arbeit autoritär reglementiert, nicht hinreichend angeleitet oder im Laissez-faire sich selbst überlassen.
- Aufgrund unterschiedlicher Leistungsfähigkeit oder Motivation der Projektmitarbeiter selbst werden Arbeitsaufgaben nicht in der vorgesehenen und vereinbarten Zeit und in hinreichender Qualität erfüllt.
- Es zeigen sich Interessenunterschiede zwischen Personen, welche sich in sehr verschiedenen Phasen der beruflichen Laufbahn befinden. Das Team arbeitet nur zeitlich befristet zusammen, und mit der Forschungsarbeit verbinden sich jeweils unterschiedliche Perspektiven, je nach beruflicher Situation, Vertragsbedingungen etc. Für die älteren Kollegen in gesicherter Position hat das Projekt beispielsweise einen

anderen berufsbiografischen, aber auch ökonomischen Stellenwert als für Nachwuchswissenschaftler.

39 Es ist eine wichtige Aufgabe des Projektmanagements, Konfliktquellen zu identifizieren und in Organisation und Koordination bereits präventiv zu berücksichtigen. Konflikte können vermieden werden, wenn Vereinbarungen, welche die Arbeitsweise und die Arbeitsaufgaben betreffen, explizit getroffen und dokumentiert werden, Abweichungen diskutiert und Änderungen ausdrücklich vereinbart werden. Sie können gemindert werden, wenn das Projektteam regelmäßig Projektverlauf, Leitung und Zusammenarbeit selbst beredet und bewertet.

40 Eine schwierige Aufgabe ist die Konfliktregelung selbst – sie verlangt Sensibilität, Verantwortungsbewusstsein und Kommunikationsfähigkeit der Projektleitung, den Einsatz von Techniken zur Gruppenarbeit und Konfliktlösung (zB themenzentrierte Interaktion, Mediation, Coaching, Supervision) und im Grenzfall sogar autoritative Entscheidungen.

7.7 Risikomanagement

41 Projekte, insbesondere Forschungs- und Entwicklungsprojekte, sind qua Definition mit einem erheblichen Risiko behaftet; daher ist Risikomanagement ein wichtiger Bestandteil des Projektmanagements.

42 Risiken haben viele Ursprünge, sie können in der Projektabwicklung, in den Projektphasen, in der Projektunterstützung oder auch im Projektumfeld auftreten. Sie können durch unklare Ziele und Vereinbarungen, durch Veränderung von Anforderungen, fehlende oder unzureichende Methoden- und Verfahrenskenntnisse im Projektteam, durch Personalfluktuation oder auch durch äußere Umstände entstehen.

43 Risikomanagement dient der Vermeidung oder dem Umgang mit ungeplanten Ereignissen, welche den Projektverlauf gefährden können. Bei großen Projekten wird bereits im Vorfeld bzw in der Initialisierungsphase eine grobe Risikoanalyse durchgeführt. Schließlich kann die Höhe des Risikos die Entscheidung für oder gegen ein Projekt stark beeinflussen. Forschungsprojekte sollten daher den Umgang mit Risiken in das Projektmanagement einbeziehen und entsprechende Methoden einsetzen.

44 Risikomanagement besteht prinzipiell aus vier Aufgaben: Risiken identifizieren, Risiken bewerten, Maßnahmen planen und Risiken laufend überwachen.

45 Bei der Identifizierung von Risiken können bekannte Analyse- und Kreativitätstechniken helfen (Checklisten, Brainstorming, Befragungen usw.). In einem nächsten Schritt sind die identifizierten Risiken hinsichtlich Ihrer Eintrittswahrscheinlichkeit und den daraus resultierenden Auswirkungen auf die Projektziele zu bewerten. So können geeignete Maßnahmen zur Behandlung der Risiken bestimmt und damit die Voraussetzungen für einen erfolgreichen Projektverlauf deutlich verbessert werden. Typische Instrumente sind Risikoanalysen, Risiko-Portfolio/ Map, Risiko-Checklisten, aber auch SWOT-Analysen und Szenario-Techniken können eingesetzt werden.

46 Risiko-Checklisten sind ein einfaches, bewährtes Mittel, um potenzielle Risiken in Kategorien einzuteilen und zu bewerten (zB Stakeholder, Ressourcen, Termine, Kosten). In einer Risiko-Map werden in einer Matrix verschiedene Risiken und deren Eintrittswahrscheinlichkeit und Auswirkungen eingetragen. Eine einfache Risikoanalyse (auch vor Projektbeginn) kann in einer Teamsitzung in wenigen Schritten durchgeführt werden. Erst werden mögliche Risiken, die im Projekt auftreten können, gesammelt (zB

mit Brainstorming), deren Tragweite und Eintrittswahrscheinlichkeit (und ggf. Kosten) dann bewertet werden. Danach werden Ursachen für die Risiken mit großer Auswirkung und/ oder hoher Eintrittswahrscheinlichkeit beurteilt. Schließlich werden vorbeugende Maßnahmen und Eventualmaßnahmen entwickelt.

7.8 Häufige Fehler des Projektmanagement

- Unvollständige Ablaufplanung: Es werden wichtige Aktivitäten nicht oder nicht hinreichend eingeplant (zB Zeitaufwand für die Vorbereitung von Präsentationen und Publikationen).
- Unrealistische Zeit- und Kostenplanung. Wenn Zeiten für die Arbeitsschritte oder die Kosten zu niedrig angesetzt wurden, rächt sich dies im Projektverlauf: Das Risiko ist dann hoch, dass Ziele des Projekts nicht erreicht werden oder die Ergebnisse nicht die erwartete Qualität haben oder die Projektmitarbeiter nach dem Projektende unbezahlte Abschlussarbeiten machen müssen.
- Unklare Grundregeln der Arbeit: Grundlegende Vereinbarungen zu Arbeitsweise und Kommunikation werden nicht explizit genug getroffen, von den Projektmitgliedern unterschiedlich interpretiert und gewinnen damit nicht die nötige Verbindlichkeit. Vereinbarungen sollten daher dokumentiert werden.
- Mangelnde Zeitkontrolle: Verspätungen werden hingenommen und die weitere Planung nicht angepasst.
- Konfliktvermeidung: Es wird vermieden, konfliktträchtige Probleme – seien diese im Projektmanagement, in der Arbeitsweise der Gruppe oder in der Arbeit einzelner Projektmitglieder begründet – rechtzeitig anzusprechen und Konsequenzen zu ziehen.

7.9 Literatur

Baumann, D./ Pardo Escher, O. / Witschi, U. (2005): Projektmanagement in der Forschung. http://www.driftconsult.com/dok_cms/temp/AE523335-E021-96A3-53AE5FDDFE71DAE7/ForschungPM%2Epdf. (23.9.2017)
Bea, F. X./ Scheuer, S./ Hesselmann, S. (2009): Projektmanagement. Stuttgart: Lucius & Lucius.
Bernecker, M./ Eckrich, K. (2009): Handbuch Projektmanagement. München/ Wien: Oldenbourg.
Gesellschaft für Projektmanagement (GPM)/ Gessler, M. (Hrsg.) (2010): Kompetenzbasiertes Projektmanagement (PM3): Handbuch für die Projektarbeit, Qualifizierung und Zertifizierung auf Basis der IPMA Competence Baseline Version 3.0. Nürnberg: Deutsche Gesellschaft für Projektmanagement.
Harms, K. (oJ): Anleitung zum Erstellen von Netzplänen. http://www.neue-lernwelten.eu/skripte/netzplantechnik.pdf.
Nützliche Open Source- Software (23.9.2017):
- Projektmanagement: OpenProj: http://www.openproj.eu/.
- für die Ablaufs,- Zeit und Ressourcenkontrolle: http://www.ganttproject.biz/download.

7.10 Materialien

7.10.1 Formblatt 'Projektablaufplan'

Das folgende Formblatt zur Übersicht über einen Projektablaufplan legt für jedes Arbeitspaket sowie die finanziellen und inhaltlichen Berichte die spezifischen Arbeitsaufgaben, den Abschlusstermin und die Verantwortlichkeiten fest.

7. PROJEKTMANAGEMENT

Zeit	Was?	Aufgaben	Wer?
Terminvorgabe	Arbeitspaket 1:		Projektleiter / Mitarbeiter
Terminvorgabe	Arbeitspaket 2:		Projektleiter / Mitarbeiter
Terminvorgabe	Zwischenbericht		Projektleiter / Mitarbeiter
Terminvorgabe	Zwischenabrechnung		Projektleiter / Haushaltsabteilung
Terminvorgabe	Arbeitspaket 3:		Projektleiter / Mitarbeiter
Terminvorgabe	Arbeitspaket 4:		Projektleiter / Mitarbeiter

Quelle: Institut Arbeit und Wirtschaft, Universität/Arbeitnehmerkammer Bremen, Forschungseinheit: Qualifikationsforschung und Kompetenzerwerb

Abb. 7.1: Formblatt Projektablaufplan

7.10.2 Formblatt 'Aufgabensteuerung und Zielerreichung'

49 Das folgende Formblatt zur Projektsteuerung enthält für jedes Arbeitspaket Angaben über Arbeitsaufgaben, Verantwortlichkeiten und Termine. Es dient dem Soll-Ist–Vergleich und erfasst Änderungen sowohl des zeitlichen Ablaufs als auch der Inhalte.

7.10 Materialien

Projekt:			Team:		
Erstellt am:			Zu erledigen vom:	Bis zum:	
Arbeitsaufgaben Speicherort:	Arbeitspaket 1:				

Umsetzungs-schritte:	zu erledigen:			Anmerkung / Veränderung / Speicherort:	OK
	Bis zum:	Durch:	Erl. am:		
1					
2					
3					
4					
5					

Zusammenfassung der Ergebnisse bzw. Produkte (ggf. Verknüpfungen)

Musste wegen Korrekturmaßnahmen/Abweichungen der/die Mittelgeber/in informiert werden?

☐ ja
☐ nein

bei Ja: Dokumentation der Aktivitäten Maßnahmen und ihre Folgen in:
Abschluss am:

Unterschrift Mitarbeiter::
am:

Unterschrift Projektleiter:
am:

Quelle: Institut Arbeit und Wirtschaft, Universität/Arbeitnehmerkammer Bremen, Forschungseinheit: Qualifikationsforschung und Kompetenzerwerb (modifiziert)

Abb. 7.2: Formblatt zur Aufgabensteuerung und Zielerreichung eines Arbeitspakets

8. Darstellung und Publikation der Projektergebnisse

1 Wissenschaftler sind zur Offenlegung ihrer Forschungsergebnisse verpflichtet. Projektteilnehmer und speziell die Projektleitung muss in Berichten Rechenschaft gegenüber den Mittelgebern darüber ablegen, was im Rahmen des Projekts durchgeführt und erreicht worden ist, und das bezieht sich sowohl auf den wissenschaftlichen als auch auf den finanziellen Teil. Die Darstellung der Projektergebnisse dient dazu, die Fachöffentlichkeit über die Resultate zu informieren, Ergebnisse zur Diskussion zu stellen, eventuell auch auf neue Fragestellungen aufmerksam zu machen. Die Veröffentlichung (egal ob zB als Kongressvortrag oder Publikation in einer wissenschaftlichen Zeitschrift) ist ein Nachweis der Qualität der durchgeführten Forschung, ist also von großer Bedeutung für das wissenschaftliche Ansehen der Beteiligten, nicht zuletzt auch ihre zukünftigen Chancen der Mittelakquise. Die Denkschrift der Deutschen Forschungsgemeinschaft (DFG) zur Sicherung guter wissenschaftlicher Praxis lässt keine Zweifel darüber, dass Forschungsergebnisse erst dann als anerkannt gelten, „wenn sie veröffentlicht und damit der Kritik und Überprüfung zugänglich gemacht worden sind." (DFG 1998, S. 43). Insofern sollte jedes wissenschaftliche Projekt die Veröffentlichung der gewonnenen Erkenntnisse von Anfang an im Konzept mit einschließen. Die Veröffentlichung sichert das intellektuelle Eigentum der Autoren und der beteiligten Forschungsinstitutionen: Was veröffentlicht ist, kann nicht von anderen als geistiges Eigentum in Anspruch genommen werden (Kress 2002).

2 Berichte müssen meist schon während der Projektlaufzeit erstellt werden und sind üblicherweise den Geldgebern (einschließlich Hochschulen, Forschungseinrichtungen usw) vorzulegen. Sobald solide Daten und Auswertungen vorliegen, muss überlegt werden, welche Darstellungsform die geeignete ist. In Frage kommen beispielsweise Poster, Vortrag vor einem Fachpublikum, Zeitschriftenaufsatz oder auch eine Buchveröffentlichung.

LERNZIELE

3 Beim Lesen dieses Kapitels sollen Sie

- die Bedeutung von Berichten und Präsentationen der Ergebnisse als wichtige Bestandteile eines jeden Projekts einschätzen lernen;
- unterschiedliche Darstellungsformen, die genutzt werden können, um das Projekt und seine Resultate bekannt zu machen, kennenlernen und in ihrer Bedeutung abschätzen können;
- allgemeine Regeln der Ausarbeitung von Berichten, Vorträgen, Postern oder Manuskripten kennen und typische Fehler erkennen.

8.1 Übersicht der Darstellungsformen

4 Den Projektteilnehmern stehen verschiedene Möglichkeiten zur Verfügung, um das Forschungsvorhaben, speziell aber die Ergebnisse der Öffentlichkeit vorzustellen. Die nachfolgende Übersicht zeigt die Funktionen wie auch die Grenzen unterschiedlicher, sich ergänzender Darstellungsformen auf.

8.1 Übersicht der Darstellungsformen

8.1.1 Bericht

Der Bericht erfüllt primär Rechenschaftspflichten gegenüber den Mittelgebern. Berichte haben freilich nicht den Charakter von Veröffentlichungen und richten sich (meist) nicht an das Fachpublikum.

8.1.2 Vortrag innerhalb der eigenen Forschungseinrichtung

Er dient der Information von Kollegen (und Leitungspersonal) über Projekt und Ergebnisse, bringt Anregungen zum laufenden Forschungsprozess, zu künftigen Veröffentlichungen und fördert die Kooperation in der Institution und evtl auch mit Studenten, etwa durch angelagerte Examensarbeiten. Der interne Vortrag ist oft auch eine wichtige Probeveranstaltung, bevor das Projekt einer erweiterten Fachöffentlichkeit vorgestellt wird. Freilich bleibt die Diskussion meist auf ein lokales Fachpublikum beschränkt.

8.1.3 Poster auf einer (nationalen oder internationalen) Fachtagung

Es dient zur kondensierten Information des Fachpublikums über das Projekt, das Projektteam und seine Ergebnisse und schafft Möglichkeiten der direkten Kontaktaufnahme mit Spezialisten.

Poster sind allerdings nur Informationsangebote; sie werden leicht übersehen oder nur sehr oberflächlich gelesen, weshalb sie üblicherweise nicht den Stellenwert der Präsentation und Diskussion eines Vortrags haben.

8.1.4 Vortrag auf einer (nationalen oder internationalen) Fachtagung

Er ist ein wichtiges Mittel, um Projektergebnisse Fachkollegen, die in ähnlichen Themenbereichen arbeiten, vor- und zur Diskussion zu stellen. Er macht das Projektteam und Projektergebnisse bekannt, fördert neue Kooperationsbeziehungen und ebnet oft auch den Weg zur Veröffentlichung in Kongressberichten oder Fachzeitschriften.

Dabei hat der Vortrag auf internationalen Fachtagungen den Vorteil, dass das Projekt und seine Ergebnisse einem internationalen Publikum bekannt werden; entsprechend ergeben sich auch weitere, grenzüberschreitende Vernetzungsmöglichkeiten. Allerdings bedeutet die Vorstellung auf internationaler Bühne nicht unbedingt, dass die nationale Fachöffentlichkeit auf das Projekt aufmerksam wird.

Insgesamt liegen die Grenzen dieser Darstellungsform aber darin, dass Vorträge, eben weil sie mündlich sind, nicht wie Publikationen in Fachzeitschriften den Stellenwert von nachprüfbaren Dokumenten haben.

Einen guten Vortrag zu halten ist nicht einfach und erfordert üblicherweise eine Menge Übung, denn auf der einen Seite sollten die wichtigsten Forschungsergebnisse und Interpretationen auf klar verständliche aber auch attraktive Art und Weise den Zuhörern vorgestellt werden, auf der anderen Seite gibt es aber zeitliche Begrenzungen: Gerade auf wissenschaftlichen Tagungen ist die Zeit für jeden Vortrag vorgegeben (meist zwischen 10 und 30 Minuten liegend), und die Organisatoren achten streng darauf, dass diese Zeiten auch eingehalten werden. Bourne (2007) stellt einige fachübergreifende 'Regeln' vor, die bei einem mündlichen Vortrag zu beachten sind.

8.1.5 Mitteilung über Radio, Fernsehen oder Zeitung

13 Gerade bei Projekten, die eine gesellschaftliche Relevanz beansprucht, ist es von besonderer Wichtigkeit, nicht nur das Fachpublikum über die Ergebnisse zu unterrichten, sondern auch gerade die interessierte Öffentlichkeit. Interviews für Radio, Fernsehen, Zeitungen oder auch einberufene Pressekonferenzen können ein wichtiger Weg sein, um das Projekt und dessen Ergebnisse lokal oder national bekannt zu machen. Es sollte auch berücksichtigt werden, dass eine positive Berichterstattung nicht zu unterschätzende Rückwirkungen auf die Akzeptanz der durchgeführten Forschungsarbeiten seitens der interessierten Öffentlichkeit haben kann. Außerdem kann ein guter Kontakt zu diesen Medien dazu führen, dass sie sich bei entsprechenden (wissenschaftlichen) Anfragen direkt an diese Wissenschaftler wenden, die ihre Kenntnisse und Forschungsergebnisse einem breitem Publikum vorstellen möchten. Dieser Typ von Öffentlichkeitsarbeit ist nicht ohne Belang für den akademischen Lebenslauf.

8.1.6 Artikel in Fachzeitschrift

14 Er ist die beste und inzwischen geläufigste Form, das Fachpublikum über das Projekt und seine Ergebnisse in kondensierter Form zu informieren. Mehr als die bisher erwähnten Formen sind sie auch für den Lebenslauf und Bewerbungen wichtig. Dabei hat die Veröffentlichung in nationalen Fachzeitschriften den Vorteil, dass der Artikel in deutscher Sprache und entsprechend den Gewohnheiten und Anforderungen von Publikationen im deutschsprachigen Raum gedruckt werden kann. Er erreicht aber meist nur ein nationales Fachpublikum. Umgekehrt hat die Veröffentlichung in einer internationalen Zeitschrift den Vorteil weiter Distribution, verlangt aber, dass der Artikel in Englisch oder einer anderen Sprache verfasst werden muss. Eine internationale Publikation vermittelt mehr akademische Bekanntheit; allerdings sind die Risiken einer Ablehnung durch die Zeitschrift relativ groß.

8.1.7 Buchveröffentlichung

15 Dies ist die beste Form, ausführlich über Anlage und Ergebnisse des Projekts zu berichten. Der Zugang ist, anders als im Falle von Artikeln in Fachzeitschriften, nicht unbedingt auf das engere Fachpublikum beschränkt. Freilich muss erst ein Verleger gefunden werden, und Preis und Umfang von Büchern beschränken häufig die Rezeption; inzwischen sind es vor allem Aufsätze in Fachzeitschriften, in denen die wissenschaftliche Diskussion geführt und fortgeführt wird.

16 Diese Darstellungsformen sind nicht alternativ. Die Mitglieder des Projektteams müssen entscheiden, welche Darstellungsformen sie auswählen und in welcher Reihenfolge. So kann es sinnvoll sein, zunächst im lokalen Zusammenhang das Projekt und erste Befunde vorzustellen, auch um rechtzeitig Kritiken wahrzunehmen und verarbeiten zu können. Vor allem Kurzvorträge zwingen dazu, die Argumentation auf den Punkt zu bringen, und sind wichtige Proben der Qualität und Stimmigkeit der Gesamt-Interpretation. Sie können Ergebnis eines bereits geschriebenen Texts (Zeitschriftenartikels oder eines Buchs) sein; sie können aber auch für die spätere Strukturierung eines Texts hilfreich sein.

17 Bei der Erstellung von Präsentationen (und Publikationen) sollten die folgenden grundsätzlichen Regeln berücksichtigt werden:

- Die Darstellung der Ergebnisse soll objektiv und redlich erfolgen (siehe Kapitel 9).
- Die Darstellung soll sich auf das Wesentliche konzentrieren und Abschweifungen vermeiden (insbesondere dann, wenn auch das gesamte Forschungsdesign und ein umfangreicher Theorierahmen dargestellt werden müssen);
- Die Resultate und deren Interpretation müssen sprachlich präzise dargestellt werden.
- Zwischen eigenen Resultaten und denen anderer Kollegen (deren Publikationen dann entsprechend zitiert werden müssen) ist klar zu unterscheiden.
- Konkrete (zB gemessene) Daten und deren Interpretation sollten klar getrennt werden.
- Stärken und Schwächen der gewonnenen Daten sollten hervorgehoben werden.
- Auch eher 'unerwünschte' Resultate sind zu erwähnen.
- Abbildungen und Tabellen sollten sinnvoll eingesetzt werden.
- Die am Projekt beteiligten Personen sollten genannt und zugeordnet werden.

Im Folgenden gehen wir näher auf bestimmte Darstellungsformen ein: Berichte, Konferenzteilnahmen (Vorträge und Poster) und Publikationen in wissenschaftlichen Fachzeitschriften.

8.2 Berichte

Berichte sind Bestandteil eines jeden Projekts. Je nach Projektdauer handelt es sich dabei um einen oder mehrere Zwischenberichte, eventuell um einen gesonderten Abschlussbericht und häufig auch um einen Bericht zur finanziellen Abwicklung der bewilligten Forschungsgelder. Zu berücksichtigen ist, dass ein außeruniversitärer Geldgeber vielleicht eine andere Berichtstruktur verlangt als die Hochschule oder Forschungseinrichtung, wo das Projekt eingeschrieben wurde. Das kann dazu führen, dass für dasselbe Projekt unterschiedlich strukturierte Berichte angefertigt werden müssen. In diesem Zusammenhang ist zu klären, ob die Berichte den wissenschaftlichen zusammen mit dem finanziellen Teil umfassen sollen oder ob diese getrennt (eventuell sogar zu unterschiedlichen Zeitpunkten) vorzulegen sind. Die Mittelgeber machen meist klare Vorgaben zu den Berichtspflichten, was ihre Struktur, erwartete Mindestinhalte und Termine angeht. Es ist also sinnvoll, sich schon in der Initialphase des Projekts Klarheit darüber zu verschaffen, an wen, in welcher Form und zu welchem Zeitpunkt welche Berichte abzugeben sind. Diese Planung ist wichtig, denn die Nichtvorlage von Berichten kann unter Umständen dazu führen, dass die bewilligten Forschungsgelder zumindest erstmal eingefroren werden.

Es gibt eine unübersehbare Fülle von Berichtsformaten, so dass wir hier nur ein paar generelle Hinweise geben können und jeder angehalten ist, genau zu beachten, welches Format 'seine' Institution verlangt. Die Berücksichtigung der folgenden Punkte kann die Erstellung wissenschaftlicher Berichte erleichtern.

Ein Zwischenbericht sollte dem Geldgeber darüber Auskunft geben, ob sich das Projekt wie geplant entwickelt hat, der Zeitplan eingehalten wurde und die angestrebten (Zwischen-)Ergebnisse erreicht werden konnten. Etwaige Probleme sollten dargestellt und begründet werden; falls erforderlich, ist es auch angebracht, eine modifizierte Version des Zeitplans für die ausstehende Projektlaufzeit einzuarbeiten. Die Darstellung der Ergebnisse muss in enger Anlehnung an den Projektantrag durchgeführt werden.

8. Darstellung und Publikation der Projektergebnisse

21 Der Abschlussbericht sollte einen Überblick über die gesamten während der Projektlaufzeit erzielten Ergebnisse geben. Wie auch im Zwischenbericht muss gegebenenfalls klar gestellt werden, welche Ziele nicht umgesetzt werden konnten und warum nicht. Abgesehen von den direkten Forschungsergebnissen kann der Abschlussbericht aufführen, auf welchen Veranstaltungen (Kongressen, Fachtagungen, Interviews mit der Presse etc.) die Ergebnisse vorgestellt wurden, welche Manuskripte von welchen Zeitschriften akzeptiert oder publiziert wurden, welche anderen Manuskripte abgeschickt oder in (konkreter) Vorbereitung sind und welche eventuellen Patente eingereicht oder anerkannt wurden. Der Bericht kann auch auf Informationen zu möglichen anderen Produkten des Projekts hinweisen. Nicht zu vergessen sind dabei Examensarbeiten, die im Rahmen des Projekts durchgeführt oder abgeschlossen wurden. Schließlich bietet der Abschlussbericht gegebenenfalls auch die Möglichkeit, eine Verlängerung der Laufzeit des Projekts zu beantragen, stets begleitet von einer entsprechenden Begründung und dem dazugehörigen Zeitplan.

22 Häufige Fehler bei Berichten sind ua:
- Berichtstruktur entspricht nicht dem Format, das von den Geldgebern verlangt wird.
- Diskrepanzen zwischen den im Projektantrag formulierten Zielen und den tatsächlichen Projektschritten und -ergebnissen.
- Keinerlei oder unzureichende Erklärungen, warum Ziele nicht erreicht wurden und/oder der Zeitplan nicht eingehalten wurde.
- Bericht ist zu ausführlich oder zu kurz.

23 Manche Mittelgeber schicken zusammen mit dem Bewilligungsschreiben des Projekts gleich eine Tabellenkalkulation-Datei, in die die jeweiligen Budgetdaten einzutragen sind. Die Erstellung von Finanzberichten kann uU von entsprechenden instituts- oder universitätsinternen Abteilungen übernommen werden; oft ist es aber Aufgabe des Projektleiters, die Informationen bezüglich der Ausgabe der Projektgelder zu dokumentieren. Eine geeignete Kennzeichnung der einzelnen Belege ist wünschenswert und dient dazu, die Zuordnung der Ausgaben in der Datei zu erleichtern.

8.3 Präsentation auf Kongressen oder Konferenzen

24 Eine Präsentation auf einem nationalen oder internationalen Kongress eröffnet die Möglichkeit, das Projekt und seine Resultate einem interessierten Fachpublikum vorzustellen und zu diskutieren. Prinzipiell bestehen die Möglichkeiten eines Vortrags oder eines Posters. Unter einem Vortrag ist hier ein Fachreferat zu verstehen, bei dem in mündlicher Form in einem zeitlich festgelegten Rahmen über die eigene Forschung berichtet wird. Im Gegensatz dazu ist ein Poster eine zusammenfassende Darstellung wissenschaftlicher Ergebnisse in Form eines Plakats (mit meist vorgegebenen Maßen), wobei der Wissenschaftler in den *Poster sessions* der Konferenz dann die Möglichkeit hat, den Besuchern seine Arbeit zu erläutern. Beide Formen der Präsentationen sind prinzipielle Komponenten von wissenschaftlichen Tagungen, wobei ein Vortrag aber auch im Rahmen von vielen anderen Anlässen gehalten werden kann (zB Kolloquium, Arbeitsgruppentreffen, Festvortrag, Vortrag vor Geldgebern). Wie bei jeder Art von Publikation ist darauf zu achten, dass sowohl der Vortrag als auch das Poster auf das zu erwartende Publikum zugeschnitten sein muss.

8.3 Präsentation auf Kongressen oder Konferenzen

8.3.1 Vorträge

Der Titel und die Zusammenfassung eines Vortrags sind meist schon im Vorfeld an die Organisatoren einer Fachtagung zu schicken; oft erfolgt dies aufgrund eines *Call for papers* und schließt bereits eine erste Selektion durch die Veranstalter ein. Spätestens bei Erhalt des Annahmeschreibens durch das Organisationskomitee sollte sich der Vortragende folgende Fragen stellen:

- Was soll mein Vortrag vermitteln? Was ist die Fragestellung, was die *take-home message*?
- Vor wem spreche ich, und welche fachlichen Kenntnisse kann ich bei den Zuhörern voraussetzen?
- Wie viel Zeit steht mir für den Vortrag (und die anschließende Diskussion) zur Verfügung?

Bei der strukturellen Planung sollten drei prinzipielle Teile des Vortrags berücksichtigt werden (vgl Wensch 2004):

1. Sagen, was man sagen will.
2. Es sagen.
3. Sagen, was man gesagt hat.

Die inhaltliche Gestaltung hängt von der zur Verfügung stehenden Redezeit ab. Unabhängig davon kann als generelle Richtlinie für das Zeitmanagement folgende Faustregel empfohlen werden: *Einführung*: Problemstellung, Motivation: 15%; *Hauptteil*: Ansätze, Analysen, Ergebnisse: 75%; *Abschluss*: Schlussfolgerungen – Zusammenfassung – Ausblick: 10%.

▶ *Empfehlungen für Präsentationen* mit Folien/Power Point

- Als Faustregel kann gelten, dass jede Folie im Durchschnitt wenigstens 1 Minute in Anspruch nimmt. Die sinnvolle Ausnutzung der zur Verfügung stehenden Redezeit ist wichtig, denn das Publikum soll zum Mitdenken animiert werden, wobei die Folien als Gedankenunterstützung anzusehen sind. Sie sollten daher nicht mit Text überfrachtet werden, nur Stichworte enthalten und Zusammenhänge möglichst in einfachen Grafiken sichtbar machen.
- Alle Folien sollten durchnummeriert sein. Die erste Folie zeigt üblicherweise den Titel des Vortrags, die Namen der Autoren mit deren Institution und Adresse, eventuell auch den Namen und das Datum der Fachtagung, wo der Vortrag gehalten wird sowie die Logos der beteiligten Institutionen. Die zweite Folie kann die thematische Gliederung des Vortrags zeigen, wobei ein 'roter Faden' erkennbar sein sollte, d. h. ein klarer Zusammenhang zwischen der übergeordneten Fragestellung, den dazugehörigen Fragekomplexen, den entsprechenden Forschungsergebnissen sowie den abschließenden Schlussfolgerungen.
- Jede Folie sollte sich einer Idee, einem Thema widmen, und so viel Details wie nötig, aber eben auch so wenig Details wie möglich beinhalten. Wichtig ist, dass die Texte und grafischen Elemente gut lesbar sind.
- Der stichwortartige Text auf den Folien sollte den Vortrag unterstützen und begleiten, d. h. gewisse Überblicke bieten und wesentliche Aspekte zusammenfassend benennen.
- Auf keinen Fall sollten die Folien so gestaltet werden, dass der Vortragende schlicht alles abliest – das Interessante ist das gute Zusammenspiel zwischen dem, was er vorträgt und dem, was auf den Folien zu sehen ist. Grafische Darstellungen sind meist einprägsamer als reiner Text („Ein Bild sagt mehr als 1000 Worte"), so dass die Verwendung von Tabellen genau überdacht werden sollte. ◀

8. Darstellung und Publikation der Projektergebnisse

28 Beim Vortragen ist das freie Sprechen viel lebendiger und interessanter als das Ablesen von vorformulierten Texten, das leicht einschläfernd wirken kann, wenn der Vortragende nicht rhetorisch geschult ist. Keine Angst vor Versprechern! Wichtig auch, den Zeitrahmen einzuhalten, dabei aber nicht Zuviel hineinzupressen.

29 Es ist zweifelsohne eine gute Idee (für Anfänger ein MUSS!), den Vortrag vorher vor Arbeitskollegen oder Freunden zu üben. Das hilft abschätzen zu können, ob der Zeitrahmen realistisch ist, oder ob es eventuell nötig ist, auf das eine oder andere Detail und die eine oder andere Folie zu verzichten. Hinzu kommen die Kommentare der Kollegen, die dazu beitragen können, Stärken und Schwächen des Vortrags und des Vortragstils zu erkennen.

30 Als häufige Fehler bei Vorträgen sind folgende Punkte zu nennen:
- Probleme des Zeitmanagements (meist zu lang, manchmal aber auch zu kurz).
- Folien werden schneller gewechselt als der (nicht vorinformierte) Zuhörer sie verstehen und durchlesen kann.
- Der Vortrag ist überfrachtet mit Information.
- Es ist kein roter Faden erkennbar.
- Folien sind mit zu viel Text bzw Information gefüllt.
- Folieninhalte werden komplett vorgelesen.
- Schriftgröße und Symbole oder Skalenbeschriftungen sind zu klein.
- Der Vortrag schließt ohne Zusammenfassung und Ausblick.

8.3.2 Poster

31 Posterdarstellungen müssen auch ohne weitere Erklärungen für den Besucher verständlich sein. Bei der Konzipierung des Posters ist also zu berücksichtigen, dass der Besucher die Inhalte auch ohne zusätzliche Erklärungen verstehen und nachvollziehen können soll.

32 Bei der Gestaltung eines Posters (vorgegebene Postergröße berücksichtigen: meist DIN A0-Format: 841 × 1189 mm) sind grundsätzlich zwei miteinander zusammenhängende Aspekte zu beachten: Durchschnittlich verweilt ein Betrachter nur 2-3 Minuten vor einem Poster. Es muss also das Ziel sein, die Kernaussagen innerhalb dieser Zeitspanne zu vermitteln (vgl Werkle 2009). Zweitens will der Besucher möglichst viel sehen und möglichst wenig lesen (vgl Hoffmann, oJ). Der grafischen Darstellung kommt somit eine ganz besondere Bedeutung zu, so dass stets hinterfragt werden sollte, ob Texte und Tabellen nicht besser in Abbildungen überführt werden können. Das Poster sollte attraktiv gestaltet sein, die grafischen Elemente sollten die Aufmerksamkeit der Betrachter auf die Kernaussagen des Posters lenken.

33 Die inhaltliche Gestaltung eines Posters entspricht grundsätzlich der Struktur einer wissenschaftlichen Veröffentlichung. In den Posterkopf gehören der Titel der Arbeit, die Namen der Autoren (samt Mailadresse der Kontaktperson) sowie die Namen der beteiligten Institute, eventuell die Logos dieser Institutionen. Die weiteren inhaltlichen Komponenten eines Posters entsprechen der Struktur der Vorträge oder Publikationen und müssen sinnvoll auf die zur Verfügung stehende Posterfläche verteilt werden (vgl Werkle 2009).

Häufige Fehler beim Erstellen von Postern sind:
- Falsche Postergröße (entspricht nicht den von den Organisatoren vorgeschriebenen Maßen);
- zu viel Text;
- zu kleine Schriftgröße;
- Poster erscheint „zugepflastert" und überladen;
- Hintergrund ist zu dominant/ unruhig und lenkt vom Wesentlichen ab;
- verwendete Farben harmonieren nicht.

8.4 Publikation in einer wissenschaftlichen Zeitschrift

Wohl das wichtigste Medium für die Veröffentlichung von Forschungsergebnissen sind Fachzeitschriften. Der Auswahl der richtigen Zeitschrift kommt eine große Bedeutung zu, denn das so veröffentlichte Manuskript kann später nicht noch einmal bei einem anderen Journal eingereicht werden. Als Erstes sollte der Autor (eventuell unterstützt von befreundeten Kollegen) eine selbstkritische Analyse des Manuskripts und der darin enthaltenen wissenschaftlichen Information durchführen, um abschätzen zu können, für welche Zeitschrift der Text geeignet sein könnte. Zeitschriften haben ja nicht nur spezifische fachliche und thematische Zuschnitte; sie haben auch unterschiedliches wissenschaftliches Prestige und unterschiedlich hohe Qualitätsansprüche. Oft wird zur Bewertung der Bedeutung einer Zeitschrift der sogenannte *impact factor* herangezogen. Je höher dieser Faktor ist, desto mehr wird dieses Journal gelesen und zitiert, desto höher sind aber auch die Selektionsschwellen für eingehende Manuskripte. Viele internationale Zeitschriften verweisen direkt auf ihrer Internetseite auf den *impact factor*, der jährlich vom *Institute for Scientific Information* (ISI; *Web of Knowledge*: http://wokinfo.com/) berechnet wird. An dieser Stelle sollte aber auch darauf hingewiesen, dass der (unkritische) Gebrauch dieser Maßzahl für wissenschaftliche Produktivität nicht unumstritten ist (zB Gollnick 2005; Lawrence 2008). Das Echo, das Zeitschriftenveröffentlichungen in der Fachwelt finden, wird auch im jährlich publizierten „Journal Citation Report" (http://thomsonreuters.com/products_services/science/science_products/a-z/journal_citation_reports/) gemessen. Allerdings sind aus verschiedenen Gründen auch einige international hochangesehene Fachzeitschriften nicht in diesem Report berücksichtigt.

8.4.1 Auswahl der Zeitschrift

Die folgenden, allgemeinen Kriterien können hilfreich bei der Auswahl der 'richtigen' Zeitschrift sein:

8.4.1.1 Akademisches Prestige und Selektivität

Das eingereichte Manuskript sollte eine realistische Chance haben, in der ausgesuchten Zeitschrift veröffentlicht zu werden – eine kritische Einschätzung der Qualität des eigenen Manuskripts wie auch der Ansprüche der Zeitschrift ist nötig. Dabei kann die Kenntnis des *impact factor* oder die Zitierhäufigkeit der Zeitschrift hilfreich sein, wenn mehrere Zeitschriften in die engere Auswahl kommen. Manche Zeitschriften geben auch die Ablehnungsquoten bekannt.

8. Darstellung und Publikation der Projektergebnisse

38 Wenn es in einer Disziplin allgemeine und spezialisierte Fachzeitschriften gibt, kann es leichter sein, Artikel in der entsprechenden spezialisierten Zeitschrift unterzubringen.

8.4.1.2 Sprache

39 Zunehmend wird Englisch zur weltweiten Wissenschaftssprache. Vor allem in den Natur- und Ingenieurwissenschaften ist dieser Prozess schon weit fortgeschritten. Aber auch in den Geistes- und Sozialwissenschaften zeigt sich die Tendenz (oft auch die Anforderung), dass Forschungsergebnisse in internationalen Zeitschriften und dh meist in Englisch publiziert werden. Für juristische, geistes- und sozialwissenschaftliche Veröffentlichungen, insoweit sie sich auf nationale Kulturen und Institutionen beziehen, gibt es aber auch im deutschen Sprachraum ein breites und höchst differenziertes Spektrum von Fachzeitschriften, die für die nationalen Fachöffentlichkeiten von Bedeutung sind und in denen man auf Deutsch publizieren kann.

8.4.1.3 Thematischer Zuschnitt

40 Das Manuskript sollte inhaltlich zum thematischen und gegebenenfalls geographischen Schwerpunkt der Zeitschrift passen

8.4.1.4 Dauer des Selektionsprozesses

41 Von Belang ist auch, wie lange es durchschnittlich dauert, bis ein eingereichtes Manuskript zum Druck akzeptiert wird. Diese Information kann man bei den publizierten Beiträgen meist den Daten zum Eingang und zur Annahme des Manuskripts entnehmen. Hierbei ist allerdings zu beachten, dass die Dauer zwischen Manuskripteinreichung und dem Akzeptierungsschreiben des Herausgebers auch innerhalb einer Zeitschrift stark variieren kann, so dass wenigstens 5-10 unlängst publizierte Artikel auf die Daten bezüglich Eingang und Annahme des Manuskripts durchgeschaut werden sollten.

8.4.1.5 Manuskriptlänge

42 Viele, gerade naturwissenschaftliche Fachzeitschriften geben eine maximale Anzahl von Wörtern oder auch von Zeichen pro Veröffentlichung vor. Die Autoren sind also angehalten, zu überprüfen, ob die Wort- oder Zeichenzahl des Manuskripts nicht das vorgegebene Maximum übersteigt. Oft werden auch Vorgaben für die Länge des Abstracts gemacht.

8.4.1.6 Kosten

43 Im naturwissenschaftlichen Bereich verlangen viele internationale Zeitschriften eine sogenannte *page charge*, die leicht bei 50-60 US$ oder deutlich mehr pro gedruckte Seite liegen kann.

8.4.1.7 „Open access"-Zeitschriften

44 Hierbei handelt es sich um Zeitschriften, die einen offenen Zugang zu den einzelnen Artikeln anbieten, dh sie können von jedem Internetbesucher heruntergeladen, gelesen und gespeichert werden. Dieser *open access* erhöht die Wahrscheinlichkeit, dass der Artikel gelesen und später dann vielleicht auch zitiert wird. Zum Teil bieten Zeitschrif-

ten den Autoren an, dass ihr Beitrag nach Zahlung einer oft nicht unerheblichen Summe offen zugänglich gemacht wird, während alle anderen Artikel nicht frei zugänglich sind. Es gibt zwar immer mehr offene elektronische Zeitschriften, doch auch hier ist Vorsicht angebracht, denn nicht alle dieser neuen *online*-Journals erfüllen die Standards internationaler Zeitschriften, so dass sogar von „*predatory open access journals*" gesprochen wird (s. Bartholomew 2014; Beninger *et al* 2016).

8.4.2 Struktur eines Artikels

Jede wissenschaftliche Veröffentlichung muss sich an dem Kriterium bewähren, die neuen Ergebnisse und den Weg, auf dem sie gewonnen wurden, klar und nachvollziehbar darzustellen. Sie muss auch für die Wissenschaftler verständlich sein, die auf verwandten Gebieten arbeiten, aber keine Spezialisten in der gerade behandelten Forschungsfrage sind. Weniger verbindlich ist hingegen, welchen Aufbau ein wissenschaftlicher Artikel haben soll. Hier haben sich in den großen Wissenschaftsgebieten wie zB Naturwissenschaften oder Sozialwissenschaften unterschiedliche Traditionen gebildet; innerhalb derer es zudem noch beträchtliche Variationen gibt.

Häufig hat die ausgewählte Zeitschrift eine Internetseite, auf der die formalen Kriterien für die Ausarbeitung des Manuskripts aufgelistet sind. Während internationale Zeitschriften im angelsächsischen Raum oft Vorgaben zum Aufbau der zu veröffentlichenden Texte machen, beschränken sich deutsche Zeitschriften meist auf formale Vorgaben, etwa zu Zitierweise, bibliografischen Angaben, numerischen Gliederung. Dementsprechend zeigen selbst die in derselben Zeitschrift publizierten Beiträge beträchtliche Variationen im Aufbau. Es gibt keine verbindlich standardisierte Form, wie ein Zeitschriftenaufsatz gegliedert sein soll. Es empfiehlt sich daher, die Struktur von Artikeln in jenen Zeitschriften anzuschauen, in denen man gerne seine Arbeit veröffentlichen möchte, und sich daran zu orientieren. Es lassen sich aber doch einige allgemeine Elemente eines Manuskripts wiederfinden, möglicherweise in unterschiedlicher Anordnung, auf die wir im Folgenden etwas genauer eingehen wollen: Titel – Autoren, deren Adressen und Institute – Zusammenfassung mit Schlagwörtern – Einführung – Diskussion des Wissenstands und der theoretischen Grundlagen der Problemstellung – Untersuchungsdesign – Ergebnisse – Diskussion – Danksagung – Literaturliste.

Das Folgende orientiert sich prinzipiell an einer Gliederung, wie sie häufig in naturwissenschaftlichen Veröffentlichungen zu finden ist. Wir gehen aber auch auf die Vorstellung von den Ergebnissen quantitativ orientierter, hypothesenüberprüfender sozialwissenschaftlicher Forschung ein, die ebenfalls eine relativ standardisierte Struktur aufweist, die aber leicht von der naturwissenschaftlichen Artikeln abweichen kann: Nach der Einleitung werden in den folgenden Kapiteln zuerst die Hypothesen aus dem Forschungsstand entwickelt, die Untersuchungsdimensionen operationalisiert und das Forschungsdesign (Methoden, Proben etc.) resümiert. In einem anschließenden Kapitel werden dann die Ergebnisse präsentiert und abschließend interpretiert. Bei allen Unterschieden von Forschungsrichtungen und -zielen: Das Schlusskapitel hat einen großen Stellenwert, weil es den Ertrag der Forschungsarbeit resümiert. Es nimmt die Forschungsfrage auf, fasst die Ergebnisse zusammen, ordnet sie in den relevanten Diskussionszusammenhang ein, zeigt den Erkenntnisgewinn auf und eröffnet Fragen für die künftige Forschung.

8.4.2.1 Titel

48 Nur wenn der Titel interessant klingt, wird die Zusammenfassung gelesen, um im besten Fall die Publikation herunterzuladen, sie genau zu lesen und sie eventuell sogar dann später in eigenen Manuskripten zu zitieren. Es gibt wenigstens drei verschiedene Formen, einen Titel zu erstellen. Die erste und üblichste Form ist ein Titel, der beschreibt, was im Artikel dargestellt wird. Die zweite und inzwischen häufiger zu findende Titelform ist der Gebrauch einer Frage. Die dritte und bisher am wenigsten verbreitete Titelform ist die Schlussfolgerung oder These, dh der Titel gibt die Kernaussage des Beitrags wieder. Verschiedene Kombinationen zwischen diesen Varianten sind ebenfalls möglich.

8.4.2.2 Autoren

49 Die Autorschaft bei wissenschaftlichen Veröffentlichungen ist ein delikates Thema, das wir in Kapitel 9 noch genauer besprechen werden. Als Entscheidungshilfe, wer als (Ko-)Autor eines Manuskripts in Frage kommt, kann die folgende Sichtweise der DFG (1998) gelten: „Als Autoren ... sollen alle diejenigen, aber auch nur diejenigen, firmieren, die zur Konzeption der Studien oder Experimente, zur Erarbeitung, Analyse und Interpretation der Daten und zur Formulierung des Manuskripts selbst wesentlich beigetragen und seiner Veröffentlichung zugestimmt haben, d. h. sie verantwortlich mittragen." Neben der Frage, wer als Autor in die Publikation aufgenommen werden soll, ist auch zu entscheiden, in welcher Reihenfolge sie aufzuführen sind. Üblicherweise (aber eben nicht unbedingt in allen Fachbereichen) wird davon ausgenommen, dass der erste Autor maßgeblich am Projekt und an der Ausarbeitung des Manuskripts mitgewirkt hat, weswegen im Englischen auch der Begriff *lead author* benutzt wird (s. Thatje 2016). Auf der anderen Seite kann der letzte Autor (oft als *senior author* bezeichnet) die in Fachkreisen bekannteste Person sein, zB weil er oder sie Leiter einer Forschungsgruppe ist und seit Jahren in Fachzeitschriften publiziert. Eine typische Konstellation ist die Publikation einer Dissertation, wo üblicherweise der noch recht unbekannte Student als Erstautor steht, sein (in Fachkreisen bekannter) Tutor als Zweitautor oder als Letzter von mehreren Autoren aufgeführt wird. Die alphabetische Reihenfolge ist eine andere Variante, um die Frage der Autorensequenz zu lösen. Laut Waltman (2012) sind weniger als 4 % der Autoren von wissenschaftlichen Publikationen alphabetisch geordnet, vorwiegend in Sozialwissenschaften und Mathematik. Schließlich kann man darüber diskutieren, ob dem sogenannten *corresponding author*, also der Person, die die Kommunikation mit der Zeitschrift verantwortlich übernimmt, eine besondere Bedeutung zukommt. Einige Institutionen scheinen dem *corresponding author* einen gewissen akademischen Stellenwert zuzuordnen, andere betrachten diese Position als rein administrativ (Hess *et al* 2015)

50 Bei der Angabe der Adresse und der Institution muss darauf geachtet werden, dass der Name der Universität oder des Zentrums angegeben wird, wo das Projekt offiziell eingeschrieben und durchgeführt wurde. Dies ist besonders dann zu berücksichtigen, wenn Projektteilnehmer zum Zeitpunkt der Manuskriptausarbeitung nicht mehr bei derselben Institution arbeiten. In solchen Fällen kann dann die aktuelle Adresse (*present address*) angegeben werden.

8.4.2.3 Zusammenfassung und Schlagwörter

Die Zusammenfassung (*abstract*) ist ein wichtiger Baustein des Manuskripts bzw. der Veröffentlichung, denn üblicherweise haben die meisten Internetbenutzer freien Zugriff auf den Titel und die Zusammenfassung einer Publikation. Nach dem Lesen dieser beiden Elemente wird der Besucher dann entscheiden, ob er die Arbeit herunterladen oder den Artikel beim Autor anfordern wird.

Die Zusammenfassung kann als komprimierte Form des Manuskripts gesehen werden und sollte dem Leser ermöglichen, schnell und akkurat die Kernpunkte des Dokuments zu identifizieren, die Relevanz für die eigenen Interessen zu erkennen, und somit eine Entscheidungshilfe sein, das gesamte Dokument zu lesen. Die Zusammenfassung darf keine Informationen oder Schlussfolgerungen beinhalten, die nicht auch im Dokument zu finden sind. Außerdem sollten in diesem Teil üblicherweise keine Referenzen oder Danksagungen aufgeführt werden. Für die Darstellung der o.g. Inhalte stehen je nach Zeitschrift meist nur 150-300 Wörter zur Verfügung.

Die Schlagwörter (*key words*) sind hilfreich, um den Artikel thematisch zu klassifizieren, und erleichtern eine Suche in den entsprechenden bibliographischen Datenbanken. Es ist empfehlenswert, Wörter auszusuchen, die eine besondere inhaltliche Bedeutung im Dokument haben, aber nicht schon im Titel stehen.

8.4.2.4 Einleitung

Bei der Erstellung dieses Textteils sollte der Autor folgende Situation vor Augen haben: Wenn der Leser (einschließlich des Gutachters der Fachzeitschrift!) das wissenschaftliche Problem und dessen Bedeutung nicht erkennen kann, dann ist er auch nicht an der Lösung des Problems interessiert, die der Autor anbietet. Die Einleitung hat zum Ziel, genügend Informationen zur Verfügung zu stellen, damit das Fachpublikum die Hauptergebnisse des Artikels verstehen und ihre Relevanz einschätzen kann, ohne zusätzliche Veröffentlichungen konsultieren zu müssen. Insofern sollte in der Einleitung die Problemstellung und die Forschungsfrage beschrieben und aus dem aktuellen Forschungsstand heraus begründet werden. Die Länge der Einleitung kann sehr unterschiedlich sein, je nach Thematik und Komplexität der Problemstellung. Oft wird bereits in der Einleitung der Forschungsstand einschließlich der theoretischen Grundlagen resümiert und die Leitthese vorgestellt.

Hinsichtlich der Strukturierung ist zu empfehlen, mit einem generellen, also einem mehr allgemein gehaltenen Absatz zu beginnen, der das Thema bzw das Problem kontextualisiert. Am Ende der Einleitung sollte der Leser überzeugt sein, dass die – üblicherweise im letzten Abschnitt der Einleitung angesprochene – spezielle Fragestellung fachlich klar begründet ist und dringend einer Klärung bedarf.

Die Einleitungen sozial- oder geisteswissenschaftlicher Texte zeigen in ihrer argumentativen Struktur beträchtliche Variationsspielräume. Gewöhnlich ist dies der Ort, an dem die Forschungsfrage entwickelt und in einen Kontext gestellt wird, der ihre – etwa wissenschaftliche, gesellschaftliche, politische – Relevanz deutlich macht. Oft wird bereits in der Einleitung der Forschungsstand resümiert und die Leitthese vorgestellt, manchmal werden auch hier bereits die Ergebnisse zusammengefasst. Bei sozialwissenschaftlicher Texten muss aber die Einleitung immer mit einer Erläuterung der Gliederung der folgenden Kapitel abschließen; sie gibt damit den roten Faden der Argumentation vor. Es zeigen sich dann aber große Unterschiede in der folgenden Gliederung, je nach methodischer Grundlage oder auch Zielsetzung der Forschung.

57 Viele sozialwissenschaftliche Artikel bauen aber gar nicht auf der Erhebung und Interpretation von Primärdaten und auf eigener empirischer Forschung auf, sondern stützen sich auf die vorhandene Literatur und verschiedene Datenquellen. Hier zeigen sich auch die größten Variationsspielräume. Zentrale Bedeutung erhält die Konsistenz der Argumentation, die Abfolge der aus der Literatur begründeten, nachvollziehbaren Argumentationsschritte, welche schließlich zu einer Antwort auf die Forschungsfrage führen.

8.4.2.5 Untersuchungsdesign

58 Unter diesem Namen ist dieser Gliederungspunkt in vielen – vor allem in naturwissenschaftlichen – Fachzeitschriften ein ausdrücklich geforderter Bestandteil der Artikel. Doch auch wenn dieser Abschnitt nicht explizit gefordert wird, ist er dem Inhalt nach unverzichtbar. Er muss die Informationen enthalten, mit denen eine fachlich kompetente Person die Experimente bzw Beobachtungen wiederholen und zu denselben Schlüssen wie die Autoren gelangen könnte. Es geht darum, wie die Begriffe bzw ihre Dimensionen operationalisiert und Hypothesen entwickelt werden. Der Gegenstand der Untersuchung und die dabei benutzten Methoden müssen dargestellt, begründet und plausibel gemacht werden. Viele Autoren unterschätzen die Wichtigkeit dieses Manuskriptteils, sollten sich aber vor Augen halten, dass ein sorgfältiger Gutachter die Arbeit wahrscheinlich zurückweisen wird, wenn nicht klar nachvollziehbar ist, wie die Forscher zu ihren Ergebnissen gekommen sind. Bei allgemein anerkannten und oft verwendeten Methoden ist es ausreichend, sie durch Literaturzitate zu belegen. Die Benutzung von Untertiteln erleichtert nicht nur die inhaltliche Strukturierung des Abschnitts, sondern ermöglicht es dem Leser auch, schnell die ihn interessierenden Passagen zu finden. Dies alles gilt für natur- wie für sozialwissenschaftliche Beiträge. Als generelle Aspekte für eine sinnvolle Strukturierung sollten bei naturwissenschaftlichen Veröffentlichungen die folgenden Punkte berücksichtigt werden:

- Vorbereitende Maßnahmen;
- Experiment (eventuell Labor – und Feldarbeiten); Datenerfassung;
- Datenauswertung.

59 In sozialwissenschaftlichen Veröffentlichungen sollten resümiert werden:

- Operationalisierung der Begriffe,
- Instrumente der Datenerhebung,
- Auswahl der Untersuchungseinheiten,
- Instrumente der Datenauswertung.

8.4.2.6 Ergebnisse

60 Das Herzstück eines jeden Manuskripts ist die Vorstellung der Ergebnisse. Hier geht es weniger darum, alle Resultate aller Untersuchungen komplett darzustellen, vielmehr wird erwartet, dass dem Leser eine Auswahl repräsentativer Daten vorgelegt wird. Zu erwähnen sind gegebenenfalls auch die Ergebnisse, welche die Hypothesen oder forschungsleitenden Annahmen nicht unterstützen. Für die Darstellung der Daten bieten sich drei Möglichkeiten an: Beschreibung der Ergebnisse in Textform, Tabelle oder Ab-

bildung. Eine Abbildung bietet sich dann an, wenn eine bestimmte Tendenz visuell sofort erkennbar wird. Die Benutzung einer Tabelle ist angebracht, wenn Daten für eine Menge von Variablen existieren, die vollständig kaum in kurzer Form im Text zu erwähnen sind. Vom Standpunkt des Herausgebers einer Zeitschrift ist die Abbildung die teuerste Darstellungsform, der Text die preisgünstigste.

Der Autor sollte nur die wichtigsten Daten dieser Tabelle (aber auch der Abbildungen) im Text zusammenfassen. Auch der Ergebnisteil sollte klar strukturiert sein, wobei der Gebrauch von Untertiteln durchaus sinnvoll sein kann. Viele Zeitschriften (gerade in den Naturwissenschaften) achten streng darauf, dass die Vorstellung der Ergebnisse nicht mit deren Interpretation (das ist nämlich Teil der Diskussion) vermischt wird.

8.4.2.7 Diskussion – Schlussfolgerungen

Hier wird die Lösung des Forschungsproblems bzw die Antwort auf die Forschungsfrage vorgestellt, werden die Ergebnisse mit denen anderer Studien verglichen und zusammenhängend interpretiert. Dabei ist es kein Tabu, gegebenenfalls zuzugeben, dass in speziellen Fällen momentan keine überzeugende Erklärung gegeben werden kann. Viele Manuskripte werden wegen einer schwachen und nicht überzeugenden Diskussion abgelehnt, obwohl die Studie und die gewonnenen Daten eigentlich von guter Qualität sind.

Als Anhaltspunkte für die Diskussionsgestaltung mögen die folgenden Aspekte gelten (vgl Day 1998):

- Es sollen die Prinzipien, Zusammenhänge und Verallgemeinerungen präsentiert werden, die sich von den Ergebnissen herleiten lassen.
- Ausnahmen oder auch das Fehlen von Korrelationen sollte angesprochen werden.
- Unklare Punkte, die weitere Studien erfordern, sind hervorzuheben.
- Es soll gezeigt werden, wie die Ergebnisse und ihre Interpretationen mit anderen Studien übereinstimmen oder auch kontrastieren.
- Die Schlussfolgerungen sollten so klar wie möglich formuliert werden und bilden meist den abschließenden Abschnitt der Diskussion.

Häufige Fehler sind:

- Die eigenen Ergebnisse werden nur resümiert, ohne sie in den Zusammenhang der Fachdiskussion zu stellen.
- Es werden etliche Studien zitiert, ohne den Zusammenhang und die Bedeutung für die Interpretation der eigenen Daten klarzustellen. Somit verbleibt der enttäuschte Leser am Schluss mit der Frage: „Ja und?".

8.4.2.8 Danksagung

Dieser Abschnitt ist vor allem in den Naturwissenschaften häufig. Er beinhaltet prinzipiell zwei Komponenten: Zum einen die Danksagung an die Personen, die eine wichtige Unterstützung für die Entwicklung des Manuskripts bzw des Projekts geleistet haben (zB logistische Unterstützung, Hilfe bei statistischer Auswertung, Literaturbeschaffung oder sprachlichen Überarbeitung). Zum anderen die Nennung der Institutionen, die die Durchführung der Studie finanziell gefördert haben (einschließlich Stipendien). Es ist empfehlenswert, Projektnummern anzugeben, denn damit wird klargestellt, welche Publikationen mit Hilfe welcher Projekte durchgeführt wurden.

8.4.2.9 Literaturliste

66 Alle Zitate, die im Text, aber auch in Abbildungen und Tabellen und ihren Legenden benutzt wurden, müssen in der Literaturliste wiederzufinden sein. Die Autoren sind dafür verantwortlich, dass diese Zitate vollständig und korrekt sind. In den meisten wissenschaftlichen Publikationen werden vier Typen von Arbeiten zitiert: Artikel, die in Fachzeitschriften publiziert wurden; Bücher; Buchkapitel; Internet-Veröffentlichungen. Daneben existieren aber noch viele andere Formen von Referenzen, wie zB wissenschaftliche Abschlussarbeiten (zB Dissertationen), technische Berichte, Kongressbände, Artikel in elektronischen Zeitschriften. Leider haben sich die Herausgeber der Journals noch auf keine einheitliche Zitierform geeinigt, so dass den Autoren nichts anderes übrig bleibt, als sich auf der Webseite der ausgewählten Zeitschrift oder am Beispiel des neuesten Bands genau zu informieren, welche Formate vorgeschrieben werden. Die Literaturliste ist üblicherweise alphabetisch aufgebaut, allerdings gibt es auch Zeitschriften, die die Zitate im Text fortlaufend nummerieren, so dass die Literaturliste dann gemäß dieser Reihe aufgebaut ist.

8.4.3 Der Weg des Manuskripts

8.4.3.1 Einreichen des Manuskripts

67 Alle Autoren müssen mit der Endversion einverstanden sein, auch mit der Reihenfolge der Autoren. Erst dann kann das Manuskript eingereicht werden. Prinzipiell gibt es dafür zwei Varianten: Verschicken per E-Mail an den Herausgeber der ausgewählten Zeitschrift oder Einreichen des Manuskripts über die Webseite des Journals. Im ersten Fall wird das Manuskript mit einem Anschreiben an den Herausgeber gemailt. Üblicherweise erhält der Autor dann ein Antwort-Mail, in dem die Zeitschrift den Erhalt des Manuskripts bestätigt und dem Autor die spezielle Manuskript-Nummer mitteilt. Sollten in den nächsten zwei bis drei Monaten keine weiteren Mitteilungen der Zeitschrift kommen, ist es empfehlenswert, sich erneut an den Herausgeber (unter Angabe der Manuskript-Nummer) zu wenden, um nachzufragen, was die aktuelle Situation der Begutachtung ist.

68 Viele (immer mehr) Zeitschriften sind dazu übergegangen, Manuskripte nur noch über eine speziell strukturierte Webseite anzunehmen. Dabei wird der Autor angeleitet, verschiedene Schritte durchzuführen: Eingabe von Manuskripttyp, Autoren, Adressen, Zusammenfassung, Schlagwörter, und schließlich das Hochladen der Dateien mit Text, Abbildungen und Tabellen. Häufig werden die hochgeladenen Dateien dann in eine zeilenmäßig durchnummerierte PDF-Datei umgewandelt, wobei der Autor stets die Möglichkeit hat, diese Datei durchzusehen und zu akzeptieren. Sobald die Manuskripteingabe abgeschlossen ist, wird der Autor umgehend eine Mail erhalten, dass das Manuskript bei der Zeitschrift angekommen ist, mit einer speziellen Manuskript-Nummer versehen wurde und dass der Begutachtungsprozess beginnen wird.

69 Die Wartezeit zwischen Abgabe des Manuskripts und Veröffentlichung in gedruckter Form wird in manchen Zweigen der Wissenschaften als unerwünscht lang angesehen. Daher wird zunehmend von der Möglichkeit Gebrauch gemacht, das Manuskript schon frühzeitig als Vorabdruck (*preprint*) auf einem speziellen Internetserver allgemein zugänglich zu machen (zB http://de.arxiv.org/).

8.4.3.2 Begutachtungen

Zeitschriften schicken das Manuskript zur Begutachtung üblicherweise an mindestens zwei Wissenschaftler, die als Experten in dem Fachgebiet gelten. Die Berichte dieser Gutachter, oft mit zusätzlichen Kommentaren des Herausgebers, werden dann an den Autor weitergeleitet. Anders als bei sozialwissenschaftlichen Zeitschriften üblich, geben viele naturwissenschaftliche Zeitschriften dem Autor die Möglichkeit oder bestehen sogar darauf, mögliche Gutachter vorzuschlagen. Bei diesen Empfehlungen sollte es sich um Personen handeln, die durch entsprechende Publikationen ihre Kompetenz in dem Fachgebiet bewiesen habe. Jedoch bleibt stets verborgen, wen die Zeitschrift schließlich als Gutachter einsetzt. Die Anonymität des Begutachtungsverfahrens kann auch die Autoren einschließen: Manche Zeitschriften verlangen, dass die an die Gutachter weiterzuleitenden Texte keine Hinweise (Namen, Literaturangaben) mehr enthalten, die auf die Autoren schließen lassen.

Das Risiko, dass renommierte Fachzeitschriften Manuskripte ablehnen, ist hoch – die Ablehnungsquote internationaler Journals wird auf 40-60 % geschätzt.. Auch wenn die erste Enttäuschung bei den Autoren groß sein wird, dass das Manuskript nicht genügend Unterstützung fand, so gibt es den positiven Aspekt, dass die Gutachten konkrete Anhaltspunkte geben sollten, welche Stärken und Schwächen das Dokument hat. Insofern haben die Autoren viele Anregungen, das Manuskript zu überdenken und eine neue, modifizierte Version auszuarbeiten. Manchmal laden die Gutachter aber auch die Autoren ein, den Beitrag nach einer gründlichen Überarbeitung erneut einzureichen.

Wird das Manuskript trotz kritischer Anmerkungen nicht abgelehnt, wird der Autor gebeten, in einem meist festgelegten Zeitraum eine überarbeitete Version an die Zeitschrift zu schicken. Bei der Erstellung dieser revidierten Version müssen die häufig sehr detaillierten und ausführlichen Kommentare der Gutachter berücksichtigt werden. Es ist Entscheidung des oder der Autoren, die vorgeschlagenen Änderungen umzusetzen oder sie abzulehnen, wobei das dann gegenüber dem Herausgeber klar begründet werden muss. Punkt für Punkt ist darzulegen, wie mit jeder einzelnen Anregung/Kritik jedes Gutachters umgegangen wurde. Sowohl die revidierte Textversion als auch das Begleitschreiben mit den Erklärungen an den Herausgeber sollte vorher von den Ko-Autoren durchgesehen und bewilligt werden. In den weniger schweren Fällen übernimmt der Herausgeber die Prüfung der Änderungen, eine Aufgabe, die man ihm erleichtern sollte, indem man alle Änderungen im revidierten Dokument markiert.

Waren die Berichte der Gutachter aber sehr kritisch, dann ist es wahrscheinlich, dass der Herausgeber sie um eine erneute Prüfung des revidierten Manuskripts bittet. Erst dann wird entschieden, ob es definitiv abgelehnt oder angenommen wird.

8.4.3.3 Druckfahnen

Heutzutage wird das, was früher 'Druckfahne' oder 'Fahnenabzug' genannt wurde, meist als elektronische Datei verschickt. Die Autoren haben dann nur wenige Tage Zeit, das Dokument auf Fehler durchzuschauen, diese entsprechend zu markieren, zu korrigieren und umgehend an die Zeitschrift zurückzuschicken. Bei dieser Revision ist es meist nicht mehr möglich, substantielle Änderungen (zB neue Literatur oder gar einen neuen Abschnitt) einzufügen.

8.4.3.4 Finanzielle Aspekte

75 Viele internationale Fachzeitschriften (besonders im naturwissenschaftlichen Bereich) verlangen inzwischen sogenannte *page charge* pro gedruckte Seite. Die Entscheidung, ob ein Manuskript abgelehnt oder angenommen wird, ist unabhängig von der Zahlung dieser *page charge*. Viele Institutionen, aber eben nicht alle, unterstützen die Autoren und finanzieren auch diesen Teil. Sollte das nicht der Fall sein, kann der Autor dem Herausgeber kurz erklären, warum keine Gelder zur Verfügung stehen, und ihm vorschlagen, eine reduzierte Rate zu bezahlen. Den vollfinanzierten Artikeln wird Priorität eingeräumt, so dass die teilfinanzierten Manuskripte meist erst später veröffentlicht werden. Einzelne Zeitschriften bieten an, die Publikation offen zugänglich auf ihre Webseite zu stellen – das bedeutet, dass jeder Besucher der Webseite diese Datei kostenlos herunterladen und abspeichern kann. Diesen Dienst lassen sich die Zeitschriften aber meist gut bezahlen. Als Alternative bieten sich *open access journals* (siehe http://www.journals4free.com/) an, die alle akzeptierten Beiträge in ihrer digitalen Zeitschrift frei ins Internet stellen. Hier ist allerdings zu berücksichtigen, dass manche dieser Zeitschriften sehr hohe Qualitätsansprüche stellen und somit auch eine hohe Ablehnungsrate aufweisen. Doch einige dieser *open access journals* erfüllen nicht die Kriterien der sonst üblichen Qualitätskontrolle der publizierten Beiträge, so dass bei der Auswahl einer offen zugänglichen Zeitschrift Vorsicht geboten ist (siehe Bartholomew 2014; Beninger *et al* 2016).

8.5 Literatur

Bartholomew, R.E. (2014): Science for sale: The rise of predatory journals. Journal of the Royal Society of Medicine 107(1): 384-385.
Beninger, P.G./Beall, J./Shumway, S.E. (2016): Debasing the currency of Science: The growing menace of predatory open access journals. Journal of Shellfish Research 35(1): 1-5.
Bourne, P.E. (2007): Ten simple rules for making good oral presentations. PLOS Computational Biology 3(4): e77.
Day, R. (1998): How to Write & Publish a Scientific Paper. Phoenix: The Oryx Press.
Deutsche Forschungsgemeinschaft (DFG) (1998): Sicherung guter wissenschaftlicher Praxis. Weinheim: Wiley-VCH.
Gollnick, F. (2005): Wissenschaftlich Publizieren. 1. Teil: Was sind wissenschaftliche Publikationen? – Newsletter Forschung 1: 51-59.
Hess, C.W./Brückner, C./Kaiser, T/Mauron, A./Wahli, W./Wenzel, U.J./Salathé, M. (2015): Authorship in scientific publications: analysis and recommendations. Swiss Medical Weekly 145:w14108.
Hoffmann, V. (ohne Jahresangabe): Hinweise zur Gestaltung und Bewertung von wissenschaftlichen Postern. – http://www.wissenschaftstagung.de/de/programm/posteranleitung.pdf.
Kress, U. (2002): Wissenschaftliche Veröffentlichungen – Konzept und Qualitätssicherung. In: G. Kleinhenz (Hrsg.): IAB-Kompendium Arbeitsmarkt- und Berufsforschung. BeitrAB 250, S. 569-580.
Lawrence, P.A. (2008): Lost in publication: how measurement harms science. In: Ethics in Science and Environmental Politics 8: 9-10.
Thatje, S. (2016): Reaching out for scientific legacy: how to define authorship in academic publishing. The Science of Nature 103: 10.
Waltman, L. (2012): An empirical analysis of the use of alphabetical authorship in scientific publishing. Journal of Informetrics 6(4): 700-711.
Wensch, J. (2004): Präsentation wissenschaftlicher Ergebnisse – Vortragen und Publizieren. – http://www.math.tu-dresden.de/~wensch/howto.pdf.

8.5 Literatur

Werkle, M. (2009): Hinweise zur Gestaltung von wissenschaftlichen Postern. – http://portal.tugraz.at/portal/page/portal/Files/i2180/docs/lehrbehelfe/BBW_Richtlinie_Poster.pdf.

9. Ethik

Der gesamte Prozess der wissenschaftlichen Forschung, von der Auswahl von Forschungsthemen über die praktische Durchführung von Projekten bis zur Verwertung der Ergebnisse, ist von Werten und Normen geleitet, wie alles menschliche Handeln überhaupt. Verstöße, vor allem wenn sie mit Absicht begangen werden, können harte Sanktionen nach sich ziehen, im Grenzfall bis zum unehrenhaften und dauernden Ausschluss aus der *scientific community*. Spezielle Regeln gelten für Projekte mit besonders schutzwürdigen Forschungsgegenständen, häufig zB in den Humanwissenschaften (Medizin, Psychologie, Pharmakologie, Sozialwissenschaften etc.) oder in der Ökologie.

LERNZIELE

Nach dem Lesen dieses Kapitels sollen Sie

- sich darüber klar sein, dass Ihr Handeln im Forschungsprozess durch Interessen geleitet und von Werten und Normen bestimmt ist;
- die grundlegenden Regeln guter wissenschaftlicher Praxis bei der Entwicklung und Durchführung von Projekten bis zur Verwertung der Ergebnisse kennen;
- sich der möglichen Sanktionen bewusst sein, die ein Verstoß gegen die Regeln guter wissenschaftlicher Praxis nach sich zieht.

9.1 Ethik im Wissenschaftsbereich

Es ist eine Binsenweisheit, dass jeder seine Handlungen (und Unterlassungen) nach einer Abwägung von Normen und (eigener oder fremder) Interessen auswählt, sei ihm dies nun gerade bewusst oder unbewusst. Da für die Arbeit in der wissenschaftlichen Forschung ein Höchstmaß an Objektivität und Rationalität angestrebt wird, ist es hier besonders angebracht, dass sich jeder Forscher über seine persönlichen handlungsleitenden Interessen und Normen Klarheit verschafft. Das gilt immer, und besonders dann, wenn ein Konflikt auftaucht und entschieden werden muss, sei es zB ein Konflikt zwischen Zielen, zwischen Methoden, sei es innerhalb des eigenen Wertesystems oder im Verhältnis zu den von anderen Personen oder Institutionen betonten Werten.

Ethik als Teilgebiet der Philosophie beschäftigt sich mit der Systematisierung und Begründung von handlungsleitenden Werten oder Normen, insbesondere denen, die die Unterscheidung zwischen gut und schlecht (im Sinne von böse) ermöglichen (vgl Wils/Hübenthal 2006). Manche dieser Werte werden durch Verfassung und Gesetz von Staats wegen garantiert. In Deutschland haben ua die Menschenwürde (Art. 1.1 Grundgesetz) und die Freiheit der Wissenschaft in Lehre und Forschung (Art. 5.3) als unantastbare Grundrechte (Art. 19.2) den höchsten Verfassungsrang erhalten. Einfache Gesetze sollen zumeist konkretere Werte und Normen garantieren, zB Schutz der Privatsphäre oder des Eigentums (auch des geistigen). Sie stellen deren Verletzung unter Strafe. Nicht weniger wichtig für das Zusammenleben in einer Gesellschaft sind jedoch eine Fülle von Werten und Normen, die „nur" moralischen Anspruch erheben. Sie sind als 'die Regeln des Anstands' bekannt (darunter auch: Redlichkeit) oder als 'die guten Sitten'. Diese sind also formal weniger kontrolliert, können sich auch je nach gesellschaftlichem Teilbereich deutlich unterscheiden und unter Umständen schnell verändern.

9.2 Die Regeln guter wissenschaftlicher Praxis

Bei der Wissenschaftsethik geht es um solche moralischen Regeln, die einerseits spezifisch sind für die Wissenschaft und für die Arbeit der Wissenschaftler, andererseits praktisch weltweit Geltung genießen. Wissenschaftsethische Regeln werden als Maßstäbe für das Handeln, wie es sein soll, sowohl an die Ziele der Forschung wie auch an ihre Methoden angelegt. Sie sollen eine Beurteilung der Forschung unter mehreren Perspektiven ermöglichen (vgl Joanneum 2010):

- die allgemein menschliche Perspektive,
- die soziale Perspektive,
- auf die Zukunft bezogen,
- auf die Umwelt bezogen,
- auf den weltweiten Ausgleich bezogen.

Dabei hat das Anwendungsgebiet der Wissenschaftsethik eine große Spannweite. Sie reicht von den allgemeinsten Grundsätzen der Wissenschaft bis zum konkreten Handeln im kleinsten Rahmen des Forscheralltags. So kann die Forschungsethik auf der einen Seite im gesamtgesellschaftlichen Rahmen wirksam werden, zB eine neue Forschungsrichtung, ja die zugehörige langfristige Forschungspolitik begründen helfen (Beispiel: Thema Umweltschutz seit den 1960er Jahren). Grundsätze sehr allgemeiner Art können aber auch im persönlichen Rahmen wirksam werden. Man denke nur daran, wie die Entscheidung für das eigene Studienfach gefallen ist. Auf der anderen Seite wird verlangt, die Wissenschaftsethik auch in der täglichen Arbeit im aktuellen Forschungsprojekt zu berücksichtigen, um eine vertretbare Praxis im Umgang mit Forschungsobjekten, Mitarbeitern und mit den erhaltenen Ergebnissen einzuhalten.

9.2 Die Regeln guter wissenschaftlicher Praxis

Zunächst konzentrieren wir uns auf die ethisch begründeten Regeln, wie sie nach erfolgter Auswahl eines Forschungsthemas beachtet werden müssen, also während der Entwicklung des konkreten Projekts (und damit gegebenenfalls auch im Förderungsantrag) sowie während seiner praktischen Durchführung. Diese Regeln lassen sich gut unter dem Stichwort Redlichkeit zusammenfassen (vgl MPG 2013).

9.2.1 Der Kodex

Es wurde lange Zeit vorausgesetzt, dass jedermann die hierfür einschlägigen Regeln kannte und sie selbstverständlich einhielt – etwa wie die oben genannten guten Sitten. Erst als Verstöße bekannt wurden, die für undenkbar gehalten worden waren, sah man die Notwendigkeit, diese Regeln explizit zu erarbeiten und zu kodifizieren. In Deutschland übernahm das die Deutsche Forschungsgemeinschaft. Sie publizierte 1998 ihre "Vorschläge zur Sicherung guter wissenschaftlicher Praxis" (DFG 1998), wobei sie Vorbildern aus den USA, Dänemark und Großbritannien folgte. In Österreich legte 2010 die Joanneum Research, eine Organisation für anwendungsnahe Forschung, "Ethik-Leitlinien für die Forschung" vor (Joanneum 2010, Neuhold/ Pelzl 2011). Beide Dokumente werden jedem Wissenschaftler dringend zum Lesen empfohlen!

Der Stellenwert eines solchen Kodex ist kaum zu überschätzen. Denn zunächst kann es ganz direkt um die eigene Karriere als Wissenschaftler gehen: Wer den Kodex missachtet, riskiert ihr jähes Ende (siehe unten). Doch die Bedeutung des Kodex geht weit darüber hinaus. Er enthält allgemeine Regeln methodischer Art, die einen gewichtigen Prüfstein dafür bilden, welche Erkenntnis wissenschaftlich genannt werden darf. Diese

9. Ethik

allgemeinen Regeln der Methodik sind deswegen von besonderem Gewicht, weil es schwierig oder sogar unmöglich ist, eine davon unabhängige allgemeine Definition von Wissenschaft zu formulieren, so dass sie trennscharf alle ihre ca. 8000 anerkannten Fachrichtungen einschließt, alle nichtwissenschaftlichen Bereiche menschlicher Erkenntnis (wie Erleuchtung, Glaube, Ideologie) aber ausschließt (vgl Hoyningen-Huene 2009)

9.2.1.1 Wissenschaftliche Redlichkeit

10   Die Regeln, die sich aus dem Ziel der wissenschaftlichen Redlichkeit herleiten, gelten für alle Fachdisziplinen gleichermaßen und verstehen sich eigentlich „von selbst" – wie oben schon angedeutet. Verstöße werden als wissenschaftliches Fehlverhalten bezeichnet. Die wichtigsten Regeln sind einfach wiederzugeben.

11   Absolut verboten ist für jeden Wissenschaftler (vgl DFG 1998):
- Beobachtungsdaten oder Ergebnisse erfinden (auch: vorhandene Daten fälschen);
- Daten oder Ergebnisse anderer (ob publiziert oder nicht) ohne Angabe der Herkunft so benutzen, dass sie als eigene erscheinen (Plagiat);
- Daten unterdrücken, weil sie für eine weniger erwünschte Interpretation des erforschten Phänomens sprechen;
- Verzerrte Interpretationen geben oder ungerechtfertigte Schlüsse ziehen;
- Eine Auswertungsmethode gezielt auswählen (besonders bei Statistik), damit sich ein bestimmtes von vornherein bevorzugtes Ergebnis ergibt, ohne diese spezielle Wahl weiter begründen zu können;
- Ergebnisse anderer Autoren verfälscht wiedergeben;
- Jemand anderem eine falsche oder ungerechtfertigte Urheberschaft zuschreiben;
- Bei der Beantragung von Fördermitteln (oder Bewerbung um eine Stelle) täuschen.

12   *Weitere ernste Verstöße gegen die wissenschaftliche Redlichkeit:*
- Relevante Publikationen nicht zitieren, vor allem solche von anderen Autoren;
- Sich Projektideen anderer Personen aneignen, seien sie nahestehend (zB von Kollegen desselben Instituts) oder entfernt (Ideen aus Forschungsanträgen, über deren Inhalt man zB als Gutachter Kenntnis erlangt hat – womöglich noch bei anonymer Begutachtung);
- Einem Mitglied der Forschungsgruppe, das Beiträge zur Publikation erbracht hat, die Ko-Autorschaft verweigern (hierzu siehe auch Kapitel 9.2.2);
- Sich aktiv in die Liste der Autoren hineindrängen oder auch nur dort aufnehmen lassen, ohne selber konkrete, nennenswerte Beiträge zur Publikation erbracht zu haben (zB „Ehrenautorschaft" des Institutsdirektors);
- Die eigene Publikationsliste aufblähen, zB durch unnötiges Zitieren mehrerer recht ähnlicher Publikationen zu derselben Untersuchung;
- Vorpreschen mit der Verbreitung von Ergebnissen, um die Aufmerksamkeit der (Fach-) Öffentlichkeit auf sich zu ziehen.

9.2.1.2 Sanktionen

13   Der Urheber solcher Verstöße gefährdet seinen Ruf in der *scientific community* und kann ihn in schweren Fällen sogar ruinieren. Das gilt besonders, wenn auf der Hand

9.2 Die Regeln guter wissenschaftlicher Praxis

liegt, dass der Verstoß nicht durch ein Versehen geschehen sein kann, sondern mit Absicht erfolgt sein muss. In fast allen Institutionen der wissenschaftlichen Forschung gibt es heute ein geordnetes Verfahren, in dem eine Kommission einen möglichen Verstoß gegen diese Regeln untersucht und beurteilt, sobald ihr ein entsprechender Verdacht oder Vorwurf mitgeteilt worden ist.

Falls in diesem Verfahren wissenschaftliches Fehlverhalten festgestellt wird, muss der Urheber über den rein moralischen Schaden des schlechten Rufs hinaus echte Sanktionen gewärtigen. Die Liste umfasst unter anderem:

- Versetzung aus dem Projekt, in dem das Fehlverhalten auftrat;
- Ausschluss von der Möglichkeit, weiterhin Anträge auf Förderung neuer Projekte einzureichen;
- Öffentlicher Tadel in einer Fachzeitschrift;
- Ausschluss aus der betreffenden Fachgesellschaft;
- Verpflichtung, bestimmte Publikationen zurückzuziehen;
- dienstliche Abmahnung;
- fristlose Kündigung;
- Aberkennung akademischer Grade und Titel.

9.2.1.3 Zusammenarbeit in einer Forschungsgruppe

Die genannten Regeln der Wissenschaftsethik müssen sinngemäß auch in der Zusammenarbeit aller Mitglieder innerhalb einer Forschungsgruppe befolgt werden. Im Kapitel 7 – Projektmanagement – ist dazu schon Näheres gesagt. Loyales Zusammenarbeiten gehört hier zu den Selbstverständlichkeiten; diese Regel sollte nicht einmal der Erwähnung bedürfen. Konflikte können sich dabei zwischen gleichrangigen, aber auch zwischen über- und untergeordneten Mitgliedern ergeben. Typisch für den ersten Fall sind etwa Konkurrenzsituationen, die sich bis zu „Ellbogenkämpfen" verschärfen. Beim zweiten Fall, den aus der Hierarchie von „oben" und „unten" heraus entstehenden Problemen, kann es sich darum handeln, dass Projektmitarbeiter für die geleisteten Beiträge zum Projekt nicht die angemessene Anerkennung „von oben" erhalten, oder dass jemandem „von oben" Aufgaben zugeteilt werden, die so nicht zu schaffen sind, oder wo „von unten" die Mit- und Zuarbeit eingeschränkt oder ganz verweigert wird. Grundsätzlich ist wichtig, dass auftauchende Probleme – mit dem nötigen Augenmaß – erkannt und angesprochen werden, und zwar quer durch alle Ebenen der Projekthierarchie.

9.2.1.4 Verantwortungskonflikt

Zu einer anderen Kategorie möglicher Probleme in der Gruppe gehört der Verantwortungskonflikt. Er entsteht, wenn jemand (durchaus innerhalb des Rahmens seiner Aufgaben in der Forschungsgruppe) eine problematische Entscheidung trifft, die von den anderen Mitgliedern (eventuell vom Leiter!) nicht gutgeheißen wird. Hat der einzelne Forscher diese Entscheidung nicht leichtfertig, sondern aus einer nachvollziehbaren ethischen Abwägung heraus bewusst getroffen, verlangt die Ethik, dass dies als Wahrnehmung seiner Verantwortung beurteilt wird und ihm daraus keine Nachteile erwachsen (vgl Joanneum 2010).

9.2.2 Autorschaft

17 Ein besonderes Problemfeld bei einem Forschungsvorhaben, in dem mehrere Wissenschaftler kooperieren, ist die Form der Veröffentlichung der Resultate. Insbesondere die Auswahl der Namen, die als Autoren der Veröffentlichung erscheinen sollen, aber auch die Reihenfolge, in der sie dort genannt werden, kann zu Konflikten führen, geht es doch darum, die geistige Urheberschaft an dem erarbeiteten Wissen zu dokumentieren und sich damit in der Wissenschaft einen Namen zu machen. Nicht ganz nebenbei geht es des Öfteren auch um die Aussicht, an dem möglichen wirtschaftlichen Erfolg bei einer späteren Verwertung der Ergebnisse teilzuhaben. Es liegt auf der Hand, dass hier ein redlicher Umgang aller Beteiligten miteinander gefordert ist, denn alle Kriterien, auch wenn sie sachlich begründet sind, sind immer auslegungsfähig. Zur Vermeidung von Konflikten über die Autorschaft ist dringend zu empfehlen, frühzeitig klare Vereinbarungen zu treffen, die bei Dissens eine Orientierung geben können.

18 Dazu gehen wir noch einmal die von der DFG gegebene Definition der Autorschaft durch, die schon im vorigen Kapitel erwähnt wurde:

> „Als Autoren einer wissenschaftlichen Originalveröffentlichung sollen *alle* diejenigen, aber auch *nur* diejenigen, firmieren, die zur Konzeption der Studien oder Experimente, zur Erarbeitung, Analyse und Interpretation der Daten und zur Formulierung des Manuskripts selbst *wesentlich* beigetragen und seiner Veröffentlichung zugestimmt haben, d. h. sie *verantwortlich* mittragen."

19 Wir haben einige Schlüsselwörter kursiv hervorgehoben:

- *„alle"*: Die in enger Kooperation mehrerer Wissenschaftler gewonnenen Ergebnisse dürfen nicht nur unter dem Namen des Leiters der Forschungsgruppe veröffentlicht werden, selbst wenn er den Löwenanteil der ganzen Arbeit bewältigt haben sollte.
- *„nur"*: Wer an einer konkreten Studie und an der Ausarbeitung des Manuskripts nicht wesentlich mitgearbeitet hat, gehört nicht in die Liste der Autoren. Mag er noch so großes Verdienst daran haben, dass das Forschungsvorhaben überhaupt durchgeführt werden konnte – zB als Institutsleiter, Seniorchef, ursprünglicher Ideengeber, Konstrukteur der Apparatur usw., und mag es noch so sehr in der Tradition des Fachs oder des Instituts liegen: Ohne einen wesentlichen wissenschaftlichen Beitrag genau zu dem einzelnen Ergebnis, das hier veröffentlicht werden soll, soll niemand als Mitautor auftreten. Die DFG-Empfehlung formuliert zugespitzt: „Eine 'Ehrenautorschaft' ist ausgeschlossen." Als angemessen wird empfohlen, die bedeutende Rolle solcher Beiträge in der Danksagung öffentlich anzuerkennen.
- *„wesentlich"*: Kleine Anteile an dem von Mehreren erarbeiteten Erfolg rechtfertigen keinen Anspruch auf Mitautorschaft, selbst wenn man sie nicht direkt als unwesentlich bezeichnen würde. Unwesentliches gehört ohnehin nicht in eine Veröffentlichung. Aber auch wesentliche Beiträge wie zB
    - Verantwortung für die Einwerbung der Förderungsmittel,
    - Erarbeitung wichtiger Untersuchungsmaterialien,
    - Unterweisung von Mitgliedern der Gruppe in bestimmten Methoden,
    - Beteiligung an der Datensammlung und -zusammenstellung,
    - Bereitstellung der Infrastruktur durch die Leitung der Institution oder Abteilung, in der die Publikation entstanden ist.

9.2 Die Regeln guter wissenschaftlicher Praxis

werden für sich allein nicht als hinreichend erachtet, die Mitautorschaft zu rechtfertigen.

- *„verantwortlich"*: Wer als Autor mit aufgeführt ist, muss in der Lage sein, öffentlich das Projekt, seine Ergebnisse und Schlussfolgerungen vortragen und rechtfertigen zu können. Er muss also für Nachfrage, Kritik und schlimmstenfalls auch Tadel gerade stehen. Dabei versteht sich, dass wegen des oft erforderlichen Grades der Arbeitsteilung verschiedene Teile einer Untersuchung von unterschiedlichen Spezialisten bearbeitet werden müssen, weshalb nicht jeder aus der Autorenliste für jedes Detail verantwortlich gemacht werden kann. Aber jeder Mit-Autor muss die ganze Veröffentlichung als etwas begreifen, für das er Mit-Verantwortung trägt. In diesem Zusammenhang ist erwähnenswert, dass einige internationale Zeitschriften inzwischen die Autoren auffordern, anzugeben, was der spezifische Beitrag eines jeden Mit-Autors gewesen ist, und diese Information wird dann als Teil des Manuskripts veröffentlicht. Wenn man aber einen wesentlichen Beitrag geleistet hat und trotzdem mit wichtigen Aspekten des Manuskripts nicht einverstanden ist (zB angewandte Methodik, Interpretation der Ergebnisse etc.), ist es ratsam, die Publikation nicht als Mitautor mitzutragen. In solch einem Fall sollte der Beitrag in der Danksagung gewürdigt werden.

Ähnlich wie die DFG haben auch andere Organisationen Kriterien für die Autorschaft definiert. Das *„International Committee of Medical Journal Editors"* etwa legt fest (http://www.icmje.org/ethical_1author.html):

Autorschaft sollte basieren auf

- substantiellen Beiträgen zu Konzeption und Design, zur Datenakquisition oder Analyse und Interpretation der Daten; und
- Erarbeitung des Manuskripts oder kritische Revision von wichtigen intellektuellen Inhalten; und
- abschließender Zustimmung zur Manuskriptversion, die bei der Zeitschrift eingereicht werden soll.

Wichtig ist, dass jeder der Autoren alle drei Bedingungen erfüllen muss.

9.2.3 Plagiat

Wer ein von Anderen erarbeitetes wissenschaftliches Ergebnis übernimmt und es dann als sein eigenes ausgibt, begeht ein Plagiat. Das war schon immer ein ernster Verstoß gegen die Regeln guter wissenschaftlicher Arbeit, und entsprechende Vorwürfe galten und gelten als schwerwiegend. Bekannt ist etwa die Kontroverse Anfang des 18. Jahrhunderts zwischen Isaac Newton und Gottfried Leibniz um die Priorität bei der Entdeckung der Differentialrechnung. Tatsächlich haben beide diese Entdeckung wohl unabhängig voneinander gemacht, so dass es hier vor allem darum zu gehen scheint, der Erste gewesen zu sein – „nur" eine Frage der Ehre und des Ruhmes. Höchst materiell hingegen können die Auswirkungen eines nachgewiesenen Plagiats sein. Wer überführt wird, verliert als erstes seinen Ruf als ernstzunehmender Wissenschaftler oder gefährdet ihn jedenfalls ernstlich. Selbst wenn er glaubhaft machen kann, es habe sich nicht um böse Absicht sondern um ein Versehen gehandelt, entsteht der Eindruck unsauberen Arbeitens. Wenn es jedoch so aussieht, dass systematisches und/ oder umfängliches Plagiieren nicht mehr zu leugnen ist, kann das die schlimmsten denkbaren Konsequenzen nach sich ziehen, sogar auf Gebieten außerhalb des engeren Bereichs der Wissenschaften. Bekannt geworden sind in jüngerer Zeit Plagiatsfälle bei Inhabern von bedeutenden politischen Ämtern, die die überführten Personen zum Rücktritt zwangen. Näherliegend für diesen Leitfaden und seine Leser ist aber der Hinweis, dass bei der Begutachtung von Projektanträgen und der Bewilligung von Fördermitteln neben der Qualität eines Antrags ein ungetrübtes wissenschaftliches Ansehen des oder der Antragsteller eine Hauptrolle spielt.

23 Ebenso groß wie der Schaden des ertappten Plagiators kann der Schaden sein, den das Opfer eines nicht aufgedeckten Plagiats erleidet. Man braucht sich nur vorzustellen, selber als Nachwuchsforscher der glückliche Entdecker einer wichtigen Erkenntnis zu sein, während diese jedoch einem anderen Wissenschaftler zugeschrieben wird, der es irgendwie geschafft hat, sich Zugriff auf diese Forschungsergebnisse zu verschaffen oder sich ungerechtfertigt in den Vordergrund zu stellen.

24 Der Tatbestand des Plagiats ist immer dann gegeben, wenn jemand fremde Arbeitsergebnisse so wiedergibt, dass sie als von ihm selbst erarbeitet erscheinen. Neben dem „Ideenklau" ist damit insbesondere die wörtliche Wiedergabe fremder Texte gemeint, wenn sie der Kontext als selbst formuliert erscheinen lässt. Dabei schützen auch „kosmetische" Veränderungen des kopierten Textes nicht gegen den Vorwurf des Plagiats. Hier hat das immense Anwachsen der im Internet verfügbaren Informationen in den letzten Jahren zu einem qualitativen Sprung bei der Nachweisbarkeit von Plagiaten geführt. Zahlreiche Fälle wurden ans Tageslicht gebracht, über die sonst mit Sicherheit Gras gewachsen wäre. Sie haben den so enttarnten Plagiatoren erheblichen öffentlichen Ansehensverlust beschert.

25 Demgegenüber bezeichnet das neuerdings aufgetauchte „Autoplagiat" nichts wirklich ehrenrühriges, sondern eine womöglich zunehmende Unsitte beim Abfassen neuer Veröffentlichungen. Gemeint ist, dass man per „Kopieren & Einfügen" längere Passagen eigener Veröffentlichungen wörtlich wiederverwendet, ohne die ursprüngliche Quelle zu benennen. Das ist kein Vergehen gegen die Regeln der wissenschaftlichen Ethik sondern nur gegen die des guten wissenschaftlichen Stils. Es fällt einfach unangenehm auf, in der Welt der Wissenschaft genauso wie bei anderen Gesprächen und Diskussionen, wenn jemand sich ohne Anlass, Hinweis oder Begründung wörtlich wiederholt.

9.3 Ethik und Forschungsinhalte

9.3.1 Ethik und Auswahl des Forschungsthemas

26 Bis hier haben wir über die Regeln für die Praxis des redlichen wissenschaftlichen Arbeitens berichtet. Sie handeln noch nicht von dem wichtigen Feld der möglichen späteren Konsequenzen – positiven oder negativen –, die die Forschungstätigkeit nach sich ziehen könnte. Es liegt zwar etwas außerhalb des engeren Themas dieses Leitfadens, doch soll hier auch auf die moralische Pflicht des Wissenschaftlers hingewiesen werden, sich zu möglicherweise missbräuchlicher Verwendung seiner Forschungen zu verhalten. Auch wenn man den Forscher nicht eigentlich dafür verantwortlich machen kann, wie Andere seine Ergebnisse benutzen, wird seiner Stimme in der öffentlichen oder nichtöffentlichen Debatte ein besonderes Gewicht zugemessen. Diese Problematik zieht sich durch alle Disziplinen und bleibt ständig aktuell. Bekannt geworden ist sie (spätestens) unter dem Namen Oppenheimer-Konflikt, benannt nach dem „Vater der Atombombe", der sich nach der Zerstörung von Hiroshima und Nagasaki 1945 gegen

die Fortsetzung der Forschung wandte, die eine Weiterentwicklung dieser Waffe zur Wasserstoffbombe zum Ziel hatte.

Daher sind weitere ethische Gebote nötig, die sich auf die Inhalte, Gegenstände und Folgen der Forschung beziehen und Bewertungsmaßstäbe für den erhofften Erkenntnisgewinn, vor allem aber für möglicherweise zu befürchtende Schäden aufstellen. Was dabei als schützenswert und was als Schaden angesehen wird, hängt natürlich stark von dem jeweiligen Umfeld ab. Je nach Kultur, Tradition, Religion oder politischen Machtverhältnissen wurden und werden mehr oder weniger verschiedene Werte und Ziele hervorgehoben.

So ist nicht untypisch, dass bedeutende Anfänge der modernen Wissenschaft gerade aus der Beschäftigung mit damaligen „Tabuthemen" erwuchsen. Mit päpstlichem Bann belegt war zB seit 1300 die Erforschung der menschlichen Anatomie mittels der Sektion von Leichen, weil sie die leibliche Auferstehung verhindern würde (erlaubt erst wieder zweihundert Jahre später, aber nur an Opfern von Todesurteilen). Päpstlicherseits unerwünscht war auch die Untersuchung der Himmelskörper mittels der neu entdeckten Fernrohre, insbesondere falls sich daraus Belege für das kopernikanische System ergeben sollten (1616, Galilei-Prozess). In beiden Fällen wurde erkennbar etwas befürchtet, was ausschließlich aus seiner Zeit heraus als ein Schaden der christlichen Religion in ihrer damaligen Ausformung heraus zu begründen war.

Als aktuelle Beispiele für Themen, bei denen in manchen Gesellschaften Verbote beachtet werden müssen, sind zu nennen:

- Forschung an oder mit menschlichen Embryonen. (In Deutschland ist sie durch Gesetz stark eingeschränkt, in Israel frei für eine gewisse Zeitspanne.)
- Forschung an Affen, wenn die Tiere nach der Untersuchung ihres Verhaltens zwecks weiterer Untersuchungen getötet werden sollen (zB in der Hirnforschung).
- Forschung zur Entwicklung von Kernwaffen (In Deutschland verboten, in vielen anderen Staaten nicht.)

Es gibt also durchaus einen Einfluss der Gesellschaft auf die Wissenschaft, und da die vorherrschenden Wertmaßstäbe die Kriterien für derartige Forschungsverbote stark beeinflussen, ändern sie sich auch parallel zu Veränderungen der Gesellschaft. Für unseren heutigen Kulturraum sind als besonders hochrangige Werte zu nennen (vgl Joanneum 2010):

- die Menschenwürde;
- die allgemeinen Menschenrechte;
- die Verbesserung der Lebenssituation für die Menschen heute (einschließlich ihres Zusammenlebens in lokaler bis globaler Hinsicht);
- Schutz der Umwelt für die folgenden Generationen (Berücksichtigung der 'Eigenrechte der Natur')

Jedoch gibt es auch den umgekehrten Einfluss, der von der Wissenschaft auf die Gesellschaft gerichtet ist. Aus ihm erwächst ja ein starkes Motiv, überhaupt Wissenschaft zu betreiben. Daher liegt es nicht zuletzt auch am jeweils erreichten Stand der Wissenschaft, wie sich die Gesellschaft, einschließlich ihrer Wertvorstellungen, weiterentwickelt.

9. ETHIK

Ethische Regeln in den Humanwissenschaften

32 Aufgrund der Vorrangstellung, die sich der Mensch selber heute in der Ethik zuschreibt, gibt es insbesondere in den Humanwissenschaften ausgearbeitete Regeln der wissenschaftlichen Ethik (für Soziologie zB DGS 1992, für Medizin zB Heinrichs 2006, für Biologie zB Fuchs 2010). Ganz oben stehen zwei Prinzipien:

- Prinzip der Nicht-Schädigung: Eine Untersuchung darf die beteiligten Personen nicht schädigen.
- Prinzip der informierten Einwilligung: Personen müssen angemessen informiert sein und eingewilligt haben, bevor die Untersuchung beginnt.

33 Beide Prinzipien müssen unbedingt eingehalten werden, was besonders Forschungsvorhaben in Medizin, Pharmakologie, Psychologie und in der Sozialwissenschaft betrifft. Was das im Einzelnen bedeutet, wurde ausführlich ausgearbeitet, zT sogar gesetzlich vorgeschrieben (zB Ethikkommissionen in der klinischen Forschung), und ist in einschlägigen Handbüchern nachzulesen (Heinrichs 2006).

34 Allerdings gibt es auch hier schwierige Grenzfälle, die eine individuelle, aber gründliche Abwägung erfordern. Ein Beispiel: Will man eine gesellschaftlich gefährliche Personengruppe (zB politische Extremisten) soziologisch in direktem Kontakt erforschen, wird man sie kaum offen über dies Vorhaben informieren können, ohne die künftigen Forschungsergebnisse von vornherein zu entwerten (Hopf, in: Flick 2010). Hier ist eine ethische Abwägung zwischen dem Wert des Forschungsziels gegenüber den Schutzrechten der Forschungsobjekte zu treffen.

9.3.2 Abwägungs- und Vorrangregeln

35 Zwischen ethisch hochrangigen Werten kommt es in der Planung und Durchführung von Projekten häufig zu Zielkonflikten. Wenn sich dann kein Weg finden lässt, der allen Werten voll gerecht wird, muss zwischen ihnen abgewogen werden. Solch ein Abwägungsproblem entsteht zB, wenn ein ethisch hochstehendes Forschungsziel (etwa ein dringend benötigter Impfstoff) nur zu erreichen ist, indem Mitglieder der Forschungsgruppe sich selbst gefährden.

36 Mit Hilfe einer rechtzeitig vereinbarten Rangfolge der Werte kann vermieden werden, dass im akuten Fall ein höherrangig gesetzter Wert zugunsten eines niedrigeren hintangestellt oder sogar ganz aufgegeben wird. Eine geeignete Reihe allgemeiner Rangfolge wird in den schon zitierten Joanneum-Regeln vorgeschlagen:

- Vorrang der Menschengerechtigkeit vor den sogenannten Eigenrechten der Natur,
- Vorrang von Menschenrechten vor Nutzenserwägungen,
- Vorrang von öffentlichem Wohl vor privaten Interessen,
- Vorrang von hinreichender Sicherheit vor Funktionalität und Wirtschaftlichkeit.

37 Im konkreten Fall sind solche Vorrangregeln trotz ihrer eindeutig scheinenden Form nicht immer einfach anzuwenden. Besonders wichtig sind solche Regeln bei Forschungen an und mit Menschen. Doch zum Abschluss hier einige Beispiele für die möglicherweise problematische Anwendung von Vorrangregeln aus vermeintlich „einfacheren" Disziplinen:

Biologie:

- Tierversuche, insbesondere an Säugetieren (gar Primaten) werden weithin als ethisch problematisch angesehen. Die gesetzlich erforderliche Genehmigung bedarf einer gründlichen Güterabwägung. Umstritten bis hin zu unterschiedlichen gerichtlichen Entscheidungen sind zB die Genehmigungen für Versuche an Gehirnen von lebenden Affen an der Universität Bremen.
- Intensive Beforschung kann zu Störungen ganzer Ökosysteme führen. Davor sollen einzigartige Systeme wie zB die Antarktis oder die Galapagos-Inseln durch internationale Abkommen geschützt werden. Gleichzeitig sind dort möglicherweise einzigartige Forschungsergebnisse zu finden.

Physik:

- Noch einmal das Beispiel Atombombe: Unter den an der Entwicklung arbeitenden Wissenschaftlern kursierte 1945 ua die Befürchtung, bereits die erste Testexplosion könnte durch eine nukleare Kettenreaktion die Erdatmosphäre vernichten. Die leitenden Wissenschaftler wiesen diese Befürchtung als unbegründet zurück. Damit hatten sie zwar im Ergebnis recht. Ob diese Kettenreaktion aber mit dem damaligen Wissen schon vollkommen auszuschließen war, ist nicht sicher.
- Vor dem Betriebsbeginn des derzeit stärksten Teilchenbeschleunigers der Welt (LHC, bei Genf) verbreitete sich die Befürchtung, die Kollisionen der Atomteilchen könnten Schwarze Löcher hervorbringen, in denen die Erde vergehen werde. Die (zT von Physikern erarbeiteten) Begründungen enthielten jedoch so viele Anteile reiner Spekulation, dass man sich darüber hinwegsetzte. In den ersten sieben Jahren des Betriebs haben sich die Befürchtungen bisher nicht bestätigt. Sind sie damit schon widerlegt?

9.4 Literatur

Deutsche Forschungsgesellschaft (DFG) (1998): Vorschläge zur Sicherung guter wissenschaftlicher Praxis: Empfehlungen der Kommission „Selbstkontrolle in der Wissenschaft"; Deutsche Forschungsgemeinschaft. – Weinheim: Wiley-VCH, 1998, http://www.dfg.de/foerderung/grundlagen_rahmenbedingungen/gwp/.

Deutsche Gesellschaft für Soziologie (DGS) (1992): Ethik-Kodex. www.soziologie.de/index.php?id=19 (gesehen 22.6.2011).

Flick, U./Kardoff, E./Steinke, I. (eds.) (2010): Qualitative Forschung – Ein Handbuch. Hamburg: Rowohlt.

Frewer, A./Schmidt, U (2007): Standards der Forschung: historische Entwicklung und ethische Grundlagen klinischer Studien. Frankfurt am Main: Peter Lang.

Fuchs, M./Völker-Albert, M./Heinemann, Th./Heinrichs, B./Hübner, D./Kipper, J./Rottländer, K./Runkel, Th./Spranger, T.M./Vermeulen, V. (2010): Forschungsethik – eine Einführung. Stuttgart, Weimar: Metzler.

Heinrichs, B. (2006): Forschung am Menschen: Elemente einer ethischen Theorie biomedizinischer Humanexperimente (Studien zu Wissenschaft und Ethik). Berlin- New York: de Gruyter.

Hoyningen-Huene, P. (2009): Was ist Wissenschaft? In: Dresler, M. (ed): Wissenschaftstheorie und -praxis. Anspruch und Alltag empirischer Erkenntnisgewinnung. Stuttgart: Hirzel, Verlag, S. 34-42.

Joanneum (2010): Ethik-Leitlinien für die Forschung. Graz: Joanneum Research Forschungsgesellschaft, www.joanneum.at/fileadmin/user_upload/JR%20allgemein/ethik/Ethik_Leitlinien_2010_deutsch.pdf.

Maio, G. (2012): Mittelpunkt Mensch: Ethik in der Medizin: Ein Lehrbuch. Stuttgart: Schattauer.

9. Ethik

Max Planck-Gesellschaft (MPG) (2013): Regeln zur Sicherung guter wissenschaftlicher Praxis, Max Planck-Gesellschaft, http://www.dfg.de/download/pdf/dfg_im_profil/reden_stellungnahmen/download/empfehlung_wiss_praxis_1310.pdf.

Neuhold, L./Pelzl, B. (Hrsg.) (2011): Ethik in Forschung und Technik – Annäherungen. Wien, Köln, Weimar: Böhlau.

Schweizerische Akademie der Technischen Wissenschaften (SATW) (2003): Ethik im technischen Handeln, www.satw.ch/publikationen/schriften/ethik_d.

Wils, J.-P./Hübenthal, Chr. (2006): Lexikon der Ethik (Hrsg.), Paderborn, München, Wien, Zürich: Ferdinand Schöningh.

9.5 Institutionen für Ethik in der Wissenschaft

Internationales Zentrum für Ethik in den Wissenschaften (IZEW) an der Universität Tübingen
http://www.izew.uni-tuebingen.de/das-izew.html

Centre for Ethics and Philosophy of Science (CEPS) (formerly ZEWW), Universität Hannover
https://www.philos.uni-hannover.de/ag.html?&L=1

Stichwortverzeichnis

Die fetten **Zahlen** verweisen auf die **Kapitel**, die mageren Zahlen auf die Randnummern.

Aberkennung akademischer Grade **9** 14
Abhängige Variable **2** 77; **3** 12
Ablehnung **8** 71
Abmahnung **9** 14
Abschlussbericht **8** 21
Abstract **8** 42, 51
Akquisition von Drittmitteln **5** 4
Alternativhypothese **2** 72
Analytische Definition **3** 6
Analytische Statistik **3** 41
Angewandte Forschung **5** 14
Antrag (Anforderungen) **5** 26, 28
Antragsskizze **5** 19
Antragsverfahren **5** 9, 19
Arbeitshypothesen **2** 52
Arbeitspaket **4** 26; **7** 28, 32
Arbeitsplanung **4** 2, 4, 35
Arbeitsquadrat **2** 21, 26, 80; **3** 1; **4** 1
Arbeitsteilung **4** 19, 26; **7** 16; **9** 19
Arbeitszeiten **7** 20
Aufsatztitel **8** 48
Ausschreibung **5** 12, 22, 37
Auswahl der Mitarbeiter **7** 10
Auswahl der Untersuchungseinheiten **2** 54
Auswahleinheiten **3** 30
Auswahlkriterien **3** 34
Autoplagiat **9** 25
Autorschaft **7** 23; **8** 49; **9** 17

Bedeutungsanalyse **3** 6
Befragung **3** 25
Begriff **3** 6; **8** 58
Begutachtung **2** 48; **5** 17, 31; **8** 68, 70; **9** 22
Begutachtungskriterien **5** 29
Begutachtungsverfahren **5** 29
Beobachtbare Merkmale **3** 9
Beobachtung **3** 7, 25; **8** 58
Beobachtungsdimension **3** 10
Bericht **8** 5, 18
Beschreibende Statistik **3** 41

Bewerbung **9** 11
Buchveröffentlichung **8** 15
Bundesminister für Bildung und Forschung (BMBF) **5** 7, 10

Coaching **7** 40
Controlling **7** 33
convenience sampling **3** 37

Danksagung **9** 19
Danksagung (in Publikation) **8** 65
Darstellungsformen **8** 3
Daten fälschen **9** 11
Datenauswertung **3** 4
Datenerhebung **3** 4, 25
Demokratie **3** 11
Deskriptive Statistik **3** 41
Deterministische Hypothese **2** 63
Deutsche Bundesstiftung Umwelt (DBU) **5** 10
Deutsche Forschungsgemeinschaft (DFG) **4** 37; **5** 10, 27, 39, 43; **9** 8
Deutscher Akademischer Austauschdienst (DAAD) **5** 30
Dimension **3** 9; **8** 58
Dimensionale Analyse **3** 9
Diskussion (in Publikation) **8** 62 f.
Dokumentation der Entscheidungen **7** 17
Dokumentation von Methoden und Ergebnissen **8** 58
Drittmittel *siehe* Fördermittel
Druckfahnen **8** 74

Ehrenautorschaft **9** 12, 19
Eigenrechte der Natur **9** 30
Eigenverantwortliches Handeln **7** 14, 36; **9** 16
Einarbeitung **4** 25
Embryonenschutzgesetz **9** 29
Empirisch-analytische Forschung **3** 24
Empirische Sozialforschung **2** 24, 80
Empirische Wissenschaften **3** 13
Energie **3** 11

Stichwortverzeichnis

Entscheidungsprozess 3 27
Ergebniskontrolle 7 31
Ergebnisse (ethischer Umgang) 9 6
Erhebungseinheiten 3 30
Erkenntnis (Quellen) 9 9
Ethik 9 3
Ethische Abwägung 9 16
Europäische Union (EU) 5 10, 39
Evaluation 2 80
Evaluationskriterien 5 37
Evaluationsprozess 5 28
Experiment 3 25; 8 58
Experte 2 25; 8 70
Expertenauswahl 3 34
Explorative Statistik 3 41

Fachtagung 2 25; 5 33; 7 22; 8 10
Fachzeitschrift 8 14
Fallanalyse 3 40, 48
Fallauswahl 3 19
Fallstrukturen 3 47
Fallstudien 3 24
Falsifizierbar 2 58, 78
Fehlverhalten, wissenschaftliches 9 10
Finanzbericht 8 23
Folie (in Präsentation) 8 27
Förderbedingungen 5 37
Förderlinie 5 22, 36
Fördermittel 5 1; 9 11, 19, 22
Förderorganisation 4 30; 5 3, 5
Förderungsbedingungen 5 3
Förderungsprogramm 5 37
Formblatt Aufgabensteuerung 7 28, 33, 49
Formblatt Projektablaufplan 7 48
Forschungsantrag 2 21, 48, 80; 3 27; 4 1; 5 5, 39
Forschungsdesign 3 3
Forschungsförderung 5 6
Forschungsfrage 2 18, 59, 79; 8 62
Forschungsgruppe 4 22, 28; 7 10, 40; 9 15, 17
Forschungsleitende Annahmen 2 50
Forschungslücke 2 22
Forschungsmethode 2 25; 3 4, 23
Forschungsobjekte 2 78; 3 4; 9 6, 34

Forschungsoperationen 3 7
Forschungspolitik 9 6
Forschungsproblem 2 18; 8 62
Forschungsstand *siehe* Stand des Wissens
Forschungsverbund 5 16
Forschungsvorhaben 2 18, 20 f., 49; 3 1, 4, 27; 4 32; 5 30, 37
Forschungsziele 2 43, 57, 79; 9 34 f.
Freiheit der Wissenschaft 9 4

Gantt-Diagramm 4 17; 7 29
Geldgeber 4 31; 8 18
Geschichtete Stichprobe 3 32
Gesellschaft und Wissenschaft 9 31
Gliederung 8 47
Grafik (in Publikation) 8 27, 32
Grundgesamtheit 2 68; 3 29
Grundlagenforschung 5 14
Grundregeln der Arbeitsweise 7 13, 47
Gutachter 2 55; 8 58; 9 12
Gute wissenschaftliche Praxis 9 2

Hans-Böckler-Stiftung (HBS). 5 10
Häufigkeitsanalyse 3 44
Hermeneutisches Verfahren 3 47
Hierarchie der Forschungsgruppe 7 38; 9 15
Hilfskräfte 4 25
Humanwissenschaften 9 1, 31
Hypothese 2 50, 79; 8 58
Hypothesengenerierende Statistik 3 41

Ideenklau 9 24
Impact factor 8 35
Indikator 3 8
Induktive Statistik 3 33, 41
Information zu Mittelgebern 5 4
Informierte Einwilligung 9 32
Infrastruktur 4 3, 20, 31; 7 9
Inhaltsanalyse 3 25, 43
Inklusionsschluss 3 30
Institutioneller Rückhalt 4 20
Intellektuelles Eigentum 8 1; 9 4
Internationale Mittelgeber 5 30, 34
Interpretative Analyse 3 40, 46

Je-Desto-Beziehung 2 70
Joanneum Research 9 8

Stichwortverzeichnis

Kausaler Zusammenhang 2 70, 77
Key words 8 53
Klumpenauswahl 3 32
Ko-Autorschaft 8 49; 9 12
Kodex guter wiss. Praxis 9 7
Kodierung 3 44
Kohärenzprüfung 3 27
Kommunikation 7 21
Konflikt 7 23, 36; 9 3
Konfliktlösung 7 40
Konfliktregelung 7 36
Konfliktvermeidung 7 47
Kongressvortrag 8 1
Konstrukt 3 6
Kontingenzanalyse 3 44
Konzeptualisierung 2 80
Kooperation 7 21
Kopernikanisches System 9 28
Korrelation 2 74; 3 42
Kostenarten 4 29
Kostenplanung 4 2 f., 29, 33, 35; 7 47
Kreativitätstechniken 7 45
Kulturraum 9 27
Kündigung 9 14

Leithypothese 2 61; 8 54
Linearer Ablauf 2 44
Literaturliste (in Publikation) 8 66

Manuskript 8 42, 68; 9 19
Materialanalyse 3 25
Mathematische Modelle 3 41
Mediation 7 40
Medizin 9 1, 32
Mehrstufige Auswahlverfahren 3 32
Meilenstein 4 2, 9
Menschenrechte 9 30
Menschenwürde 9 4, 30
Merkmalsträger 3 12
Messinstrument 3 11
Messniveau 3 14
Messung 3 13
Methodendogma 3 22
Methodische Grundformen 3 24
Missbräuchliche Verwendung 9 26
Mitarbeiter 4 19; 9 6, 15

Mittelakquise 8 1
Mittelgeber 4 3; 5 3, 24; 7 32; 8 1, 18
Mittelkontrolle 7 31
Mittelverwaltung 7 8
Mittelwerttest 3 42
Moralischer Anspruch 9 4
Motivation 2 18
Mündlich verfasste Datenträger 3 43

Nachwuchswissenschaftler 3 2; 4 14, 23, 25, 37; 5 1, 7, 25; 8 6, 21
Nebenziele 2 48
Netzplan 4 18
Nicht-Schädigung (ethisches. Prinzip) 9 32
Nominaldefinition 3 6
Nominales Messniveau 3 14
Normative Frage 2 20
Normen (Ethik) 9 1
Nullhypothese 2 72
Nutzenserwägungen 9 36

Objektivität 3 23; 9 3
Öffentlicher Tadel 9 14
Öffentliches Wohl 9 36
Ökologie, Ökosystem (Ethik) 9 1, 37
Open access journals 8 75
Operationale Definition 3 7
Operationalisierung 3 1, 3 f., 7, 11; 8 58
Oppenheimer-Konflikt 9 26
Ordinales Messniveau 3 14
Organisationsplanung 4 2
Organisationsstruktur 4 19
Originalität 2 22
Overheadkosten 4 31

Page charge 8 43, 75
Paradigma 3 5, 23
Peers, peer review 5 31
Personalmittel 4 31, 37
Persönliches Interesse 7 15; 9 2, 36
Perspektiven der Ethik 9 5
PISA-Studie 3 27
Plagiat 9 11, 22
Polit. Machtverhältnisse 9 27
Poster, poster session 8 7, 24, 31
Präsentation 7 22; 8 27
Present address 8 50

Stichwortverzeichnis

Pretest 3 49
Primärerhebung 3 27
Privatsphäre 9 4
Probabilistische Hypothese 2 66
Projektidee 2 18
Projektkoordination 4 19
Projektleitung 4 31; 7 14
Projektmanagement 7 33
Projektplanung 4 19
Psychologie 9 1, 33
Psychometrische Modelle 3 27
Publikation 2 25; 5 33; 7 22; 8 1
Publikationsverzeichnis 5 43
Purposive sampling 3 37

Qualifikation 4 21; 5 1, 17, 25, 31; 7 11, 16; 9 22
Qualitative Daten 3 3
Qualitative Forschung 2 52; 3 4, 22, 24, 28
Qualitätsprüfung 7 35
Quantitative Daten 3 3
Quantitative Forschung 3 1, 22, 28, 40
Quoten-Auswahl 3 31

Radiosendung 8 13
Rangfolge ethischer Werte 9 36
Rationalität 9 3
Realdefinition 3 6
Redezeit (Vortrag) 8 27
Redlichkeit 9 4, 7
Referenten 5 22, 28
Regressionsanalyse 3 42
Rekonstruktion 3 47
Repräsentationsschluss 3 30
Repräsentativität 3 29
Resultate (in Publikation) 8 60
Risiko-Checklisten 7 46
Risikoanalyse 7 43
Risikomanagement 7 41

Sachmittel 4 37
Sampling 3 19, 28
Sanktion 9 1
Schlagwörter (in Publikation) 8 51
Schließende Statistik 3 41
Schneeballprinzip 3 34
Schriftlich verfasste Datenträger 3 43

Schutzrechte 9 34
Scientific community 3 5, 27; 9 1, 13
Sekundäranalyse 3 27
Selbstkritischer Standpunkt 7 37; 8 35
Sequentielle Verfahren 3 47
Sozialisation 4 25; 7 11
Sozialwissenschaften 9 1, 32
Sprachliche Äußerungen 3 43
Stand des Wissens 2 21, 25, 51, 78; 5 1, 43; 8 54
Standardisierung 3 2
Statistische Verfahren 2 66, 68, 70 f.; 3 40
Statistisches Sampling 3 36
Status (sozio-ökonomisch) 3 11
Stichprobe 2 68; 3 4, 28
Stichprobenkonstruktion 3 19
Stiftungen 5 39
Supervision 7 40

Tabuthemen 9 28
Team 4 28; 7 13, *siehe* Forschungsgruppe
Teambesprechungen 7 21
Teilaufgabe 7 32
Teilzeitkräfte 4 23
Text, Textinterpretation 3 43, 47
Theoretisches Sampling 3 36
Theoriegenerierende Analysen 3 47
Tierversuche 9 37
Tradition 9 27
Typenbildung 3 40, 48

Umwelt 9 6, 30
Unabhängige Variable 2 77; 3 12
Unterschiedshypothese 2 73
Untersuchungseinheiten 3 4
Urheberschaft 9 11

Variable 3 12
Varianztest 3 42
Veränderungshypothese 2 73
Verantwortungskonflikt 9 16
Verfassungsrang (ethische Norm) 9 4
Veröffentlichung 7 22, 32; 8 1, 14
Volkswagenstiftung (VW-St.) 5 10, 25
Vollzeitkräfte 4 23
Vorannahmen 2 52
Vorrangregeln 9 35

Stichwortverzeichnis

Vorrangstellung des Menschen (Ethik) 9 32
Vortrag 8 6, 25

Wahrscheinlichkeit 2 66, 68
Wahrscheinlichkeitstheorie 3 41
Wenn-Dann-Beziehung 2 70
Werkverträge 4 24
Werkzeuge 2 25
Wertesystem 9 3
Wirtschaftlichkeit 9 36
Wissenschaft 2 21
Wissenschaftliches Fehlverhalten 9 10, 14
Wissenschaftsethik 9 5
Wissenschaftssprache 8 39
Wissenslücke 2 22

Zeitbanddiagramm 4 16; 7 30
Zeitkalkulation 4 13
Zeitkontrolle 7 31, 47
Zeitplanung 4 2, 33; 7 47
Zeitschriftenpublikation 8 1
Zeitungsmeldung 8 13
Ziele 5 43
Zielkonflikt 9 35
Zitierweise 8 46
Zufallsgesteuerte/nicht-zufallsgesteuerte Auswahl 3 31
Zufallsstichproben 3 31
Zusammenfassung (in Publikation) 8 51
Zusammenhangshypothese 2 73
Zwischenbericht 8 20

»wärmstens zu empfehlen«

Philipp Matzke, webcritics.de 5/2016

Rationeller schreiben lernen

Hilfestellung zur Anfertigung rechtswissenschaftlicher (Abschluss-)Arbeiten

Von Prof. Dr. Edmund Brandt

5. Auflage 2016, 164 S., brosch., 14,90 €
ISBN 978-3-8487-2325-6

nomos-shop.de/24793

In dem Band werden die typischerweise auftretenden Schwierigkeiten im Zusammenhang mit der Anfertigung wissenschaftlicher Abschlussarbeiten thematisiert und Schritt für Schritt konkrete Tipps zu ihrer Überwindung gegeben.

Ausgehend von den spezifischen Problemen, die sich vor und während des Arbeitsprozesses stellen, werden praktische Hinweise entwickelt, die die Leserinnen/Leser konkret umsetzen können. Besonderer Wert wird dabei auf die Verknüpfung von inhaltlichen und Gestaltungselementen gelegt.

Bestellen Sie jetzt telefonisch unter (+49)7221/2104-37
Portofreie Buch-Bestellungen unter www.nomos-shop.de
Alle Preise inkl. Mehrwertsteuer